Grenzen lesbischer Identitäten

Aufsätze

Sabine Hark (Hrsg.)

Der Beitrag von Judith Butler erschien 1991 unter dem
Titel „Imitation and Gender Insubordination" in *Inside/Out,
Lesbian Theories, Gay Theories* herausgegeben von Diane Fuss
(Routledge, London).

Der Beitrag von Biddy Martin erschien 1992 unter dem
Titel „Sexual Practice and Changing Lesbian Identities" in
Destabilizing Theory – Contemporary Feminist Debates,
herausgegeben von Michèle Barrett and Anne Phillips
(Polity Press, Cambridge).

Erste Auflage September 1996

Umschlag und graphische Realisierung von Sergio Vitale
Gesamtherstellung: Clausen & Bosse
ISBN 3-89656-012-3
Printed in Germany

Bitte fordern Sie unser Gesamtverzeichnis an:
Querverlag GmbH, Akazienstraße 25, D-10823 Berlin

Inhalt

Am Explosionspunkt
Einleitung 9

**Imitation und die Aufsässigkeit
der Geschlechtsidentität** 15
Judith Butler

**Sexuelle Praxis und der Wandel
lesbischer Identitäten** 38
Biddy Martin

Verqueeres Begehren 73
Antke Engel

Magisches Zeichen 96
Sabine Hark

**Zwischen „Anything Goes"
und heterosexueller Normierung** 134
Ulrike Hänsch

Mit dem Feind schlafen? 155
Arlene Stein

Glossar 187

Bibliographie 189

Biographien 193

Zu dieser Reihe

M it *Grenzen lesbischer Identitäten* eröffnen wir das Forum *querdenken – Perspektiven lesbischer und schwuler Kultur, Politik und Theorie.* Einsatzpunkt ist die komplexe Situation lesbischer und schwuler Emanzipation im Kontext einer konservativen Hegemonie, die mit den Registern der Normalisierung die Grenze zwischen „drinnen" und „draußen" verschärft und zugleich undurchsichtig gemacht hat, im Kontext aber auch der ambivalenten Effekte der feministischen, lesbischen und schwulen Bewegungen, die diese Grenze vehement attackiert und zugleich reinstalliert haben.

Lesbische und schwule Existenzweisen – in ihren westlich geprägten sexuellen, politischen und kulturellen Artikulationen – können nicht länger als verfemte Abweichungen von einer dominant gesetzten Heterosexualität verstanden werden. Es sind eigenständige kulturelle Formen, die innerhalb der Binarität „homo/hetero" produziert, geformt und kontinuierlich neu gedeutet werden.

Doch die Zeichen der Anerkennung sind zugleich Zeichen der Verdeckung dessen, daß Lesben und Schwule in ihren kulturellen und politischen Artikulationen von den dominanten Formen politischer und kultureller Repräsentation abhängig sind.

Eine „eigene" Sprache zu finden wäre aber die Aufgabe, an der sich lesbische und schwule Politik und Theorie zukünftig zu messen haben: Wie kann „im Namen" einer normierten Differenz gesprochen werden, ohne die Norm erneut zu stabilisieren?

querdenken versteht sich als ein Forum, in dem dieses Paradox verhandelt werden soll. Im Zentrum steht die Hoffnung, unter den Bedingungen kultureller Homogenisierung und politischer Assimilation dennoch Potentiale einer lesbischen und schwulen

Subversion und Widerständigkeit zu entdecken, ohne dabei nur die Kontur der eigenen Identität und die Markierung ihrer Grenzen im Blick zu haben.

querdenken versteht sich als Experiment lesbisch-schwuler Zusammenarbeit, in der Konflikte und Differenzen nicht verdeckt, sondern fortwährend artikuliert und untersucht werden sollen. *querdenken* kommt der wechselseitigen politischen und theoretischen Ignoranz quer, signalisiert aber auch kritische Distanz zu dem Begriffspaar „lesbisch-schwul", das bisher allzu oft nur die kulturelle Dominanz schwuler Existenz verdeckt. Es schafft eine begriffliche Gleichheit, die das Machtgefälle zwischen Lesben und Schwulen aktiv verdunkelt. Ein Schwerpunkt von *querdenken* wird deshalb die Rekonstruktion der unterschiedlichen Entwicklung lesbischer bzw. schwuler Emanzipation sein – etwa im Hinblick auf öffentliche Wahrnehmung oder kulturelle und politische Selbstdarstellung.

querdenken geht davon aus, daß auch innerhalb der lesbischen bzw. schwulen Kulturen eine Vielzahl von Differenzen und Ungleichheiten existieren. Gefragt werden soll deshalb auch nach den Verbindungen zwischen den Artikulationen lesbischer und schwuler Existenz und Geschlecht, „Rasse", Klasse, Ethnie, generationeller, geographischer und soziopolitischer Positionierung.

„Es dauerte eine Weile, bevor uns klar wurde, daß unser Ort das Haus des Andersseins selbst war und nicht die Sicherheit eines einzelnen Unterschieds", schrieb Audre Lorde. Von dieser Vision ist lesbisch-schwule Politik noch weit entfernt – und wird auch nur dann eine Zukunft haben, wenn die Aneignung der Begriffe und der Geschichte ebenso wie die Artikulation politischer Interessen auf der Ungereimtheit der Differenzen statt der Sicherheit des einzelnen Unterschieds gründen. *querdenken* möchte dieses Experiment wagen.

Berlin, im Juli 1996

Sabine Hark
Stefan Etgeton

Am Explosionspunkt

Einleitung

Sabine Hark

„Was ist eine Lesbierin?" fragten vor einem Vierteljahrhundert die *Radicalesbians* in ihrem Manifest *The Woman-Identified-Woman* (1970, dt. 1974), um die Frage sogleich selbst zu beantworten: „Eine Lesbierin ist die konzentrierte Wut aller Frauen am Explosionspunkt. Sie ist eine Frau, die häufig schon in einem frühen Alter entsprechend ihrem inneren Wunsch handelt, ein vollständigerer und freierer Mensch zu sein, als ihr die Gesellschaft manchmal schon zu diesem Zeitpunkt, sicherlich aber später, erlaubt". Explodieren sollte das Patriarchat, die sexistischen Fesseln abgestreift und ein feministisches Utopia entstehen. Die „Lesbierin", darauf insistierte *The Woman-Identified-Woman*, schien die privilegierte Figur in diesem Kampf zu sein, hatte sie sich doch bereits einer Fessel entledigt: der privaten Zugehörigkeit zu einem Mann.

So leiteten die *Radicalesbians* die seit dem Auftauchen der Figur der „weiblichen Conträrsexuellen" am Rande des Diskurses der westlichen Moderne im letzten Drittel des 19. Jahrhunderts weitreichendste Recodierung lesbischer Existenz ein. Ausgehend von den feministisch-lesbischen Kämpfen in den USA wurde „Lesbe" in den Ländern der westlichen Welt zum Synonym für radikalfeministisches Leben und Handeln. Die Bedeutung lesbischer Existenz als pathologische Veranlagung, die zu Beginn der siebziger Jahre öffentliche Meinung und Sexualforschung dominierte, wurde durch die Idee des „politischen Lesbianismus" radikal in Frage gestellt: Lesben schickten sich an, das vorherrschende Bild der verfemten, perversen, monströs-maskulinen, bisweilen krankhaft-kriminellen Außenseiterin zu revidieren. In den beiden folgenden Jahrzehnten sollte das Bild der Lesbe „am Explosionspunkt" die pulsierendste und sichtbarste lesbische Kultur dieses Jahrhunderts zünden. Gegründet war sie auf der Vorstellung des Traums einer Lesben-Nation – eine Schwesterlichkeit, getragen von einer gemeinsamen Identität und Agenda.

Die von Lesben lautstark beanspruchte Vorreiterinnenrolle war aber auch internen feministischen Konflikten und Rivalitäten geschuldet. Denn zunächst war die Frauenbewegung beiderseits des Atlantiks den lesbischen Mitstreiterinnen alles andere als wohlgesonnen. Homophobe Vorurteile, gepaart mit einer eindimensionalen und pauschalen Verurteilung von Sexualität als Schlüsselinstanz patriarchaler Herrschaft bescherten lesbischen Frauen ein Schattendasein in den ersten Frauengruppen, aus dem sie sich nur langsam herausarbeiteten. Das geschah allerdings oft genug um den Preis der Auslöschung ihrer komplexen Geschichte als geschlechtliche *und* sexuelle Außenseiterinnen zugunsten einer ideologischen Abstraktion der „Lesbe".

Die lesbisch-feministischen Bewegungen fanden sich schon bald gespalten zwischen zwei Projekten: Der Fixierung von Lesben als stabiler Gruppe mit klaren Grenzen stand die Vorstellung gegenüber, die „Lesbe" in jeder Frau zu befreien. Der Feminismus lieferte den ideologischen Kitt, der diese widersprüchlichen Impulse einte. Er redefinierte Lesbianismus in expansiven, universellen Begriffen – etwa Adrienne Richs Idee des „lesbischen Kontinuums", das „eine ganze Skala frauenbezogener Erfahrungen, quer durch das Leben jeder einzelnen Frau und quer durch die Geschichte hindurch" umfassen sollte. So konnte Lesbianismus als Konzept von den Personen abgetrennt und damit allgemein politisch-kulturell verfügbar gemacht werden. Geschaffen wurde dadurch eine lesbisch-feministische Kultur, die gegründet war auf den Widerstand gegen herrschende Geschlechter- und Sexualnormen und die positivierende Recodierung von Lesbianismus als „Frauenidentifiziertheit". Während das jedoch die Möglichkeit einer lesbischen Identifikation für viele Frauen öffnete, konnte letztendlich Einheit nur durch Ausschluß erreicht werden.

Die Erfahrung, sich um die politisch-kulturelle Aufwertung von „Lesbianismus" zu organisieren, zeitigte daher ambivalente Resultate. Einerseits trug es dazu bei, daß lesbisches Leben heute sichtbarer und weniger stigmatisiert ist als jemals zuvor. Andererseits waren die unbeabsichtigten Effekte oft genug die

Konstruktion normativer sozialer Identitäten auf Kosten des individuellen Selbst und, schließlich, die Verstärkung und Stabilisierung des dominanten Geschlechter- und Sexualsystems, die Verstärkung der Grenzen zwischen *in-* und *outsider*, normal und unnormal, die die Bewegung ursprünglich zu überwinden suchte. Was als Fanal für das Ende des Patriarchats begann, verwandelte sich oft genug in interne Kämpfe um die korrekte Auslegung lesbischer Existenz und entpuppte sich so als weitere Tücke der Macht.

Fünfundzwanzig Jahre später scheint nun weniger das Patriarchat explodiert zu sein als die Vorstellung dessen, *was* eine Lesbe ist. Seit Mitte der achtziger Jahre ist die Vision einer Lesben-Nation abseits der männlich und heterosexuell dominierten Kultur in weite Ferne gerückt. Die erste Welle lesbisch-feministischen Selbstbewußtseins führte nicht zu einer einheitlichen Gemeinschaft; sie ebnete vielmehr den Weg für eine weit komplexere Vorstellung dessen, was lesbische Identität und lesbische Kultur sind. Die einst klare Verbindung zwischen Lesbianismus und Feminismus, in der letzterer quasi aus ersterem erwuchs, ist deshalb heute für viele Lesben fragwürdig geworden. Eine Serie politischer und theoretischer Herausforderungen – meist aus dem Inneren der lesbisch-feministischen Bewegung selbst – hat die Ordnung des lesbischen Feminismus nachhaltig erschüttert.

Kehrseite dieser Erschütterung allerdings sind die immer wieder neuen Versuche, Grenzen zu ziehen und lesbische Identität verbindlich zu definieren. Die Inflation selbstversichernder lesbischer Ortsbestimmungen verweist jedoch gerade auf den prekären Status der Identität. Biddy Martin beschreibt diese Versuche der Grenzkontrolle in ihrem Beitrag als „Reinigungsrituale", in denen es darum zu gehen scheint, „die Kategorie ‚lesbisch' von allem Schmutzigen zu befreien, von allem, was den unausweichlichen internen Differenzen oder den eigenen nicht zu leugnenden Heterogenitäten zu nahe kommt."

Martins Überlegung macht deutlich, was in den Positionsbestimmungen lesbischer Identität oft fehlt: Die Anerkennung der komplexen und komplizierten sozialen, psychischen und politischen Prozesse und Praxen der Konstitution von Identität ebenso wie der konstruierten und fragilen „Natur" lesbischer Identität. Investiert wird dagegen oft nur in deren Auspolsterung und in die Überwachung der Identitätsgrenze.

Wann immer wir also „im Namen" einer Identität handeln – eine in bestimmten Momenten unverzichtbare Strategie, um Marginalisierung zu thematisieren –, affirmieren wir zugleich die sozial oktroyierte Differenz, die wir herauszufordern suchen. Statt diese Differenzen als Momente des Prozesses zu verstehen, in dem und durch den sich Macht konstituiert, werden Unterschiede dagegen allzuoft zu konsolidierten Kollektiven verdinglicht. Die historische Aufgabe besteht aber darin, Verdinglichungen aufzubrechen. Es gilt, die soziale Produktion von Identitäten als den fortwährenden, unbarmherzigen Prozeß der hierarchisierenden Differenzierung zu verstehen, der aber zugleich immer auch der Neudefinition und der Veränderung – und damit der kritischen Intervention – unterworfen ist.

Die intervenierende Befragung unterschiedlicher lesbischer Identitätsgrenzen ist Thema dieses Buches. Die Autorinnen setzen sich kritisch mit lesbischen Identitäts-Selbstverständlichkeiten auseinander, ohne den Anspruch aufzugeben, sich selbst zu definieren. Verstehen wir Geschichte als die kontinuierliche Beziehung zwischen dem, was bereits existiert und dem, was die Zukunft ausmachen wird, haben lesbische Frauen einen besonderen Einsatz in der Neuerfindung ihrer Zukunft, denn sie erben nicht nur, was bereits existiert, sondern bestimmen auch, was in Zukunft lebbar sein kann. Denn die neuen sozialen Formen, die lesbische Identität angenommen hat und fortfährt anzunehmen, schaffen auch neue psychische Realitäten und soziale Lebensmuster. Sie bestimmen darüber, was in Zukunft als normal bzw. unnormal gelten kann, bestimmen über die Grenzen der „Zonen der Unbewohnbarkeit" (Judith Butler). Auftakt für die Aufgabe, einen nicht-normalisierenden Horizont zu schaffen, wird lesbische Politik deshalb erst dann sein, wenn sie bereit ist, sich ebenso kritisch wie mit Sexismus und Homophobie auch mit den eigenen Identitätskonstruktionen auseinanderzusetzen.

Die fundierende Geste lesbischer Identitätspolitiken birgt dagegen immer die Gefahr, daß „lesbisch" aufhört, eine Frage zu sein, und Identität als normatives Ideal fungiert. Identitätspolitik kann insofern dazu dienen, all diejenigen auszuschließen, die die Identitätsanforderungen und -bedingungen nicht erfüllen. Sie wird so Teil des Problems, das sie angetreten war zu lösen.

Wenn es dagegen irgendeine dauerhafte Qualität lesbischer Identität gibt, dann die, daß sie sich permanent verändert. Und es ist diese historische Qualität, an die die Beiträge in diesem Buch anknüpfen und zu erinnern suchen.

Judith Butler thematisiert in ihrem Beitrag die Risiken der Verwendung der Identitätskategorien „lesbisch" bzw. „schwul", ohne von ihrem Gebrauch abzuraten. Die Selbstbenennung als „Lesbe", so Butler, kann nur gelingen, „indem zuerst *Verleugnungen* vollzogen werden". Dieses Paradox, daß das Benannte immer auch ein Gebiet des Unbenannten erzeugt, versucht Butler gegen die Versuche der Stabilisierung von Identitätskategorien zu wenden: „Müssen wir diesen ständigen Aufschub der Enthüllung des Schwul- oder Lesbisch-Seins, das durch den Akt des ‚Coming-out' selbst produziert wird, beklagen? Oder ist gerade der Aufschub des Bezeichneten erstrebenswert, bietet er Raum für die Produktion von Werten, gerade weil der Begriff jetzt eine Dynamik annimmt, die niemals dauerhaft kontrolliert werden kann?"

Den Auslöschungen aus dem Diskurs ebenso wie in der Geschichte geht auch *Biddy Martin* nach. Entlang der Diskussion unterschiedlicher kultureller Repräsentation lesbischer Sexualität spürt sie den Veränderungen lesbischer Identität nach. Sie zeigt, wie feministische Konstruktionen „der Lesbe" ebenso wie neuere *queer* Versuche, Lesben als sexuelle Außenseiterin bzw. Rebellin zu entwerfen, ideologische Ab- und Ausschlüsse produzieren. Martin sucht dagegen nach literarischen, theoretischen und politischen Strategien, um die Komplexität der Verbindungen zwischen „Sex, Geschlechtsidentität, Begehren, sexueller Praxis und Sexualrollen" artikulierbar zu machen.

Nach einer solch komplexen Konzeption lesbischer Subjektivität sucht auch *Antke Engel*. „Läßt sich", so fragt sie, „nicht eine Begrifflichkeit finden, die eine Pluralisierung, Vorläufigkeit und Beweglichkeit signifiziert, die auf ein umkämpftes Terrain innerhalb komplexer Machtverhältnisse verweist und trotzdem klare politische Intervention ermöglicht?" Im Anschluß an Teresa de Lauretis und Elspeth Probyn entwickelt Engel ein Konzept für lesbische Lebensformen, „das diese als prinzipiell undefinierbar und als andauerndes relationales Geschehen versteht". Vor diesem Hintergrund versucht sie den Begriff des Begehrens aus seiner psychoanalytischen Umklammerung und seiner Einkerkerung ins Individuum zu lösen und ihn, mit einem Wort Probyns, zu reformulieren als Begriff der Bewegung, als „Methode zur Unterscheidung, die eine Logik der Kategorisierung zurückweist".

Der Beitrag von *Sabine Hark* leitet den zweiten Themenstrang ein. In ihrer Rekonstruktion der feministischen Bewegungsgeschichte zeigt sie, wie Lesbianismus zum „magischen Zeichen" des Feminismus werden konnte; die Kämpfe um das Zeichen werden sichtbar als das, was sie (auch) sind: Kämpfe um die Macht, die Welt gemäß der eigenen Vision zu definieren. Deutlich wird bei Hark, daß Geschichte immer „interessierte Geschichte" ist, die die flüchtige, sich ständig verschiebende und umstrittene „Natur" von Identität verdunkelt und die „Komplexität von Bezeichnungsprozessen und Verantwortlichkeit" reduziert.

Einer Grenze ganz anderer Herkunft spürt *Ulrike Hänsch* nach. Entlang der Rekonstruktion zweier Biographien fragt sie nach Begrenzungen und Grenzerweiterungen in den Handlungspotentialen lesbischer Frauen. Wenn allerorten eine Zunahme an Entscheidungsmöglichkeiten qua Auflösung traditioneller Bindungen und Vorgaben zu diagnostizieren ist, so fragt sie, was bedeutet das für lesbische Frauen, deren Lebensentwurf immer schon die Grenze der Normalität überschreitet? In Anlehnung an Judith Butlers Überlegung, nach der erst die Assoziation mit einem verletzenden Zeichen soziale Existenz garantiert, zeigt Hänsch, wie komplex die einzelnen in sie begrenzende *und* unterstützende Konstellationen verwoben sind, wie sie aus dem Flickenteppich disparater Optionen ein „Leben" bauen, das immer zugleich „gelungen" und „fehlgeschlagen" ist.

Der Flickenteppich disparater Optionen ist auch das Thema des letzten Beitrages. Unter dem provakanten Titel „Mit dem Feind schlafen?" untersucht *Arlene Stein* das Phänomen der „Ex-Lesbe"; eine Erscheinung, die wohl nur in lesbischen Kulturen relevant werden kann, die davon ausgehen, daß man schon immer oder zumindest für immer lesbisch war bzw. sein wird. Stein fragt nach den Implikationen dieses Phänomens für die Re-/Konstruktionen individueller bzw. kollektiver lesbischer Identitäten einerseits und die theoretischen Konzeptionen des Zusammenhangs der psychischen, sozialen, kulturellen und politischen Dimensionen von Sexualität und Identität andererseits.

Imitation und die Aufsässigkeit der Geschlechtsidentität

Judith Butler

Was ist also dieses geteilte Wesen, das durch die Geschlechtsidentität in die Sprache eingeführt wird? Es ist ein unmögliches Wesen, ein Wesen, das nicht existiert, ein ontologischer Witz. (Monique Wittig 1985, 6)

Gibt es jenseits physischer Wiederholung und psychischer oder metaphysischer Wiederholung auch eine *ontologische* Wiederholung? [...] Diese äußerste Wiederholung, dieses endgültige Drama versammelt alles in bestimmter Weise. In anderer Weise zerstört sie alles, und in wieder anderer Weise trifft sie aus allem eine Auswahl. (Gilles Deleuze 1968, 374)

Als Lesbe Theorien entwickeln – was heißt das?

Anfangs wollte ich einen anderen Aufsatz schreiben, in eher philosophischem Tonfall: über das „Sein" des Homosexuell-Seins. Schon immer hat die Aussicht, überhaupt irgend etwas zu *sein*, selbst gegen Bezahlung, bei mir eine gewisse Angst ausgelöst, denn homosexuell „zu sein", lesbisch „zu sein" ist offenbar mehr als eine einfache Aufforderung, das zu werden, was ich bereits bin. Und diese Angst wird keinesfalls dadurch beseitigt, daß ich sage, dieses „Sein" sei „ein Teil von mir". *Als Lesbe* zu schreiben oder zu sprechen scheint mir wie ein paradoxer Auftritt dieses „Ich", der sich weder echt noch unecht anfühlt. Denn es ist eine Inszenierung, sich (gewöhnlich als Reaktion auf eine Anfrage) zu einer Identität zu bekennen oder in ihrem Namen zu schreiben, eine Inszenierung, die – ist sie erst produziert – manchmal die Funktion eines politisch wirksamen Trugbilds erfüllt. Ich fühle mich mit den Begriffen „lesbische Theorie, schwul-lesbische Theorie" nicht wohl, denn Kategorien der Geschlechtsidentität können Instrumente regulatorischer Regimes sein, entweder als normalisierende Kategorien unterdrückender Strukturen oder als Ansatzpunkt für eine befreiende Anfechtung eben dieser Unterdrückung (s. Butler 1991). Das heißt nicht, daß ich bei politischen Ereignissen nicht unter dem Identitätszeichen „Lesbe" auftreten will, sondern daß ich eine dauerhafte Unklarheit darüber schaffen möchte, was es genau bezeichnet. So ist es also unklar, wie es kommt, daß ich einen Beitrag zu einem Buch unter diesem Titel schreiben kann, denn er kündigt eine Begrifflichkeit an, die ich in Frage stellen möchte. Ich gehe dabei das Risiko ein, daß ich von dem Zeichen, unter dem ich schreibe, erneut kolonisiert werde, und daher versuche ich, eben dieses Risiko zu thematisieren. Die These, die Anrufung der Identität sei immer ein Risiko, impliziert nicht, daß Widerstand gegen ihre Thematisierung immer oder lediglich ein Symptom selbstauferlegter Homophobie ist. Aus Foucaultscher Perspektive könnte ich sogar behaupten, daß auch die Bekräftigung von „Homosexualität" bereits eine Verlängerung des homophoben Diskurses darstellt. Und doch kann der Diskurs, wie Foucault schreibt, „gleichzeitig Machtinstrument und -effekt sein ..., aber auch Hindernis, Gegenlager, Widerstandspunkt und Ausgangspunkt für eine entgegengesetzte Strategie" (Foucault 1977, 122).

Daher habe ich meine Zweifel darüber, wie das „Ich" bestimmt wird, wenn es unter dem Zeichen „Lesbe" auftritt, und ich habe mit dessen homophober Bestimmung nicht weniger Probleme als mit den normativen Definitionen, die Angehörige der „schwulen oder lesbischen *community**" zu bieten haben. Identitätskategorien machen mich immer nervös; ich empfinde sie als ständige Stolpersteine und verstehe sie – und fördere dieses Verständnis sogar – als Schauplätze notwendigen Unbehagens. Würde die Kategorie bei mir kein Unbehagen auslösen, dann würde ich sogar aufhören, mich für sie zu interessieren, denn es ist gerade das durch ihre Instabilität produzierte *Vergnügen*, das die verschiedenen erotischen Praktiken aufrechterhält, die mich überhaupt erst als Kandidatin für die Kategorie qualifizieren. Würde ich mich in den Bedingungen einer Identitätskategorie einrichten, so würde ich mich damit gegen die Sexualität wenden, die zu beschreiben die Kategorie vorgibt, und dies könnte für jede Identitätskategorie gelten, die eben die

---

* siehe Glossar

Erotik zu kontrollieren sucht, die zu beschreiben und zu autorisieren sie vorgibt – von „Befreiung" ganz zu schweigen.

Und was noch schlimmer ist, ich verstehe den Begriff „Theorie" nicht und habe kein Interesse daran, als deren Verfechterin vereinnahmt zu werden und noch weniger, als Teil einer elitären Clique schwul-lesbischer TheoretikerInnen bezeichnet zu werden, die schwul-lesbische Studien in der akademischen Welt legitimieren und domestizieren wollen. Gibt es überhaupt eine vorgegebene Unterscheidung zwischen Theorie, Politik, Kultur und Medien? Welche Rolle spielt diese Trennung bei der Verhinderung intertextuellen Schreibens, das doch ganz andere epistemologische Landkarten hervorbringen könnte? Aber hier und jetzt schreibe ich: Ist es schon zu spät? Kann mein Aufsatz, können sich Texte überhaupt den Bedingungen, unter denen sie in Besitz genommen, appropriiert werden, verweigern, während dieser Stolperstein, dieser Widerstand gleichzeitig von demselben kolonisierenden Diskurs bis zu einem gewissen Grad erst ermöglicht bzw. produziert wird? Wie vereinbare ich diese paradoxe Situation von Abhängigkeit und Verweigerung?

Wenn die politische Aufgabe in dem Nachweis besteht, daß Theorie niemals nur *theoria* (im Sinne unvoreingenommener Kontemplation) ist und daß sie äußerst politisch (im Sinne von *phronesis* oder sogar *práxis*) ist, warum nennen wir diesen Prozeß nicht einfach *Politik* oder eine notwendige Form derselben?

Ich habe meinen Aufsatz mit einem Eingeständnis von Beklommenheit und mit Gegenerklärungen begonnen, aber vielleicht wird es in den folgenden Ausführungen noch deutlicher, daß ich *Gegenerklärungen* – die durchaus keine einfache Angelegenheit sind – als Form affirmativen Widerstands gegen eine bestimmte regulatorische Funktion der Homophobie setzen will. Der Diskurs des *„Coming-out*"* erfüllt sicherlich seine Zwecke, doch welche Risiken bringt er mit sich? Und ich rede hier nicht von Arbeitslosigkeit, öffentlichen Angriffen oder Gewalt gegen Menschen, die freiwillig oder unfreiwillig als *„out"* wahrgenommen werden, also von Risiken, die ganz eindeutig und in erheblichem Maße zunehmen. Ist das „Subjekt", das *„out"* ist, frei von Unterwerfung und hat es sich endgültig aus der Schußlinie gebracht? Oder könnte es sein, daß der Akt der Subjektion, das heißt der Unterwerfung, der das schwule oder lesbische Subjekt erst zum Subjekt macht, in mancher Hinsicht selbst dann unterdrückerisch wirkt oder sogar dann am heimtückischsten unterdrückt, wenn „*Out*-Sein" beansprucht wird? Für den Fall, daß ich mich als Lesbe offenbare, was bzw. wer ist es denn, die dann „*out*" ist, sich manifestiert und vollständig enthüllt hat? Gibt es etwas, das erst dann bekannt wird, und wenn ja, was ist es? Was läßt denn derselbe linguistische Akt, der eine transparente Offenbarung der Sexualität verspricht, dennoch auf Dauer verhüllt? Kann Sexualität überhaupt Sexualität bleiben, nachdem sie sich einmal den Kriterien der Transparenz und der Enthüllung unterworfen hat? Ist Sexualität gleich welcher Art ohne die ihr vom Unbewußten diktierte Undurchsichtigkeit denn überhaupt möglich – das heißt, kennt das bewußte „Ich", das seine Sexualität offenbaren möchte, nicht vielleicht die Bedeutung dessen, was es sagt, selbst am allerwenigsten?

Die Behauptung, ich *sei* etwas, impliziert eine vorläufige Totalisierung meines „Ich". Aber wenn sich das Ich auf diese Weise selbst bestimmen kann, dann bleibt das, was ausgeschlossen wird, um diese Bestimmung vorzunehmen, für die Bestimmung selbst konstitutiv. Anders gesagt, die Behauptung setzt voraus, daß das „Ich" über seine Bestimmung hinausgeht, daß es diesen Überschuß in dem und durch den Akt, der das semantische Feld des „Ich" auszuschöpfen versucht, sogar selbst produziert. Dieser Akt, der die Enthüllung des wahren und vollständigen Ich-Gehalts anstrebt, produziert daher so etwas wie eine prinzipielle *Verhüllung*. Denn letztlich ist es immer unklar, was mit dem Aufrufen des Signifikanten „Lesbe" gemeint ist, denn die Bezeichnung liegt bis zu einem gewissen Grad immer außerhalb der eigenen Kontrolle; außerdem kann ihre *Spezifität* nur durch Ausschließungen abgegrenzt werden, die dann wiederum den Anspruch des Signifikanten auf Kohärenz, auf Geschlossenheit stören. Was haben denn alle Lesben gemeinsam – wenn es da überhaupt etwas gibt? Und wer soll das entscheiden und in wessen Namen? Wenn ich sage, ich bin lesbisch, so produziert dieses *„Coming-out"* nur eine neue, andere Form des *„Closet**"*, des Schweigens. Das „Du", dem ich mich offenbare, hat nun Zugang zu einem anderen Gebiet der Undurchsichtigkeit. Tatsächlich hat sich der Ort der Undurchsichtigkeit nur verschoben – vorher wußtest du nicht, ob ich lesbisch „bin", jetzt weißt du nicht, was es heißt, daß ich es bin. Das heißt, die Verbindung ist leer, sie kann nicht durch ein paar Beschreibungen ersetzt werden. Und vielleicht ist das eine ganz hilfreiche Situation. Konventionellerweise kommen wir *aus* dem Schweigen heraus (und doch, wie oft ist es der Fall, daß wir „geoutet" werden, wenn wir jung und ohne Ressourcen sind?), also sind wir „draußen" – aber wo gehen wir hin? In welche neue, unbegrenzte räumliche Dimension kommen wir hinein? Ins Zimmer, in die gute Stube, auf den Dachboden, in den Keller, das Haus, die Bar, die Universität, in irgendeine neue Einfriedung, deren Tür – wie die Tür des Gesetzes bei Kafka – die Hoffnung auf frische Luft und ein Licht der Erleuchtung produziert, die es nie geben wird? Seltsamerweise ist es das räumliche Bild des „Closet", das diese Erwartung produziert und zugleich ihre Enttäuschung garantiert. Denn „out" zu sein hängt immer in gewisser Weise damit zusammen, „in" zu sein; es gewinnt seine Bedeutung nur innerhalb dieser Polarität. Daher muß das „Out-Sein" das „Closet" ständig neu produzieren, um sich als „out" zu behaupten. Dadurch kann „Out-Sein" nur neue Undurchsichtigkeit produzieren; und das Closet produziert das Versprechen einer Enthüllung, die per definitionem nie stattfinden kann. Müssen wir diesen ständigen Aufschub der Enthüllung des Schwul- oder Lesbisch-Seins, der durch den Akt des „Coming-out" selbst produziert wird, beklagen? Oder ist gerade der Aufschub des Bezeichneten erstrebenswert, bietet er Raum für die Produktion von Werten, gerade weil der Begriff jetzt eine Dynamik annimmt, die niemals dauerhaft kontrolliert werden kann?

Hier könnte der Einwand erhoben werden, daß die Begriffe „lesbisch" und „schwul" zwar keine vollständige Enthüllung gewähren, daß es jedoch trotzdem einen politischen Imperativ gibt, diese notwendigen Irrtümer bzw. kategorialen Fehler sozusagen dafür zu benutzen – als uneigentliche Verwendung eines Eigennamens, die Gayatri Spivak (1983) als „katachretische" Operation bezeichnen würde –, eine unterdrückte politische Gruppe zu repräsentieren und zu mobilisieren. Diese Verwendung des Begriffs will ich auf keinen Fall verbieten. Meine Frage ist vielmehr: Welche Verwendung wird uns vorgeschrieben werden, und wie kann die Wechselbeziehung zwischen Vorschreibung und Verwendung aussehen, damit die nützlichen Verwendungsformen des Begriffs „Identität" sich nicht in regulatorische Imperative verwandeln? Wenn es stimmt, daß die Identitäten „Lesbe" und „Schwuler" traditionell als unmöglich, als klassifikatorische Irrtümer, als unnatürliche Katastrophen des juridisch-medizinischen Diskurses oder, was vielleicht auf das gleiche hinausläuft, buchstäblich als Paradigma des zu Klassifizierenden, zu Regulierenden und zu Kontrollierenden bezeichnet worden sind – vielleicht sind diese Identitäten dann gerade als Schauplätze der Störung, des Irrtums, der Verwirrung und des Unbehagens der Ansatzpunkt für einen gewissen Widerstand gegen Klassifizierung und gegen Identität an sich.

Es geht hier nicht darum, ob wir uns zur Kategorie lesbisch oder schwul *bekennen* oder sie *verleugnen* sollten, sondern vielmehr um die Frage, warum die Kategorie überhaupt zum Schauplatz einer solchen „moralischen" Entscheidung wird. Was bedeutet es, sich zu einer Kategorie zu *bekennen*, die ihre Spezifität und Kohärenz nur erhalten kann, indem zuerst *Verleugnungen* vollzogen werden? Wird dadurch aus dem „Comingout" das Bekenntnis zur Verleugnung, das heißt, zu einer Rückkehr in das *Closet* unter dem Deckmantel des Entkommens? Es sind nicht etwa die Heterosexualität oder die Bisexualität, die durch die Kategorie verleugnet werden, sondern eine Anzahl identifikatorischer wie praktischer Überschreitungen ihrer kategorialen Grenzen, die die Eigenständigkeit beider Kategorien gleichermaßen zweifelhaft erscheinen läßt. Ist es nicht möglich, heterosexuelle Identifikationen und Zielvorstellungen innerhalb homosexueller Praxis und homosexuelle Identifikationen und Zielvorstellungen innerhalb heterosexueller Praxis zu bewahren und weiterzuverfolgen? Wenn die Sexualität eines Menschen enthüllt werden soll, was wird dabei als echtes, bestimmendes Element ihrer Bedeutung angenommen: die Phantasiestruktur, der Akt, die Öffnung, die Geschlechtsidentität oder die Anatomie? Und falls die sexuelle Praxis aus einem komplexen Zusammenspiel all dieser Aspekte besteht, welche erotische Dimension wird am Ende für die Sexualität stehen, die sie doch alle benötigt? Ist es die *Spezifität* einer lesbischen Erfahrung, lesbischen Begehrens oder der lesbischen Sexualität, die durch lesbische Theorie erhellt werden soll? Schon immer haben solche Versuche lediglich Streitfragen und Verweigerungen erzeugt, die allen mittlerweile klargemacht haben sollten, daß es unter Lesben kein notwendigerweise gemeinsames Element gibt, außer vielleicht, daß wir alle etwas darüber wissen, wie sich Homophobie gegen Frauen richtet – selbst unter dieser Voraussetzung werden sich jedoch unsere Sprache und unsere Formen der Analyse voneinander unterscheiden.

Die These von der *Spezifität* der lesbischen Sexualität erschien einst als notwendiger Kontrapunkt zu der Behauptung, Lesbianismus sei nur Heterosexualität zweiten Grades oder er lasse sich aus ihr ableiten oder es gebe ihn gar nicht. Vielleicht sind aber die Thesen von der Spezifität auf der einen und vom Abgeleitetsein oder der Nichtexistenz auf der anderen Seite weniger gegensätzlich, als es scheint. Könnte es nicht sein, daß lesbische Sexualität ein Prozeß ist, der die Machtgebiete, denen er widersteht, neu einschreibt, daß sie sich zum Teil aus derselben heterosexuellen Matrix konstituiert, die sie ersetzen will, und daß die Spezifität lesbischer Sexualität nicht *außerhalb* oder *jenseits* dieser Neueinschreibung, sondern gerade in deren Modalität und in ihren Effekten hergestellt werden muß? Mit anderen Worten, die negativen Konstruktionen vom Lesbianismus als Nachahmung oder schlechte Kopie können besetzt und neu gefaßt werden, um den Anspruch auf die Priorität der Heterosexualität in Frage zu stellen. Nach meinem Verständnis, das ich im folgenden näher erläutern möchte, macht die lesbische Sexualität sich ihr „Abgeleitetsein" zunutze, um hegemoniale heterosexuelle Normen zu verdrängen. Das politische Problem dieser Auffassung besteht nicht darin, die Spezifität lesbischer Sexualität als Gegensatz zu ihrem abgeleiteten Charakter zu bestimmen, sondern die homophobe Konstruktion lesbischer Sexualität als schlechte Kopie gegen das Grundgerüst auszuspielen, in dem Heterosexualität als Original privilegiert wird, und das eine vom anderen „abzuleiten". Diese Argumentationsweise erfordert eine Neueinschätzung von Imitation, Travestie und anderen Formen sexueller Grenzüberschreitungen, die die interne Komplexität einer lesbischen Sexualität bestätigen, die sich zum Teil in der gleichen Matrix der Macht konstituiert, die sowohl zu wiederholen als auch zu bekämpfen sie gezwungen ist.

Über das Sein von Lesbisch- und Schwul-Sein als notwendige Travestie

Die Professionalisierung von Lesbisch- bzw. Schwul-Sein erfordert eine bestimmte Darstellung und Produktion eines „Selbst", das der *konstituierte Effekt* eines Diskurses ist, der dennoch beansprucht, dieses Selbst als a priori existierende Wahrheit zu „repräsentieren". Als ich 1989 bei der *Lesbian and Gay Studies Conference* eine Rede halten sollte, fiel mir auf, daß ich meinen FreundInnen erzählte, ich führe zur *Lesbian and Gay Studies Conference* nach Yale, um lesbisch zu sein – was natürlich nicht hieß, daß ich es vorher nicht gewesen war, sondern daß ich, als ich damals in jenem Kontext sprach, zumindest vorübergehend auf irgendwie gründlichere und totalisierendere Art als zuvor lesbisch *war*. Also *bin* ich es, und meine Qualifikationen sind sogar relativ unzweideutig. Schon seit meinem sechzehnten Lebensjahr ist Lesbisch-Sein das, was ich bin. Woher also meine Angst, mein Unbehagen? Nun, es hat etwas mit dieser Verdopplung zu tun, mit der ich sagen kann: „Ich fahre nach Yale, um lesbisch zu sein", und: „Lesbe zu sein ist das, was ich seit vielen vielen Jahren dabei bin zu sein." Wie kommt es, daß ich lesbisch „sein" und mich zugleich darum bemühen kann, es zu sein? Wo und wann kommt mein Lesbisch-Sein ins Spiel, und wo und wann konstituiert dieses Lesbisch-Sein so etwas wie mein Sein? Wenn ich sage, daß ich auf „lesbisch" mache, es sozusagen „spiele", so heißt das nicht, daß ich es nicht „wirklich" bin; sondern eher: Schauplatz und Art meines Spiels mit dem Lesbisch-Sein bestimmen, wie dieses „Sein" hergestellt, eingerichtet, verbreitet und bestätigt wird. Und zu dieser Performanz kann ich nicht auf radikale Distanz gehen, denn es ist ein tiefsitzendes Spiel, ein psychisch verwurzeltes Spiel, *und mein „Ich" spielt das Lesbisch-Sein nicht wie eine Rolle*. Vielmehr wird das „Ich" durch das wiederholte Spielen dieser Sexualität immer wieder neu als lesbisches „Ich" konstituiert. Paradoxerweise wird gerade durch die *Wiederholung* dieses Spiels auch die *Instabilität* derselben Kategorie, die durch die Wiederholung konstituiert wird, erst hergestellt. Denn wenn das „Ich" Ort der Wiederholung ist, das heißt, wenn das „Ich" nur durch eine Wiederholung seiner selbst überhaupt den Anschein von Identität erlangt, dann wird es durch die Wiederholung, die es zunächst aufrechterhält, immer wieder verdrängt. Mit anderen Worten: Kann sich das „Ich" überhaupt wahrheitsgemäß selbst wiederholen, sich selbst zitieren, und tut es dies auch, oder gibt es da vom vorhergehenden Moment immer noch einen Verdrängungsprozeß, der den dauerhaft nicht-mit-sich-selbst-identischen Status des „Ich" oder seines „Lesbisch-Seins" etabliert? Das „Ich" wird durch seine „Performanz" nicht ausgeschöpft, nicht der gesamte Inhalt des Ich wird sichtbar ausgebreitet, denn wenn die Performanz „wiederholt" wird, dann ist die Frage, was die wiederholten Identitätsmomente denn voneinander unterscheidet. Und wenn das „Ich" der Effekt einer bestimmten Wiederholung ist, die den Anschein von Kontinuität oder Kohärenz produziert, dann gibt es kein „Ich", das der Geschlechtsidentität, die es angeblich vollzieht, vorausgeht; die Wiederholung und die unterlassene Wiederholung produzieren eine Kette von Performanzen, die die Kohärenz des „Ich" zugleich konstituieren und in Frage stellen.

Aber ist es nicht in *politischer* Hinsicht, so könnten wir einwenden, ganz entscheidend, auf der Existenz lesbischer und schwuler Identitäten zu bestehen, gerade weil sie von homophober Seite mit Auslöschung bedroht werden? Macht sich die oben beschriebene Theorie nicht zur Komplizin politischer Kräfte, die die Möglichkeit schwuler und lesbischer Identität auslöschen wollen? Kann es überhaupt „Zufall sein", daß sich eine solche theoretische Identitätskritik in einem politischen Klima ausbildet, das mit politischen und juristischen Mitteln eine ähnliche Auslöschung homosexueller Identitäten vornimmt?

Ich antworte darauf mit einer Gegenfrage: Sollten wir uns etwa von solchen Vernichtungsdrohungen die Begriffe des politischen Widerstands gegen sie diktieren lassen, und wenn ja, haben dann die VerfechterInnen der Homophobie nicht von vornherein gewonnen? Es besteht kein Zweifel, daß Schwule und Lesben von der Gewalt öffentlicher Tilgung bedroht sind, aber wenn wir uns entscheiden, uns gegen die Gewalt zu verteidigen, müssen wir uns davor hüten, sie durch eine andere Form von Gewalt zu ersetzen. Welche Version von „lesbisch" oder „schwul" sollte sichtbar gemacht werden, und zu welchen internen Ausschließungen würde dies führen? Kann das Sichtbarmachen der Identität als politische Strategie *genügen*, oder kann es nur der Ansatzpunkt für eine strategische Intervention sein, die eine veränderte Politik erfordert? Ist es nicht ein Zeichen von Verzweiflung an der staatlichen Politik, wenn Identität zu ihrer eigenen Ideologie wird, die diejenigen auf den Plan ruft, die sie von verschiedenen Seiten her kontrollieren? Und das ist keine Aufforderung, wieder ins Schweigen oder in die Unsichtbarkeit zurückzufallen, sondern sich vielmehr eine Kategorie zunutze zu machen, die in Frage gestellt und für das zur Rechenschaft gezogen werden kann, was sie ausschließt. Es scheint klar zu sein, daß jede Konsolidierung einer Identität eine Reihe von Differenzierungen und Ausschließungen erfordert. Aber welche davon sollen wir wählen? Das Identitätszeichen, das ich benutze, erfüllt zwar heute seine Zwecke, aber es ist unmöglich vorherzusagen oder zu kontrollieren, für welche politischen Ziele es in Zukunft wird herhalten müssen. Und vielleicht ist das eine Offenheit, die – so riskant sie auch ist – aus politischen Gründen geschützt werden sollte. Wenn die Sichtbarmachung lesbischer bzw. schwuler Identitäten heute bestimmte Ausschließungen voraussetzt, so sind *die zukünftigen Verwendungsformen des Zeichens* vielleicht ein Teil dessen, was heute notwendigerweise ausgeschlossen wird. Es besteht eine politische Notwendigkeit, ein Zeichen heute zu verwenden, und das tun wir auch, aber wie können wir es so verwenden, daß seine zukünftigen Bedeutungen nicht *ausgeschlossen* werden? Wie können wir gleichzeitig das Zeichen benutzen und uns zu seinen zeitlichen Möglichkeiten bekennen?

Durch das Bekenntnis zur strategischen Vorläufigkeit des Zeichens (statt zu dessen strategischem Essentialismus) kann Identität zu einem Schauplatz der Anfechtung und der Revision werden, ja sie kann sogar in Zukunft Bedeutungen annehmen, die wir heute, wo wir die Kategorie verwenden, vielleicht nicht voraussehen können. Ernesto Laclau und Chantal Mouffe (1991) sehen das demokratische Versprechen des politischen Zeichens darin, daß es die Zukunft schützt und damit das Zeichen als Schauplatz erneuter Artikulierung bewahrt.

In der zeitgenössischen Politik der Vereinigten Staaten wird besonders das Lesbisch-Sein auf vielerlei Weise exakt als das verstanden, was nicht *sein* kann oder was es nicht wagt zu *sein*. In gewisser Hinsicht fokussiert Jesse Helms Angriff auf die *National Endowment for the Arts* (NEA)* wegen deren Unterstützung homoerotischer Darstellungen diverse homophobe Phantasien darüber, was schwule Männer sind und was sie tun, auf die Arbeiten von Robert Mapplethorpe. Für Helms existieren Schwule gewissermaßen als Verbotsobjekte; in seiner verdrehten Phantasie sind sie sadomasochistische Kinderschänder, die paradigmatische Verkörperung der „Anstößigkeit". Die Lesbe wird in seinem Diskurs nicht einmal als verbotenes Objekt produziert. Wir müssen also anerkennen, daß Unterdrückung nicht nur durch offene Verbotsakte funktioniert, sondern auch verdeckt durch die Konstituierung brauchbarer Subjekte und durch die daraus folgende Konstituierung eines Gebiets unbrauchbarer (Un)Subjekte – *Abjekte* könnten wir sie nennen –, die innerhalb der Ökonomie des Gesetzes weder beim Namen genannt noch verboten werden. Hier funktioniert Unterdrückung durch die Produktion eines Gebiets der Undenkbarkeit und der Unaussprechlichkeit. Lesbianismus wird zum Teil deshalb nicht ausdrücklich verboten, weil er nicht einmal in das Denkbare, Vorstellbare vorgestoßen ist, in jenes Netzsystem kultureller Verständlichkeit, die das Reale und das Aussprechbare reguliert. Wie können wir also lesbisch „sein" in einem politischen Kontext, in dem der Lesbianismus nicht existiert, das heißt, in einem politischen Diskurs, der seine Gewalt gegen den Lesbianismus zum Teil durch dessen Ausschließung aus dem Diskurs selbst ausübt? Ausdrücklich verboten zu werden bedeutet, einen Schauplatz des Diskurses zu bewohnen, von dem aus so etwas wie ein umgekehrter Diskurs artikuliert werden kann; implizit verboten zu werden bedeutet, nicht einmal als Verbotsobjekt in Frage zu kommen. Und obwohl im gegenwärtigen Klima alle Formen von Homosexualität ausgelöscht, reduziert und (dann) als Schauplätze radikaler homophober Phantasien rekonstituiert werden, ist es wichtig, die verschiedenen Wege nachzuzeichnen, auf denen die Undenkbarkeit der Homosexualität immer wieder konstituiert wird.

Aus dem Diskurs ausgelöscht zu werden ist eine Sache – etwas anderes ist es, im Diskurs als ständige Unwahrheit vorzukommen. Daher ist es ein politischer Imperativ, Lesbianismus sichtbar zu machen – aber wie kann das außerhalb von existierenden regulatorischen Ordnungen oder durch sie hindurch geschehen? Kann die Ausschließung aus der Ontologie selbst zum Widerstandpunkt werden?

Es folgt eine Art Beichte, die lediglich dazu dienen soll, die Unmöglichkeit der Beichte zu thematisieren: Als junger Mensch habe ich, wie vermutlich viele andere auch, lange Zeit darunter gelitten, daß mir implizit oder explizit zu verstehen gegeben wurde, mein „Sein" sei nur eine Kopie, eine Imitation, ein abgeleitetes Beispiel, ein Schatten des Realen. Die Zwangsheterosexualität setzt sich selbst als das Original, das Wahre, das Authentische. Die Norm, die das Reale bestimmt, impliziert, Lesbisch-„Sein" sei immer eine Art Nachahmung, ein vergeblicher Versuch, an dem unfaßlichen Überfluß naturalisierter Heterosexualität Anteil zu haben, ein Versuch, der immer und in jedem Fall fehlschlagen wird. Und obwohl die Idee der Mimesis nahelegt, daß es zunächst ein Modell geben muß, das kopiert wird, kann die Mimesis auch bewirken, daß dieses a priori vorhandene Modell als rein phantasmagorisch entlarvt wird. So kann ich mich noch genau erinnern, wie ich in Esther Newtons

Mother Camp: Female Impersonators in America (1972) zum ersten Mal las, daß Travestie keine Imitation oder Kopie einer a
priori existierenden und wahren Geschlechtsidentität ist. Nach
Newton inszeniert die Travestie genau jene Struktur der Nachahmung, mit der *jede Geschlechtsidentität* angenommen wird.
Travestie ist nicht das „Übernehmen" einer Geschlechtsidentität, die eigentlich einer anderen Gruppe gehört, das heißt kein
Akt der *Ex*propriation oder *Ap*propriation, der voraussetzt, daß
Geschlechtsidentität eine rechtmäßige Eigenschaft des Geschlechts ist, daß „maskulin" zu „männlich" und „feminin" zu
„weiblich" gehört. Es gibt keine „richtige" Geschlechtsidentität,
eine, die zu dem einen statt zu dem anderen Geschlecht gehören würde und die, in welchem Sinn auch immer, dessen
kulturelles Eigentum wäre. Wo diese Vorstellung des „Richtigen" operiert, da wird sie immer, und jeweils *unrichtigerweise*,
als Effekt eines Zwangssystems eingesetzt. Die Travestie konstituiert die profane Form, in der Geschlechtsidentitäten appropriiert, theatralisiert und angelegt werden; sie impliziert, daß
jedes *„Gendering"*, jedes Spiel mit der Geschlechtsidentität, eine
Form der Darstellung und der Annäherung ist. Wenn das
stimmt, so scheint es, dann gibt es keine durch die Travestie
imitierte originäre oder primäre Geschlechtsidentität, sondern
*die Geschlechtsidentität ist eine Imitation, zu der es kein Original
gibt*; tatsächlich ist sie eine Imitationsform, die als *Effekt* und
Konsequenz der Imitation die Auffassung von der Existenz eines Original erst produziert. Mit anderen Worten, die naturali-
stischen Effekte heterosexualisierter Geschlechtsidentitäten
werden durch Imitationsstrategien produziert; Objekt der Imitation ist ein phantasmagorisches Ideal heterosexueller Identität, ein Ideal, das durch die Imitation als deren Effekt produziert wird. In diesem Sinne konstituiert sich die „Realität"
heterosexueller Identitäten performativ durch eine Imitation,
die sich selbst als Original und Grundlage aller Imitationen
setzt. Anders gesagt, die Heterosexualität befindet sich immer
im Prozeß der Imitation der phantasmagorischen Idealisierung
ihrer selbst und der Annäherung an sie – *und sie scheitert
daran*. Gerade weil sie scheitern muß und doch erfolgreich sein
will, wird das Projekt der heterosexuellen Identität in eine end-
lose Wiederholung seiner selbst getrieben. Tatsächlich muß Heterosexualität, in ihren Versuchen, sich selbst als Original zu
naturalisieren, als zwanghafte und obligatorische Wiederho-

lung verstanden werden, die nur den *Effekt* ihrer Originalität produzieren kann; mit anderen Worten, obligatorische heterosexuelle Identitäten, jene ontologisch gefestigten Phantasmen „Mann" und „Frau" sind theatralisch produzierte Effekte, die als Grundlagen, als Originale, als normatives Maß des Realen posieren.

Betrachten wir also den homophoben Vorwurf, Tunten und *butches** und *femmes** seien Imitationen des heterosexuellen Realen. Der Begriff „Imitation" wird hier im Sinne von „abgeleitet" oder „sekundär" gebraucht, im Sinne der Kopie eines Originals, das selbst Grundlage aller Kopien ist, aber selbst *keine* Kopie von etwas ist. Diese Auffassung eines „Originals" ist logisch zweifelhaft, denn wie kann etwas als Original funktionieren, wenn es keine sekundären Konsequenzen gibt, die seine Originalität rückwirkend bestätigen? Das Original braucht seine Ableitungen, um sich als Original zu bestätigen, denn Originale sind nur insoweit sinnvoll, als sie sich von dem unterscheiden, was sie als Ableitungen produzieren. Wenn es also die Vorstellung der Homosexualität *als* Kopie nicht gäbe, dann hätten wir auch keine Konstruktion von Heterosexualität *als* Original. Heterosexualität setzt Homosexualität hier voraus. Und wenn das Homosexuelle *als* Kopie dem Heterosexuellen als *Original vorausgeht*, dann ist es nur fair zuzugeben, daß die Kopie vor dem Original kommt und daß Homosexualität daher das Original ist und Heterosexualität die Kopie.

Tatsächlich sind so einfache Umkehrungen nicht möglich. Denn man kann nur sagen, daß Homosexualität *als* Kopie der Heterosexualität als Original vorausgeht. Mit anderen Worten, das gesamte Gerüst von Kopie und Original erweist sich als extrem instabil, da jede Position in die andere invertiert, sich umkehrt und damit die Möglichkeit einer stabilen Verortung der zeitlichen oder logischen Priorität einer der beiden Begriffe vereitelt.

Wir wollen diese problematische Inversion jedoch aus einer psychisch-politischen Perspektive heraus betrachten. Wenn die Struktur der Imitation der Geschlechtsidentität so beschaffen ist, daß das Imitierte bis zu einem gewissen Grad durch die Imitation erst produziert – oder besser: reproduziert – wird, dann bedeutet die Behauptung, schwule und lesbische Identitäten seien in heterosexuelle Normen oder in die hegemoniale Kultur allgemein verwickelt, nicht, daß Schwul- oder Lesbisch-Sein vom

Hetero-Sein *abgeleitet* wird. Im Gegenteil, durch *Imitation* wird nicht kopiert, was bereits vorhanden ist, sondern werden die Begriffe der Priorität und des Abgeleitetseins selbst erst produziert und *invertiert*. Wenn wir also sagen, lesbische und schwule Identitäten seien in Heterosexualität verwickelt, ist das nicht dasselbe wie die Behauptung, sie würden von der Heterosexualität determiniert oder seien von ihr abgeleitet, und es ist nicht dasselbe wie die Behauptung, Heterosexualität sei das einzige kulturelle Netzwerk, in das sie verwickelt sind. Es handelt sich dabei im wörtlichen Sinne um *invertierte* Imitationen, um solche, die die Reihenfolge von Imitiertem und Imitation umkehren und die im Verlauf dieses Prozesses die fundamentale Abhängigkeit des „Originals" von dem, was es als seinen sekundären Effekt zu produzieren behauptet, bloßstellen.

Was folgt also daraus, wenn wir von vornherein einräumen, daß „lesbische und schwule Identitäten" als abgeleitete Inversionen zum Teil mit den Begriffen derselben heterosexuellen Identitäten definiert werden, von denen sie sich unterscheiden? Wenn Heterosexualität eine unmögliche Imitation ihrer Selbst ist, eine Imitation, die sich selbst performativ als Original konstituiert, dann ist die imitative Parodie der „Heterosexualität" (falls sie und überall wo sie in schwulen oder lesbischen Kulturen existiert) immer und lediglich die Imitation einer Imitation, die Kopie einer Kopie, von der es kein Original gibt. Anders ausgedrückt, der parodistische oder imitative Effekt lesbischer und schwuler Identitäten bewirkt weder die Kopie noch die Nachahmung der Heterosexualität, sondern vielmehr ihre Bloßstellung als unaufhörliche und *überstürzte* Imitation ihrer eigenen naturalisierten Idealisierung. Die Tatsache, daß Heterosexualität immer dabei ist, sich selbst zu erklären, ist ein Indiz dafür, daß sie ständig gefährdet ist, das heißt, daß sie um die Möglichkeit des eigenen Kollapses „weiß": daher ihr Wiederholungszwang, der zugleich ein Verwerfen dessen ist, was ihre Kohärenz bedroht. Daß sie dieses Risiko niemals beseitigen kann, bezeugt ihre tiefgreifende Abhängigkeit von der Homosexualität, die sie völlig auszulöschen versucht (aber nicht auslöschen kann) oder die sie zweitrangig machen will, die jedoch als a priori existierende Möglichkeit immer schon da ist. Dieses Versagen naturalisierter Heterosexualität kann zwar für die Heterosexualität selbst auch eine Quelle des Pathos sein – von TheoretikerInnen oft als ihre konstitutive Malaise bezeichnet –, aber es kann auch Anlaß für eine subversive und sich vervielfältigende Parodie der die Geschlechtsidentität betreffenden Normen werden, bei der gezeigt wird, daß gerade der Anspruch auf Originalität und das Reale der Effekt einer bestimmten Form der naturalisierten Mimesis des Geschlechts ist.

Es ist wichtig, daß wir erkennen, auf welche Weise heterosexuelle Normen in schwul-lesbischen Identitäten erscheinen, und daß wir bekräftigen, daß schwule und lesbische Identitäten nicht nur zum Teil von dominanten heterosexuellen Mustern strukturiert werden, sondern daß sie auch *nicht* aus diesem Grunde von ihnen *determiniert* werden. Sie stellen außerdem einen ständigen Kommentar jener naturalisierten Positionen dar, sie sind parodistische Wiederaufnahmen und Neubezeichnungen genau solcher heterosexueller Strukturen, die lesbisches bzw. schwules Leben auf die Diskursgebiete der Irrealität und der Undenkbarkeit beschränken wollen. Um es noch einmal zu wiederholen: Daß schwul-lesbische Identitäten zum Teil durch dieselben heterosexuellen Normen konstituiert oder strukturiert werden, die Schwule und Lesben unterdrücken, bedeutet nicht, daß sie von diesen Strukturen beansprucht oder determiniert werden. Und es ist auch nicht notwendig, solche heterosexuellen Konstruktionen als schädliche Einmischung des „Heterogeistes" zu begreifen, die vollständig beseitigt werden muß. Die Anwesenheit heterosexueller Konstrukte und Positionalitäten jeglicher Form in schwulen und lesbischen Identitäten setzt voraus, daß es eine schwule und lesbische Wiederholung des Hetero-Seins, seine Rekapitulierung – die selbst eine Wiederholung und Zusammenfassung seiner eigenen Idealvorstellung ist – in dessen eigener Begrifflichkeit gibt, einen Ort, an dem alle Formen der Neubezeichnung und parodistischen Wiederholung möglich werden. Die parodistische Wiederholung und Neubezeichnung heterosexueller Konstrukte in nicht-heterosexuellen Mustern machen den äußerst konstruierten Status des sogenannten Originals überdeutlich, aber sie zeigen auch, daß sich Heterosexualität nur durch einen überzeugenden Wiederholungsakt als Original konstituiert. Je mehr dieser „Akt" enteignet wird, um so deutlicher wird der heterosexuelle Originalitätsanspruch als Illusion bloßgestellt.

Wenn ich mich in den vorangegangenen Ausführungen auch auf die Realitätseffekte von Praxen, Performanzen, Wiederholungen und Nachahmungen der Geschlechtsidentität konzentriert habe, so will ich damit nicht andeuten, Travestie sei eine „Rolle", die willkürlich angenommen oder abgelegt werden kann. Hinter der Mimesis gibt es kein willensbegabtes Subjekt, das sozusagen beschließt, welche Geschlechtsidentität es heute haben wird. Im Gegenteil erfordert gerade die Möglichkeit, ein intelligibles Subjekt zu werden, daß eine bestimmte Mimesis der Geschlechtsidentität schon im Gange ist. Das „Sein" des Subjekts ist nicht stärker mit sich selbst identisch als das „Sein" einer Geschlechtsidentität; mehr noch: Eine kohärente Geschlechtsidentität, die durch die scheinbare Wiederholung ihrer Selbst erzielt wird, produziert als ihren *Effekt* die Illusion eines a priori existierenden und willensbegabten Subjekts. In diesem Sinne ist Geschlechtsidentität nicht eine Performanz, die zu vollziehen sich ein vorher bestehendes Subjekt erwählt, sondern sie ist *performativ* in dem Sinne, daß sie das Subjekt, das sie zu verwirklichen scheint, als ihren eigenen Effekt erst konstituiert. Eine *obligatorische* Performanz ist sie in dem Sinne, daß den heterosexuellen Normen zuwiderlaufende Handlungen Ächtung, Bestrafung und Gewalt mit sich bringen – vom Genuß der Übertretung, den eben diese Verbote mit sich bringen, ganz zu schweigen.

Die Behauptung, daß es keine DarstellerIn gibt, die vor dem Dargestellten existiert, daß die Performanz performativ ist, daß sie das Erscheinen eines „Subjekts" als ihren eigenen Effekt erst konstituiert, ist nur schwer zu akzeptieren. Diese Schwierigkeit entsteht durch die Tendenz, Sexualität und Geschlechtsidentität so zu verstehen, als würden sie eine psychische Realität, die ihnen vorausgeht, irgendwie direkt oder indirekt „ausdrücken". Das Leugnen der *Priorität* des Subjekts ist jedoch nicht gleichbedeutend mit der Leugnung des Subjekts an sich; vielmehr wird durch die Weigerung, das Subjekt mit der Psyche zu verschmelzen, die Psyche als etwas bezeichnet, das über das Gebiet des bewußten Subjekts hinausgeht. Genau dieser psychische „Überschuß" wird nämlich durch die Vorstellung von einem willensbegabten „Subjekt", das sich zu gegebener Zeit und an einem gegebenen Ort jeweils aussuchen kann, welche Geschlechtsidentität bzw. Sexualität es sein oder annehmen will, systematisch verleugnet. Es ist dieser Überschuß, der in den Zwischenräumen, in den Pausen zwischen jenen wiederholten Gesten und Akten ausbricht, die die scheinbare Einheitlichkeit heterosexueller Positionalitäten konstruieren, ja der die Wiederholung selbst erst erzwingt und deren ewiges Scheitern garantiert. Innerhalb der heterosexuellen Ökonomie schließt daher der Überschuß die Homosexualität implizit ein, also jene dauernde Bedrohung durch eine Unterbrechung, die durch eine verstärkte Wiederholung überwunden wird. Wenn jedoch Wiederholung der Modus der Macht ist, mit dessen Hilfe die Konstruktion der Illusion einer nahtlosen heterosexuellen Identität bewirkt wird, wenn die Heterosexualität gezwungen wird, *sich zu wiederholen*, um die Illusion ihrer Kohärenz und Identität herbeizuführen, so ist diese Identität doch ständig gefährdet – denn was passiert, wenn die Wiederholung nicht funktioniert oder wenn die Ausführung der Wiederholung zu einem ganz anderen performativen Zweck eingesetzt wird? Wenn es sozusagen einen Wiederholungszwang gibt, dann erzeugt die Wiederholung die Identität niemals voll und ganz. Die Tatsache, daß es überhaupt eine Notwendigkeit zur Wiederholung gibt, ist schon ein Indiz dafür, daß Identität nicht mit sich selbst identisch ist. Sie muß immer wieder eingerichtet werden, das heißt, sie ist in jeder „Pause" in Gefahr, abgeschafft zu werden.

Was ist also dieser psychische Überschuß, und was kann eine subversive oder abschaffende Wiederholung sein? Zunächst einmal müssen wir uns dessen bewußt sein, daß Sexualität immer über eine gegebene Performanz, Präsentation oder Erzählung hinausschießt, und daher ist es auch nicht möglich, von der gegebenen Präsentation einer Geschlechtsidentität eine bestimmte Sexualität abzuleiten oder „abzulesen". Und wir können sagen, daß Sexualität jede definitive Erzählung übertrifft. Sie wird in einer Performanz oder Praktik nie vollständig „verwirklicht". So gibt es zum Beispiel passive wie betont maskuline *femmes*, betont feminine wie aggressive *butches*, und am Ende beschreiben all diese Attribute (und andere) anatomisch mehr oder weniger stabile „Männer" und „Frauen". Zwischen Geschlecht, Geschlechtsidentität und ihrer Präsentation, sexueller Praxis, Phantasie und Sexualität gibt es keine direkten, etwas „ausdrückenden" oder kausalen Verbindungen. Keiner dieser Begriffe kann die übrigen einschließen oder determinieren. Ein Teil dessen, was Sexualität konstituiert, ist nämlich genau das, was nicht erscheint und bis zu einem gewissen Grad auch niemals erscheinen *kann*. Dies ist vielleicht der elementarste Grund dafür, daß Sexualität in gewisser Hinsicht immer verheimlicht wird, gerade gegenüber denen, die sie durch Akte der Selbstenthüllung verwirklichen wollen. Das, was ausgeschlossen wird, damit eine gegebene Geschlechts-Präsentation „erfolgreich" ist, kann gerade das sein, was sexuell ausgespielt wird; es gibt also eine sozusagen umgekehrte, „invertierte" Beziehung zwischen Geschlechtsidentität und ihrer Präsentation und zwischen dieser Präsentation und der Sexualität. Andererseits ist es möglich, daß die Darstellung der Geschlechtsidentität und die sexuellen Praxen derart übereinstimmen, daß erstere letztere „ausdrückt", und doch konstituieren sich beide durch eben die sexuellen Möglichkeiten, die sie ausschließen.

Diese Inversionslogik wird interessanterweise in den Versionen der Geschlechter-Stilisierung durch lesbische *butches* und *femmes* ausgespielt. Denn eine *butch* kann sich als fähig, kraftvoll und treusorgend präsentieren, und eine *stone butch** kann sehr wohl danach streben, ihre Geliebte als den ausschließlichen Schauplatz erotischer Aufmerksamkeit und Genüsse zu konstituieren. Und doch kann sich diese „treusorgende" *butch*, die *zunächst* eine gewisse Ehemann-ähnliche Rolle zu wiederholen scheint, am Ende in einer Inversionslogik wiederfinden, durch die sich diese „Fürsorglichkeit" in eine Selbstaufopferung verwandelt, die die *butch* in die älteste Falle weiblicher Selbstverleugnung gehen läßt. Sie kann sich durchaus in einer akuten Notsituation befinden, derselben Situation, die sie bei ihrer *femme*-Geliebten finden und beheben wollte. Als Folge davon invertiert die *butch* zur *femme* oder bleibt vom Schreckgespenst dieser Inversion gebannt, oder sie genießt es. Andererseits kann auch die *femme*, die den sexuellen Austausch, wie Amber Hollibaugh es nennt, „orchestriert", eine gewisse Abhängigkeit in die Erotik einbeziehen, um dann festzustellen, daß gerade ihre Macht, diese Abhängigkeit zu orchestrieren, ihre eigene Macht unbestreitbar enthüllt – und an diesem Punkt invertiert sie zur *butch* oder fängt sich im Schreckgespenst der Inversion, oder sie genießt es vielleicht sogar (Hollibaugh 1983, 394-405).

Psychische Mimesis

Die Stilisierung beziehungsweise Ausbildung eines erotischen Stils bzw. einer Darstellung der Geschlechtsidentität (und dessen, was solche Kategorien innerlich instabil macht) geschieht durch *psychische Identifikationen*, die nur schwer zu beschreiben sind. In manchen psychoanalytischen Theorien werden Identifikation und Begehren als einander ausschließende Beziehungen zu Liebesobjekten konstruiert, die durch Verbot oder Trennung verloren gingen. Jede intensive emotionale Bindung wird also entweder als „jemanden haben wollen" oder als „jemand sein wollen" eingestuft, aber niemals als beides gleichzeitig. Es ist zwar wichtig zu bedenken, daß Identifikation und Begehren gleichzeitig existieren können und daß ihre Formulierung als einander ausschließende Gegensätze einer heterosexuellen Matrix dient. Aber ich möchte die Aufmerksamkeit noch auf eine andere Konstruktion dieses Szenarios lenken, daß nämlich „sein wollen" und „haben wollen" dazu dienen, einander ausschließende Positionen zu differenzieren, die dem lesbischen erotischen Austausch innewohnen. Wir müssen bedenken, daß Identifikationen immer als Reaktion auf einen Verlust vorgenommen werden und daß sie mit einer bestimmten *mimetischen Praxis* zusammenhängen, die die verlorene Liebe in die „Identität" der eigenen Person zu integrieren versucht. Diese These stellte Freud 1917 in „Trauer und Melancholie" auf, und sie beeinflußt zeitgenössische psychoanalytische Debatten über Identifikation noch heute (s. z.B. Borch-Jacobsen 1988).

Den psychoanalytischen TheoretikerInnen Mikkel Borch-Jacobsen und Ruth Leys zufolge gehen jedoch Identifikation und besonders identifikatorische Mimesis der „Identität" *voraus* und konstituieren diese als etwas „in sich Fremdes". Diese Vorstellung des Anderen *im* Selbst impliziert sozusagen, daß die Unterscheidung zwischen Selbst und Anderem *nicht* primär eine externe ist (woraus eine scharfe Kritik der Psychologie des Ego folgt); das Selbst ist vielmehr von Anfang an prinzipiell in das „Andere" verwickelt. Diese Theorie einer primären Mimesis unterscheidet sich von Freuds Auffassung der melancholischen Einverleibung. Nach seiner Theorie, die ich nach wie vor hilfreich finde, ist Einverleibung – eine Art psychischer Mimesis – eine Reaktion auf einen *Verlust* sowie gleichzeitig dessen Verweigerung. So wird die Geschlechtsidentität als Sitz solcher psychischen Mimesis konstituiert durch die mit anderer Geschlechtsidentität ausgestatteten Anderen, die geliebt worden sind und verloren wurden, wobei der Verlust durch eine melancholische und imaginative Einverleibung (und Erhaltung) dieser Anderen in die Psyche ausgesetzt wird. Gegenüber dieser Auffassung psychischer Mimesis durch Einverleibung und Melancholie legt die Theorie der primären Mimesis ein stärkeres Gewicht auf die fehlende Selbstidentität des psychischen Subjekts. Die Mimesis wird danach nicht durch das Drama des Verlusts und des Wunsches nach Wiederfinden motiviert, sondern scheint dem Begehren (und der Motivation) selbst voranzugehen und es zu konstituieren – in diesem Sinne wäre die Mimesis *vor* die Möglichkeit des Verlusts und der enttäuschten Liebe geschaltet.

Ob nun der Verlust oder die Mimesis das Primäre ist (was vielleicht nicht geklärt werden kann), in jedem Fall wird das psychische Subjekt durch Andere konstituiert, die mit einer anderen Geschlechtsidentität ausgestattet sind, und ist daher als Geschlechtsidentität niemals selbstidentisch.

Nach meiner Auffassung wird das Selbst erst dann zum Selbst, wenn es eine Trennung erlitten hat. (Hier versagt die Grammatik, denn das „es" differenziert sich ja erst durch diese Trennung heraus.) Diese Trennung, dieser Verlust wird durch die melancholische Einverleibung eines „Anderen" ausgesetzt und vorläufig aufgehoben. So sorgt dieses „Andere" (nach seiner Einsetzung in das Selbst) für die dauerhafte Unfähigkeit jenes „Selbst" zur Selbstidentität; das Selbst ist sozusagen immer schon durch dieses Andere gestört: Die Störung des Anderen im Kern des Selbst ist die Vorbedingung für dessen Existenzmöglichkeit.

Eine solche Auffassung von psychischer Identifikation würde die Möglichkeit einer konsistenten Typologie, die etwas wie schwule oder lesbische Identitäten erklärt oder beschreibt, zunichte machen. Und wie Kaja Silvermans neuere Forschungen über männliche Homosexualität zeigen, leiden alle Versuche, eine solche Typologie zu entwickeln, unter Vereinfachung und passen sich mit alarmierender Leichtigkeit an die regulatorischen Erfordernisse diagnostischer epistemologischer Regime an. Wenn Einverleibung im Freudschen Sinne ein Versuch ist, ein geliebtes und verlorenes Objekt zu *erhalten* und das Eingeständnis seines Verlusts und daher der Trauer zu verweigern oder aufzuschieben, so kann es ein Akt der Liebe bzw. ein haßerfüllter Übertragungs- oder Verdrängungsversuch sein, wenn ein Mensch *wie* Mutter, Vater, Geschwister oder frühere Geliebte *wird*. Wie könnten wir diese Ambivalenz im Zentrum solcher mimetischen Einverleibungen „typologisieren"?

Und wie führen uns diese Gedanken über psychische Identifikation zu der Frage zurück, was eine subversive Wiederholung wäre? Wie werden verstörende Identifikationen in kulturellen Praxen sichtbar? Wir sollten bedenken, auf welche Weise sich Heterosexualität durch die Schaffung gewisser Illusionen über die Kontinuität von Geschlecht, Geschlechtsidentität und Begehren naturalisiert. Wenn Aretha Franklin singt: *„You make me feel like a natural woman"*, so scheint sie zunächst anzudeuten, daß durch ihre Beteiligung an der kulturellen Position „Frau" als Objekt heterosexueller Anerkennung eine Art natürliches Potential ihres biologischen Geschlechts verwirklicht wird. Irgend etwas an ihrem „Geschlecht" wird so durch ihre „Geschlechtsidentität" ausgedrückt, die in der heterosexuellen Szene vollständig bekannt und akzeptiert wird. Es gibt keinen Bruch, keine Diskontinuität zwischen „Geschlecht" (als biologische Tatsache) und Essenz oder zwischen Geschlechtsidentität und Sexualität. Aretha ist zwar offenbar nur zu froh, ihre Natürlichkeit bestätigt zu bekommen, sie scheint sich paradoxerweise jedoch zugleich der Tatsache bewußt zu sein, daß diese Bestätigung niemals garantiert ist – daß der Effekt der Natürlichkeit nur als Konsequenz jenes Augenblicks der heterosexuellen Anerkennung erreicht werden kann. Immerhin singt Aretha: *„You make me* feel *like a natural woman"*, womit sie impliziert, es sei eine Art metaphorischer Ersatz, ein Akt der Hochstapelei, eine Art sublime und vorübergehende Beteiligung an einer ontologischen Illusion, die durch die profane Funktionsweise heterosexueller Travestie produziert wird.

Was aber, wenn Aretha ihr Lied an mich richten würde? Oder wenn sie eine Fummeltunte ansänge, deren Performanz ihre eigene irgendwie bestätigen würde?

Wie erklären wir diese Formen der Identifikation? Es stimmt nicht, daß es eine Art *Geschlecht* (*sex*) gibt, das in verschwommener biologischer Form existiert, die sich irgendwie durch den Gang, die Haltung, die Gestik *ausdrückt*, und daß die Sexualität der betreffenden Person dann diese scheinbare Geschlechtsidentität bzw. jenes mehr oder weniger magisch vorhandene Geschlecht ausdrückt. Wenn Geschlecht gleich Travestie ist und eine Imitation, die regelmäßig das Ideal, dem sie nahezukommen sucht, produziert, dann ist es auch eine Performanz, die die Illusion eines inneren Geschlechts, einer Essenz oder eines psychischen Kerns erst *produziert*. Auf der Oberfläche *produziert* sie die Illusion einer inneren Tiefe durch Gestik, Bewegung, Gang (jenes Arsenal körperlicher Requisiten also, die wir als Darstellung der Geschlechtsidentität verstehen). Als Folge davon werden Geschlechtsidentitäten naturalisiert, indem sie zum Beispiel als innere psychische oder physische *Notwendigkeit* konstruiert werden. Trotzdem ist es immer ein Zeichen an der Oberfläche – eine Bezeichnung auf dem und mit dem öffentlich sichtbaren Körper –, das diese Illusion einer inneren Tiefe, Notwendigkeit oder Essenz produziert, die irgendwie magisch und kausal verwirklicht wird.

Wenn wir den Status der Psyche als *innere Tiefe* bestreiten, bedeutet dies jedoch nicht, daß wir ihre Existenz leugnen. Im Gegenteil: Die Psyche muß als zwanghafte Wiederholung neu gedacht werden, als etwas, das die repetitive Performanz der Identität bedingt und sie zugleich unbrauchbar macht. Wenn sich jede Performanz wiederholt und damit den Effekt der Identität erzeugt, dann benötigt jede Wiederholung auch sozusagen eine Pause zwischen den Akten, in der Gefährdung und psychischer Überschuß die Konstitution der Identität zu stören drohen. Der Überschuß, der jede Performanz erst ermöglicht und sie zugleich anficht und der sich während der Performanz selbst niemals offen zeigt, ist das Unbewußte. Die Psyche ist nicht „im" Körper, sondern in eben dem Bezeichnungsprozeß, durch den der Körper erst erscheinen kann; sie ist der Fehler bei der Wiederholung und zugleich deren Zwang, sie ist das, was die Performanz leugnen will, und das, was sie von Anfang an erzwingt.

Wenn wir innerhalb dieser Bezeichnungskette die Psyche als Instabilität aller Wiederholbarkeit verorten, so ist das nicht dasselbe wie die Behauptung, sie sei ein innerer Kern, der auf seine vollständige und befreiende Verwirklichung wartet. Im Gegenteil: Die Psyche ist das ständige Scheitern der Verwirklichung, das auch sein Gutes hat, denn es treibt zur Wiederholung an und erzeugt so die Möglichkeit der Störung erneut. Was bedeutet es also, wenn wir die störende Wiederholung innerhalb der Zwangsheterosexualität anstreben?

Obwohl die Zwangsheterosexualität oft suggeriert, es gebe zunächst ein Geschlecht, das sich in einer Geschlechtsidentität und dann in einer Sexualität ausdrückt, kann es sein, daß wir diesen Denkvorgang an diesem Punkt vollständig umkehren und modifizieren müssen. Wenn ein Sexualitätsregime die obligatorische Performanz des Geschlechts verfügt, so ist es möglich, daß das binäre System der Geschlechtsidentität und das binäre System des Geschlechts nur durch diese Performanz überhaupt erst verständlich werden. Es kann sein, daß gerade diese Kategorien des Geschlechts, der sexuellen Identität und der Geschlechtsidentität durch die *Effekte* dieser obligatorischen Performanz erst produziert oder weitergeführt werden, und diese Effekte werden unaufrichtigerweise als „Ursache" oder „Ursprung" verkleidet und in eine kausale oder ausdrückliche Kette gestellt, die die heterosexuelle Norm produziert, um sich als Original aller Geschlechtlichkeit zu legitimieren. Wie lassen sich die kausalen Linien nun als nachträglich und performativ produzierte Erfindungen bloßstellen, wie läßt sich die Geschlechtsidentität selbst als unvermeidliche Erfindung nutzen und sie so neu erfinden, daß jeder Anspruch auf das Originale, das Innere, das Wahre und das Reale als nichts anderes als der Effekt der *Travestie* enthüllt wird, deren subversive Möglichkeiten immer wieder neu inszeniert werden sollten, um das „Geschlecht" der Geschlechtsidentität zu einem Schauplatz unaufhörlichen politischen Spiels zu machen? Vielleicht wird dies möglich sein, indem Sexualität *gegen* Identität, sogar gegen Geschlechtsidentität ausgespielt wird und wir das, was sich in keiner Performanz vollständig zeigen kann, in Erwartung seiner bevorstehenden Störung bestehen lassen.

(Deutsch von Claudia Brusdeylins)

Sexuelle Praxis und der Wandel lesbischer Identitäten

Biddy Martin

Vor einigen Jahren habe ich mir auf dem Campus der Universität Rochester in New York eine Ausstellung mit dem Titel *Perversity and Diversity* angesehen, die lesbische und schwule Studierende organisiert hatten und die vor der Bibliothek der geisteswissenschaftlichen Fakultät in einem kleinen Ausstellungsraum untergebracht war, den man über unterirdische Zugänge erreichte. An der Glaswand, die den Raum vom Gang trennte, hingen weiße Papierblöcke, auf denen die Begriffe *lesbian, gay, queer, dyke, faggot, muffdiver, bulldyke* untereinander standen. Diese Worte kündigten den PassantInnen die Ausstellung an. Wie eine Besucherin anmerkte, schützten die Blöcke außerdem die Menschen in der Ausstellung vor den Blicken derer, die draußen vorbeigingen. Ich interessierte mich für die Beziehung zwischen dieser Darstellung von Etikettierungen und der Ausstellung dahinter. Die Bezeichnungen hatten etwas Zweideutiges; einige konnten als Formen der mittlerweile so genannten „Haßsprache" verstanden werden – und wurden es auch –, aber sie wurden auch als Begriffe dargestellt und aufgefaßt, die Schwule und Lesben sich erfolgreich angeeignet und neu gedeutet hatten. Die Betonung der Wiederaneignung negativ besetzter Wörter und die Beziehung der Wand aus Worten zur Ausstellung dahinter schienen nahezulegen, daß die angemessene Reaktion auf die Haßsprache nicht unbedingt ein Mehr an Vorschriften und Sprachkontrolle ist, sondern gerade deren

Vervielfältigung und die Bemühung um eine Veränderung der Bedingungen, die dazu führen, daß manche Redeformen gegenüber anderen bevorzugt werden. Heute scheint diese Bemühung besonders wichtig, in einer Zeit, in der Aids-Aufklärung oder Falschinformationen für so viele Todesfälle verantwortlich zu machen sind, weil den am stärksten betroffenen Personen nicht nur der Zugang zu Ressourcen verwehrt wird, sondern auch, wie Cindy Patton in *Inventing Aids* so eindringlich darlegt, die gleiche diskursive Macht im Kampf um die Definition der Bedeutungen von Aids (Patton 1990, 129).

Die Ausstellung selbst enthielt vor allem Reproduktionen der für die letzten Jahre des *queer*-Aktivismus so wichtig gewordenen graphischen Kunst. Die Studierenden hatten Poster, T-Shirts und Anstecker von ACT-UP sowie selbstgemachte Plakate aufgehängt. Das T-Shirt mit dem Foto zweier Frauen beim Oralsex und der stolzen Aufschrift *Power Breakfast* war leider gestohlen worden, bevor ich die Ausstellung sah. Um den Verlust anderer wertvoller Objekte zu verhindern, hatten die OrganisatorInnen einige Sextoys und Hilfsmittel von der Wand genommen, so auch einen Harness mit Dildo und ein paar Kondome.

Die BesucherInnen wurden aufgefordert, ihre Reaktionen auf dafür vorgesehenes Papier zu schreiben. Die Blätter wurden allabendlich in einem dicken Buch gesammelt, das dann als Dokumentation selbst Teil der Ausstellung wurde. Die BesucherInnen hatten allerdings beschlossen, auch auf eine Wand zu schreiben, als Reaktion auf die Ausstellung, aber auch auf die Bemerkungen der anderen BesucherInnen. Zum Zeitpunkt meines Besuchs waren die Wände nicht nur mit diesem graffitiähnlichen Wortwechsel bedeckt, sondern auch mit maschinengeschriebenen Stellungnahmen und sogar mit Seminararbeiten, die über die Ausstellung geschrieben worden waren. Die Kommentare und teilweise länger andauernden Diskussionen zwischen den BesucherInnen wurden zum eindrucksvollsten Teil der Ausstellung, ungeachtet der Vorhersehbarkeit des äußerst homophoben Gekritzels und der manchmal peinlich defensiven und sich selbst rechtfertigenden Antworten von Lesben und Schwulen. Besonders bemerkenswert erschienen mir die Aussagen von Leuten, die entweder vor allem das *Power-Breakfast*-T-Shirt oder die Ausstellung insgesamt „unnötig gewalttätig und aggressiv" fanden, und die Kommentare derjenigen, die sich offenbar hauptsächlich daran störten, daß die Ausstellung zumindest implizit den Anspruch erhob, Kunst zu sein. Bei denen, die die bloße Existenz der Ausstellung bereits als aggressiven Akt wahrnahmen, mußte ich wieder an den emotionalen Einsatz denken, der bei sexuellen Darstellungen in diskursive und infolgedessen psychische Verwerfungen investiert wird. Diese Verwerfungen waren vielleicht deshalb so bestürzend, weil die Ausstellung die Ironie einer bestimmten Auswirkung von Aids darstellte und zu bestätigen schien, daß nämlich trotz wiedererstarkter Repression eine Tendenz zu größerer Offenheit in der öffentlichen Diskussion über Sexualität zu verzeichnen ist.

Diejenigen, die am impliziten Kunstanspruch Anstoß nahmen, zeigten damit, wie subtil die Verfahren sind, durch die das *Closet* „die umgebende heterosexuelle Bevölkerung" schützt, wie Eve Sedgwick es in *The Epistemology of the Closet* (1990) ausdrückt. Einige der Kommentare legten den Schluß nahe, ihre VerfasserInnen hätten den Inhalt unbedenklich oder wenig bedenklich gefunden, wenn die Ausstellung nicht durch den Versuch, sich der Welt des allgemeingültigen guten Geschmacks bzw. der Ästhetik anzuschließen, eben diese Welt in den Schmutz gezogen hätte. Unwillkürlich mußte ich an die Irisch-Amerikanerin denken, die bei der Parade zum *St. Patrick's Day* in New York City feststellte: „Wir gestehen denen ja ihre sexuelle Vorliebe zu, aber sie gehören einfach nicht auf so eine Demo." Ich habe das so verstanden, daß wir nur dann akzeptiert werden, wenn wir keine sichtbare Position innerhalb der Normalbevölkerung verlangen. Solche Ereignisse erinnern uns daran, wie hoch der Einsatz ist, wenn es um symbolische Ordnungen geht. Nicht immer werden wir mit Versuchen konfrontiert, direkt und unter Zwang zu kontrollieren, was wir im Bett tun, aber wir sind fortwährend von der Auslöschung aus Diskursbereichen bedroht, in denen sexuelle und die Geschlechtsidentität betreffende Normen naturalisiert werden und damit die real bestehende Vielfalt verschleiert wird.

Wie so viele Aktionen der vergangenen fünf Jahre legen kulturelle Interventionen wie die Ausstellung in Rochester nahe, daß wir mehr fordern sollten als nur das uns nach wie vor verweigerte Recht auf eine Privatsphäre. Über die Forderung nach begrenzten sozialen Räumen in Form von Bars, Geschäften und Projekten hinaus, müssen wir eine breite öffentliche Diskussion fordern. Der Versuch, den öffentlichen Raum für eine Diskussion und Würdigung sexueller Vielfalt zu öffnen, bedeutet eine Herausforderung für die epistemologischen und politischen Begriffe, in die Homosexualität und andere „Perversionen" zum Vorteil der „umgebenden heterosexuellen Bevölkerung" oder des von Cindy Patton als „repressiv" bezeichneten „Verwaltungsstaats" gezwängt werden. Laut Patton sind „die Homosexuellen und ihr Leben im Verborgenen nur eine Trope des Verwaltungsstaats, das Produkt einer willkommenen repressiven Ideologie mit einer Klasse mobiler Körper, die sich bereitwillig und problemlos öffentlich erniedrigen, verspotten, schlagen, verhaften, mit Elektroschock behandeln, in den Wahnsinn treiben, ermorden und zum Schauspiel Aids machen lassen" (ebd., 129).

Zumindest hatte die Ausstellung in Rochester offensichtlich großes Interesse und viele Diskussionen ausgelöst, was heute besonders wichtig erscheint, da konservative AkademikerInnen ihre Kampagnen gegen „die linke Repression im Namen politischer Korrektheit" intensivieren, um jede ernsthafte Diskussion über Sexualität, Geschlechtsidentität, Rasse oder Klasse an den Universitäten zu verhindern. Es ist aber auch wichtig im Kontext feministischer Diskussionen, bei denen offensiv auftretende Feministinnen weiterhin heimtückische Argumente zur Sexualität von Frauen bringen, mit denen sie uns unsere Neugier auf unser Begehren, unsere Phantasien, Praktiken und Vergnügungen eher austreiben, als sie uns zu öffnen.

Die zwar marginale, aber dennoch explizite Betonung sexueller Praxen in der Ausstellung ermöglichte es, das Publikum in einer Weise einzubeziehen, wie es bei der Dokumentation der Geschichte einer augenscheinlich zusammenhängenden, abgegrenzten Gruppe sonst nicht möglich gewesen wäre. Die BesucherInnen leisteten freiwillig und unfreiwillig ihren Beitrag zur Produktion von Bedeutungen, aber auch zu der ausgesprochen politischen Aufgabe, eine Grenze zwischen akzeptablem und inakzeptablem Sex bzw. sexueller Darstellung zu ziehen. In dieser Hinsicht ist es bedeutsam, daß die Ausstellung den Titel *Perversity and Diversity* trug und daß weder Geschlechtsidentität noch sexuelle Identität als Organisationsprinzip herhalten mußte. So nahmen zwei wichtige Thesen lesbisch-schwuler Forschung Gestalt an: daß Sexualität und Geschlecht *(gender)* voneinander getrennte analytische und politische Kategorien sind und daß die Geschlechtsidentität von Sexualobjekten eine historisch relativ neue und willkürliche Grundlage dafür bietet,

Sexualität auf reale Körper zu übertragen, um die Identität eines Menschen zu definieren und wichtige Aspekte des sozialen Lebens zu organisieren. Aufgrund dieser Thesen können wir eine Vorstellung davon bekommen, wie Identitäten und soziale Beziehungen als Konsequenz der Umwälzung der Kategorien, die unser Denken über Sex bestimmen, neu entworfen werden könnten.

Es muß auch erwähnt werden, daß mit der Ausstellung die zentrale Position der Aktionskunst im Zusammenhang oppositioneller politischer Reaktionen auf Aids gefeiert wurde. Cindy Patton ist nur eine von vielen KulturkritikerInnen, die die Bedeutung der Aktionskunst als Reaktion auf die Totschweigestrategie der US-Regierung betont hat: „Als Aids-AktivistInnen wissen wir, daß Schweigen gleichbedeutend mit dem Tod ist, aber wir wissen auch, daß das nicht gesagt werden kann, es muß dargestellt werden [...] Die Einsicht „Schweigen bedeutet Tod" hat einen internationalen Agitprop-Aktivismus erzeugt, der sich um die in den legitimierten Diskursen von Wissenschaft, Medien und Politik ausgeklammerten Bedeutungen von Aids dreht" (ebd., 131). Durch Aktionskunst können Themen imaginiert und dargestellt werden, die durch die Hegemonie bestimmter diskursiver Formationen unverständlich gemacht wurden. In ihrem Buch *AidsDemoGraphics* (1990) charakterisieren Douglas Crimp und Adam Rolston diese Kunst als Form eines politisierten Postmodernismus, die sich mit ihrer Betonung von Aneignung und kollektiver Produktion traditionellen Auffassungen von AutorInnenschaft und Originalität widersetzt. Die von ACT-UP so wirkungsvoll eingesetzten graphischen Arbeiten gründen, wie Crimp und Rolston es ausdrücken, „im gesammelten Wissen und der politischen Analyse der Aids-Krise, wie die Bewegung sie kollektiv produziert hat" (ebd., 20). Wie Crimp und andere betonen, hat diese Graphik bei Organisationsbemühungen und Positionsbestimmungen eine bedeutende Rolle gespielt: „Die Graphik von Aids-AktivistInnen formuliert Aidspolitik für alle Angehörigen der Bewegung. Sie gibt Slogans vor (SCHWEIGEN = TOD wird zu ‚Wir werden nie wieder schweigen'), nimmt GegnerInnen ins Visier, definiert Positionen (‚Alle Menschen mit Aids sind unschuldig') und ruft zu Boykottaktionen auf" (ebd.).

Ein Vortrag von Susie „Sexpert" Bright, damals Herausgeberin des lesbischen Pornomagazin *On Our Backs*, bot eine weitere interessante Gelegenheit, über den Wandel lesbischer Identitäten nachzudenken. Bright redete in außergewöhnlich direkter Sprache über Sex, sexuelle Praktiken und Körperteile, ohne dabei in einen klinischen, gefühllosen oder reißerischen Ton zu verfallen. Sie brachte es fertig, ernst, aber nicht übertrieben feierlich und immer humorvoll über Sex zu sprechen und vermittelte den Eindruck, sie sei auf ihre eigenen und unsere sexuellen Phantasien, Praktiken und Freuden wirklich neugierig, und übertrug diese Neugier auch auf die Zuhörerinnen. Ihr Auftritt machte deutlich, wie selten eine solche Neugier ist und wie knapp der diskursive und soziale Raum, in dem sie sich entfalten kann.

Susie Bright sprach davon, daß starre sexuelle Kategorien nicht nur von der Rechten eingesetzt werden, sondern auch von Lesben selbst. Der Einsatz für die Stabilität, innere Kohärenz und Einzigartigkeit lesbischer Identität hat sexuelle Differenzen zwischen uns nicht nur verschleiert, sondern aktiven Widerstand gegen das Wissen über unsere Phantasien, unser Begehren, Denken und Handeln geschaffen. Schon die Psychoanalyse lehrt uns, daß Unwissenheit nicht einem Mangel an Wissen entspringt, sondern aktiven inneren Widerständen. Einer der erstaunlichsten Aspekte von Brights Vortrag war der Bericht über ihre Versuche, diese aktiven Widerstände in sich selbst aufzuspüren und sie gegen normale Gleichgültigkeit abzugrenzen. An verschiedenen Punkten ihres Vortrags sowie in ihren ausführlichen Antworten auf Fragen aus dem Publikum zeigte Bright, wie der Einsatz für Kategorien sexueller Identität in der aktuellen Diskussion um sexuelle Praktiken und Vergnügungen zum Stolperstein wird.

Brights Vortrag erinnerte mich an einen Abschnitt aus einem im Jahr 1901 geschriebenen deutschen Roman, der in jedem zeitgenössischen Lesbenroman stehen oder in jedem lesbischen Gespräch vorkommen könnte – und dies wahrscheinlich auch tut. Die Novelle mit dem Titel *Sind es Frauen?* wurde unter dem Pseudonym Aimée Duc veröffentlicht und zeigt eine Gruppe von Frauen, die sich mit dem neu entstandenen medizinischen Begriff des „dritten Geschlechts" identifizieren und in ein hitziges Gespräch über eine gewisse Elisa Fritz verwickelt sind, die einst zu ihnen gehörte, jetzt aber mit einem Mann verheiratet ist. Die Teilnehmerinnen der Diskussion nehmen an, daß Elisa Fritz nie wirklich zu ihnen gehört hat, daß ihr Anspruch, zum dritten Geschlecht gehört zu haben, betrügerisch war. Damit

sorgen sie dafür, daß die Grenzen um die einzige augenscheinlich nicht widersprüchliche Kategorie, die des dritten Geschlechts, neu gezogen werden. Wie schwierig es ist, die saubere
Trennung zwischen wirklichen und falschen Mitgliedern, dem
Innen und dem Außen der Kategorie aufrechtzuerhalten, zeigt
sich, als eine der Frauen Fritzens lautstärkste Kritikerin Minotschka daran erinnert, daß sie ja selbst einst verheiratet gewesen sei. Als Reaktion auf diesen Einwand kann Minotschka nur
die schwache Beteuerung bieten, das sei „etwas ganz anderes"
gewesen.

Einige Forscherinnen haben gezeigt, daß die Konstruktion
von Homosexualität und insbesondere Lesbianismus als „drittes
Geschlecht" konventionelle Annahmen über die Polaritäten der
Geschlechtsidentität und normale Heterosexualität intakt läßt,
indem eine dritte, statische Kategorie eingeführt wird, um diese
Differenz aufzunehmen. Vielleicht ist das leichter zu verstehen
als die Funktion, die zeitgenössische Versuche, die Essenz lesbischer Identität oder Subjektivität zu definieren, bei der Normalisierung der Geschlechterhierarchie und der Reproduktion der
ohnehin offensichtlichen Selbstverständlichkeit der Heterosexualität erfüllen.

Jan Clausen (1990), die sich selbst einst als lesbische Autorin
identifizierte und anderen als solche bekannt war, hat ihrem
„berüchtigten" Artikel aus der lesbisch-schwulen Zeitschrift
Outlook über ihre Affäre mit einem Mann als Vorwort ein Gespräch vorangestellt, das fast dem Roman Aimée Ducs entnom-
men sein könnte. Clausens fiktionalisierter Bericht läßt uns ein
Gespräch einiger Lesben im heutigen Brooklyn über eine ehemalige „Bewegungslesbe" mitanhören, die jetzt mit einem Mann
zusammen ist. Wie vorauszusehen war, vermutet eine der nicht
namentlich genannten Gesprächsteilnehmerinnen, die Betreffende könnte vielleicht von Anfang an hetero gewesen sein. In
der anschließenden Diskussion wird dieser Verdacht auf betrü-
gerische Mitgliedschaft in der Gruppe bestritten, aber die Be-
grifflichkeiten, in denen die Debatte geführt wird, sind interessanter und unterhaltsamer als ihr Ausgang. Im Bemühen um
etwas, das hoffentlich Ironie sein soll, läßt Clausen ihre fiktiven
Figuren interpretieren, was Kleidung, neue Geldbörse und die
langjährige Gewohnheit der ehemaligen „lesbischen Aktivistin",
ihre Beine zu rasieren, darüber aussagen, ob sie wirklich lesbisch oder heterosexuell sei. Eine fragt sich, ob es das Privileg,

eine weiße Frau der Mittelschicht zu werden, war, das sie zurück in die Heterosexualität lockte. Der Versuch, zu entscheiden, ob ihre lesbische Vergangenheit oder ihre angeblich heterosexuelle Gegenwart die authentischere Version ist, bleibt ergebnislos. Gegen Ende des Gesprächs „gesteht" eine Teilnehmerin, daß sie „letztes Jahr, als Lilith mich fallengelassen hat, beinahe mit einem Typen geschlafen hätte". In Großbuchstaben vermerkt der Text ein peinliches Schweigen, bevor es mit der schwachen Beteuerung weitergeht, daß „das etwas ganz anderes ist".

Ich finde es problematisch, wie Clausen diese einleitende Szene dazu verwendet, ihre Pauschalurteile über die und ihre Kritik an „der lesbischen *community*" aufzubauen. Ihre Kritik hat den Beigeschmack jenes immer beliebter werdenden Vorreiterinnentums, das die lesbischen und feministischen Grundsätze der siebziger Jahre pauschal als naiv, repressiv und letztlich langweilig umschreibt. Aber ich möchte trotzdem bei dem Gespräch bleiben, denn es hat wichtige Implikationen. Eine Freundin von mir bezeichnete solche Versuche der Grenzkontrolle als „Reinigungsrituale", und tatsächlich scheint es dabei u.a. darum zu gehen, die Kategorie „lesbisch" von allem Schmutzigen zu befreien, von allem, was den unausweichlichen internen Differenzen oder den eigenen nicht zu leugnenden Heterogenitäten zu nahe kommt. Wollte ich etwas verständnisvoller sein, so würde ich sagen, daß es sich dabei auch um rituelle Versuche handelt, mit etwas klarzukommen, was als Verlust erlebt wird, und daß solche Versuche von allen Formen der Verleugnung geprägt sind, die noch nicht überwundene Verluste mit sich bringen. Das Bedürfnis nach Einheitlichkeit, Authentizität und einem festen Standpunkt in einer Welt außerhalb der Heterosexualität funktioniert als Verteidigungsmechanismus gegen die fortgesetzte Marginalisierung, Verleugnung und das Verbot von Liebe und Begehren zwischen Frauen. Die Frage ist nur, ob dieses Bedürfnis nach Einheitlichkeit, völliger Autonomie und Authentizität der beste Weg ist, Heterosexismus und Frauenfeindlichkeit in Frage zu stellen, oder ob es nicht auch nur eine effektive Verteidigungsstrategie gegen den Untergang darstellt. Die Tatsache, daß es so großer Anstrengung bedarf, die Kategorie intakt zu halten, offenbart doch, wie instabil sie letztlich ist und daß ihr die feste Basis fehlt. Beide von mir beschriebenen fiktiven Gespräche führen von der Bestrebung, Differenz zu externalisieren, zu der zumindest zögernden Anerkennung innerer Widersprüche – von Versuchen, die Authentizität einer (ehemaligen) Lesbe, die mit einem Mann zusammen ist, zu bestreiten, zu Befürchtungen, daß solche Mehrdeutigkeiten auch diejenigen betreffen, die sich in der Kategorie sicher fühlen. Aber das Eingeständnis unbestreitbarer interner Differenzen wird ausgeschlossen, indem abschließend versichert wird, was einem gegenwärtigen Mitglied der Gruppe zu einem früheren Zeitpunkt passiert ist, sei „etwas ganz anderes". Dadurch werden von Homophobie geprägte Bemühungen, die gegenwärtige Selbstdefinition einer Lesbe als Lesbe durch die Beteuerung zu destabilisieren, dies sei nur eine Phase und die Zukunft werde „etwas ganz anderes" sein, lediglich umgekehrt.

Welche Absicht jedoch auch hinter den Bemühungen stecken mag, Lesbianismus nach innen zu vereinheitlichen und zu stabilisieren: Die Folge sind Disziplinierung und Kontrolle. So werden unerwünschte sexuelle Phantasien, Begierden, Vergnügungen und Praxen, aber auch komplexere Analysen der sozialen Realität dem Einsatz für die Identität geopfert. Im Laufe der letzten Jahre sind die Beteiligung von Lesben an Aids-Aktivismus und Aids-Aufklärung und die mutigen Aktionen von *Sex Radicals* zusammengekommen, um die starren Identitätskonstrukte anzugreifen und Neugier auf solche Phantasien und Praxen zu wecken, die sich über Identitätskategorien hinwegsetzen. Gegen lesbisch-feministische Konstruktionen einer grundlegenden Differenz zwischen Lesben und Schwulen stellen lesbische Aktivistinnen, Autorinnen und Theoretikerinnen Fragen nach dem potentiell positiven Einfluß schwuler Sexualität und sexueller Darstellung auf lesbischen Sex, nach Phantasien von Lesben, schwule Männer zu sein, und nach sexuellen Inszenierungen dieser Phantasien. Bei ihrem Vortrag verkündete Susie Bright, daß lesbische Ängste vor Penetration und ihren potentiell heterosexuellen bzw. männlichen Implikationen heute überholt seien. Und in ihrer Beratungskolumne in der Zeitschrift *On Our Backs* hat Bright festgestellt, daß manche Praktiken, die früher mit lesbischem Sadomasochismus verknüpft waren bzw. von Sadomasochistinnen für sich beansprucht wurden, heute unter Lesben allgemein verbreitet seien.

In ihrem Aufsatz über Bisexualität spricht Greta Christina unter dem Titel „Drawing the Line" von einer ähnlichen Verschiebung:

In den vergangenen Jahren sind die Grenzen der lesbischen community *und deren Definitionen erheblich erweitert worden. Wißt ihr noch, wie das früher war? Frau war keine „richtige" Lesbe, wenn sie Dildos benutzte, promisk war, hohe Absätze und Make-up trug, S/M praktizierte,* Miami Vice *klasse fand, nicht in einer dauerhaften Beziehung war und es auch nicht sein wollte, Porno gut fand, Unbekannte fickte, Mick Jagger cool und Holly Near ekelhaft fand. Mit der erheblichen Steigerung unserer Selbstakzeptanz (und der ziemlich mageren Steigerung der Akzeptanz durch die heterosexuelle Gesellschaft) haben wir größere Flexibilität gewonnen – eine Freude an unseren Unterschieden, die es vor fünfzehn Jahren noch nicht gab.*

(Christina 1990, 14-15)

Ungeachtet ihres Humors beteiligt sich auch Christina an der allzu weit verbreiteten Homogenisierung einer komplizierten Vergangenheit, weist aber auf wichtige Wege hin, wie die Politisierung der Bisexualität und die Aneignung des Begriffs *queer* neue Gruppierungen oder Umgruppierungen quer zu Kategorien von Geschlechtsidentität und sexueller Identität ermöglichen. Diese neuen Ausrichtungen koexistieren und konkurrieren mit anderen Konstruktionen lesbischer Identität, auch mit denjenigen, die die von ihrer spezifischen Geschlechtsidentität bestimmten Erfahrungen und Unterdrückung von Lesben und die Unterschiede zwischen Lesben und Schwulen hervorheben. Auseinandersetzungen darüber, was Lesbischsein bedeutet, sind nicht neu, aber vielleicht ist der unbestreitbar komplexe und angefochtene Status der Identität selbst zumindest zeitweise sichtbarer und tolerierbarer gemacht worden.

Eve Sedgwick zufolge sind sowohl heterosexistische als auch antihomophobe Definitionen der Homosexualität seit über hundert Jahren in „konzeptuell hartnäckigen" Widersprüchen gefangen, die sich nach wie vor der Manipulation im Dienste von Macht und Wissen anbieten (Sedgwick 1990, 1). In solchen „vernünftigen" Auffassungen von Homosexualität ist der erste wichtige Widerspruch der zwischen „universalisierenden" und „minorisierenden" Standpunkten, wie Sedgwick sie nennt:

Die meisten mäßig bis gut gebildeten westlichen Menschen dieses Jahrhunderts teilen offenbar ein bestimmtes Verständnis von der Definition der Homosexualität, unabhän-

47

gig davon, ob sie selbst homo- oder heterosexuell, homo-
phob oder antihomophob sind. [...] [Dieses Verständnis]
ist geprägt von dem minorisierenden Standpunkt, daß es ei-
ne bestimmte Gruppe von Menschen gibt, die „wirklich ho-
mosexuell sind"; gleichzeitig ist es geprägt von dem univer-
salisierenden Standpunkt, sexuelles Begehren sei ein
mächtiges auflösendes Element stabiler Identitäten, schein-
bar heterosexuelle Personen und Objektwahlen seien stark
durch gleichgeschlechtliche Einflüsse und gleichgeschlecht-
liches Begehren geprägt, und bei scheinbar Homosexuellen
sei es umgekehrt. Ein weiterer universalisierender Stand-
punkt ist die Auffassung, daß zumindest die männliche he-
terosexuelle Identität und die moderne maskulinistische
Kultur für ihre Selbsterhaltung die Kristallisierung eines
gleichgeschlechtlichen männlichen Begehrens als Sünden-
bock benötigen, das weit verbreitet und vorwiegend im In-
neren wirksam ist. (ebd., 85)

Sedgwick fand die klarsten und elegantesten Formulierungen
für die in den letzten hundert Jahren in westlichen Kulturen am
stärksten hervortretenden widersprüchlichen Tropen, durch die
gleichgeschlechtliches Begehren mit Geschlechtsidentität in Beziehung gesetzt wurde. In der Trope der „invertierten Geschlechtsidentität" wird die Lesbe als maskulin und der Homosexuelle als
weibisch dargestellt. Nach Sedgwick ist „ein ausschlaggebender
Impuls dieser Trope die Bewahrung einer essentiellen Heterosexualität im Begehren selbst, indem Homosexualität auf bestimmte Weise gelesen wird: Das Begehren besteht nach dieser
Auffassung *per definitionem* aus dem Strom, der zwischen einem männlichen und einem weiblichen Selbst fließt, egal in
welchem biologischen Geschlecht sich diese Selbste manifestieren" (ebd., 87). Die Trope der invertierten Geschlechtsidentität
existiert gleichzeitig mit der gegensätzlichen Trope des „Separa-
tismus der Geschlechtsidentität", in der gleichgeschlechtliches
Begehren als der eigentliche Ausdruck der Identifikation einer
Person mit der eigenen Geschlechtsidentität gesehen wird.
Sedgwick zollt Adrienne Rich Respekt für deren Konstruktion
des Lesbischseins als Frauenidentifikation, die die sehr alte,
aber immer noch verbreitete Maskulinisierung von Lesben an-
greift, an der deutlich wird, wie sehr das Lesbischsein in Analo-
gie zur männlichen Sexualität konstruiert worden ist.

Nach Sedgwick stellen die Konzepte von der frauenidentifizierten Frau und von Richs lesbischem Kontinuum die von den Inversionsmodellen aufgestellte Unterscheidung zwischen Begehren und Identifikation in Frage. Außerdem neigten die Modelle der Identifikation mit der Geschlechtsidentität zu einer universalistischen Auffassung von der Hetero-Homo-Trennlinie. Viele Kritikerinnen haben jedoch gezeigt, daß das Zusammenfallen von Sexualität und Geschlechtsidentität und von Identifikation und Begehren in der Figur der frauenidentifizierten Frau offenbar das Begehren zugunsten der Identifikation ausgelöscht hat.

Wenn heutzutage Sex, Parteinahme für Schwule sowie sexuelle Praxen wie *butch-femme*-Rollen erneut hervorgehoben werden, so bedeutet dies nicht einfach eine Rückkehr von der Frauenidentifiziertheit zu minorisierenden Modellen der Inversion der Geschlechtsidentität. Die jetzt vielfach in Verruf gebrachten lesbischen und feministischen Positionen der siebziger Jahre haben es lesbischen Aktivistinnen, Autorinnen und Theoretikerinnen ermöglicht, sich ohne Angst vor dem Vorwurf der Imitation an „phallischen" Phantasien, Bedürfnissen und Sexualitätsformen zu beteiligen. Die fortgesetzten sexuellen, textuellen und theoretischen Erkundungen von Lesben zeigen, daß wir vielleicht davon profitieren können, wenn wir „das Phallische" von seiner Assoziation mit Männern und „das Weibliche" von seiner Verschmelzung mit der Frau befreien.

In ihrer Dekonstruktion feministischer Identitätspolitik und deren fundamentalistischen Voraussetzungen verschiebt Judith Butler (1991) den Gegensatz zwischen den Tropen der Inversion und der Identifikation mit der Geschlechtsidentität, indem sie für die Trennung von Geschlecht, Geschlechtsidentität, sexueller Identität und sexuellem Begehren eintritt. Butler fordert die Feministinnen dazu auf, die Annahme von zwei sauber getrennten Geschlechtsidentitäten nicht weiter zu reproduzieren, geht jedoch noch einen Schritt weiter, indem sie die fundamentalistische Annahme in Frage stellt, daß der sozialen Konstruktion von Geschlechtsidentität zwei getrennte (biologische) Geschlechter zugrunde lägen. In einer ihrer bekanntesten Formulierungen schreibt Butler: „Tatsächlich wird sich zeigen, daß das Geschlecht *(sex)* definitionsgemäß immer schon Geschlechtsidentität *(gender)* gewesen ist" (Butler 1991, 26).

Wenn Feministinnen Systeme von biologischem Geschlecht und Geschlechtsidentität als Analyseobjekte konstruieren, werden „expressive Modelle der Geschlechtsidentität", wie Butler sie nennt, zu leicht reproduziert. Solche Modelle sorgen für Normalisierung und Kontrolle, indem sie von der Existenz einer „unvergänglichen Substanz oder eines geschlechtlich bestimmten Selbst *(gendered self)*" ausgehen, die die Einheit von Geschlecht, Geschlechtsidentität und Begehren begründet. Nach diesem Modell kann jede Dissonanz von Attributen, Handlungen und Begierden auf einen geschlechtlich bestimmten Kern zurückgeführt werden, in bezug auf den diese dann lediglich sekundär und akzidentiell sind (ebd., 48). Was jedoch nicht in Frage gestellt wird, ist die Auffassung von essentiell bestimmten geschlechtlichen Identitäten selbst. Im Gegensatz zu dem feministischen expressiven Modell der Geschlechtsidentität entwickelt Butler ein performatives Modell. Nach Butler wird die Auffassung von zwei sauber voneinander getrennten Geschlechtsidentitäten, wie die von zwei getrennten Geschlechtern, auf der Basis wiederholter Performanz kulturell sanktionierter Akte der Geschlechtsidentität rückwirkend konstitutiert. Butler bietet also gegenüber den Fundamentalismen der Identitätspolitik ein Modell der Bezeichnung:

> *Die Dekonstruktion der Identität beinhaltet keine Dekonstruktion der Politik; vielmehr stellt sie gerade jene Termini, in denen sich die Identität artikuliert, als politisch dar. Damit stellt diese Kritik den fundamentalistischen Rahmen in Frage, in dem der Feminismus als Identitätspolitik artikuliert wurde. Das innere Paradox dieses Fundamentalismus ist, daß er gerade jene „Subjekte" voraussetzt, fixiert und einschränkt, die er zu repräsentieren und zu befreien wünscht.* (ebd., 218)

In *Imitation und die Aufsässigkeit der Geschlechtsidentität* (in diesem Band) vertritt Butler explizit die Auffassung, daß sich die Kategorie einer normativen lesbischen Identität „gegen die Sexualität wende, die zu beschreiben die Kategorie vorgibt" (16). In ihrem Angriff gegen jede Annahme von „direkten, etwas ‚ausdrückenden' oder kausalen Verbindungen" zwischen „Geschlecht, Geschlechtsidentität und ihrer Darstellung, sexueller Praxis, Phantasie und Sexualität" erinnert Butler ihre LeserInnen, daß „[e]in Teil dessen, was Sexualität konstituiert, nämlich genau das [ist], was nicht erscheint und bis zu einem gewissen Grad auch niemals erscheinen *kann*" (31).

In Anlehnung an die Axiome poststrukturalistischer Theorien über Sprache und Repräsentation versteht Butler Identität als Ablagerung von Bedeutungen bzw. als Nachwirkung wiederholter Bezeichnungspraxen. Identität als Bezeichnungspraxis zu verstehen bedeutet, „die kulturell intelligiblen Subjekte als Effekte eines regelgebundenen Diskurses zu begreifen, der sich in die durchgängigen und mundanen Bezeichnungsakte des sprachlichen Lebens einschreibt." Butler fährt fort:

> *Abstrakt betrachtet bezieht sich die Sprache auf ein offenes Zeichensystem, das die Intelligibilität fortwährend schafft und zugleich anficht. Als geschichtlich spezifische Organisationsformen der Sprache präsentieren sich die Diskurse im Plural, sofern sie im zeitlichen Rahmen koexistieren und unprädizierbare und ungewollte Überschneidungen institutieren, aus denen spezifische Modalitäten diskursiver Möglichkeiten erzeugt werden.* (1991, 212)

Das „Subjekt des Feminismus" kann also eindeutig nicht als stabile, einheitliche oder innerlich kohärente Frau oder Lesbe gedacht werden, ohne daß die Pluralität der Diskursgebiete, der „unprädizierbaren und ungewollten Überschneidungen", in denen sich Subjekte konstituieren, aufgehoben und verschleiert wird. Butler gelangt von dieser Betonung der Pluralität und Heterogenität der Diskursbereiche zu der These, daß Widerstand und Subversion nur „innerhalb der Verfahren repetitiver Bezeichnung" entstehen können (und dies auch tatsächlich tun), und nicht aus Ansprüchen auf unabhängige und abgegrenzte Identitäten:

> *Wenn die Regeln, die die Bezeichnung anleiten, nicht nur einschränkend wirken, sondern die Behauptung alternativer Gebiete kultureller Intelligibilität ermöglichen, d.h. neue Möglichkeiten für die Geschlechtsidentität eröffnen, die den starren Codes der hierarchischen Binaritäten widersprechen, ist eine Subversion der Identität nur innerhalb der Verfahren repetitiver Bezeichnung möglich.* (ebd., 213)

Hier ist der Hinweis angebracht, daß Butlers Verständnis von Bezeichnung und Subversion die zumindest „vorläufige semantische Stabilisierung" der Kategorie „homosexuell" gestattet. Butler betont immer wieder, daß sie nicht an der Differenz *qua* Differenz interessiert ist oder daran, „alle und jede neue Möglichkeit qua Möglichkeit zu feiern", sondern „jene Möglichkeiten zu reformulieren, die bereits existieren, wenn auch in kulturellen Bereichen, die als kulturell unintelligibel und unmöglich gelten" (ebd., 218).

Homosexuelle Praxen wie Travestie und *butch-femme*-Rollen werden zu privilegierten Orten für die Reformulierung von „Möglichkeiten [...], die bereits existieren". Butler reformuliert diese Praxen und Performanzen als Rekonfigurationen von Geschlecht und Geschlechtsidentität, die den betrügerischen Charakter aller Ansprüche auf eine authentische geschlechtlich bestimmte Identität bloßstellen. Wir dürfen nicht vergessen, daß Akte oder Praxen nach Butler nicht als Ausdrucksformen eines zugrundeliegenden oder inneren Kerns oder Selbst bezeichnet werden können; die Illusion eines zugrundeliegenden Kerns wird durch die geschlechtlich bestimmten Performanzen produziert, die dann als dessen Manifestierung bzw. Ausdrucksform aufgefaßt werden. Travestie kann genausowenig als Imitation von Weiblichkeit bezeichnet werden wie *butch-femme*-Rollen als Imitation von Heterosexualität, da für Butler alle Performanzen der Geschlechtsidentität und ihrer Beziehung zum biologischen Geschlecht Imitationen imaginierter Ideale sind, also Maskeraden, niemals Kopien von Originalen oder einfachen biologischen Grundlagen. Heterosexualität ist selbst Maskerade ohne ein Original bzw. notwendige Travestie. Heterosexualität konstituiert sich, wie die Unterscheidung der Geschlechtsidentitäten, auf der sie beruht, durch repetitive Bezeichnungsverfahren, die danach streben, aber zwangsläufig daran scheitern, imaginierte Ideale der Männlichkeit, Weiblichkeit und normaler Sexualität nachzubilden. Im Verlauf dieses Prozesses muß die Heterosexualität die Exzesse abwehren, die in den Pausen zwischen den wiederholten Performanzen entstehen – Exzesse, die sie dann als „das Andere", als das Homosexuelle hypostasieren kann. Warum sollte es sich sonst in Begriffen dessen, was es nicht ist, nämlich der Homosexualität, definieren müssen? Butler betont den „Wiederholungszwang", der für das Projekt der Naturalisierung bzw. das Projekt, „den Effekt ihrer Originalität [zu] produzieren" so grundlegend ist. Butler fährt fort:

Diese Auffassung eines „Originals" ist logisch zweifelhaft,
denn wie kann etwas als Original funktionieren, wenn es

keine sekundären Konsequenzen gibt, die seine Originalität
rückwirkend bestätigen? Das Original braucht seine Ablei-
tungen, um sich als Original zu bestätigen, denn Originale
sind nur insoweit sinnvoll, als sie sich von dem unterschei-
den, was sie als Ableitungen produzieren. Wenn es also die
Vorstellung der Homosexualität als *Kopie nicht gäbe, dann*
hätten wir auch keine Konstruktion von Heterosexualität
als Original. (1996, 27)

Butlers Deutung der Travestie und der *butch-femme*-Rollen
zeigt, wie ein Modell der Bezeichnung die Diskussionen darüber, ob schwule und lesbische Sexualpraxen Imitationen oder
Originale sind, ersetzen kann:

Die Performanz der Travestie spielt mit der Unterscheidung
zwischen der Anatomie des Darstellers (performer*) und der*
dargestellten Geschlechtsidentität. Doch stehen wir hier vor
drei kategorialen Dimensionen der signifikanten Leiblich-
keit: dem anatomischen Geschlecht (sex)*, der geschlecht-*
lich bestimmten Identität (gender identity*) und der Perfor-*
manz der Geschlechtsidentität (gender performance)*.*
Wenn die Anatomie des Darstellers immer schon von seiner
Geschlechtsidentität unterschieden ist und diese beiden
sich wiederum von der Geschlechtsidentität der Darstellung
(performance*) unterscheiden, dann verweist die Darstel-*
lung nicht nur auf eine Unstimmigkeit zwischen Ge-
schlecht (sex*) und Darstellung, sondern auch auf eine Un-*
stimmigkeit zwischen Geschlecht und Geschlechtsidentität
(gender*) und zwischen Geschlechtsidentität und Darstel-*
lung. Wenn die Travestie ein einheitliches Bild der „Frau"
erzeugt (wie ihr die Kritik entgegengehalten hat)*, offenbart*
sie mindestens ebenso umgekehrt die Unterschiedenheit
dieser Aspekte der geschlechtlich bestimmten Erfahrung
(gendered experience)*, die durch die regulierende Fiktion*
der heterosexuellen Kohärenz fälschlich als eine natürliche
Einheit hingestellt wird. (1991, 202)

Butler betont vorsorglich, daß Travestie nicht die Parodie eines
Originals darstellt, sondern die Parodie „des Begriffs des Originals als solchem" (203). Butler weigert sich – wie ich meine zu
recht –, Vorschriften darüber zu erlassen, was als subversive
Darstellung gilt, und erwähnt explizit die Bedeutung des jeweili-

gen Kontexts. Nur eine stärker kontextualisierte Deutung spezifischer Darstellungen, die die Fragen institutioneller Einschränkungen behandelt, kann die so oft an Butler gerichtete Frage auch nur annähernd beantworten, wann bestimmte Performanzen der Geschlechtsidentität subversiv sind bzw. was es bedeuten könnte, sie subversiv zu nennen.

Butlers Argumentationsweise unterstreicht die Bedeutung des Sichtbarmachens von Komplexitäten, die bereits bestehen, die aber durch diskursive und institutionelle Ordnungen mit großem Einsatz für die Definition brauchbarer Subjekte undenkbar, unsichtbar oder unmöglich gemacht werden. Ihre Deutung von *butch-femme*-Rollen führt dieses Projekt modellhaft vor:

> *In lesbischen Kontexten bedeutet die „Identifizierung" mit der Männlichkeit, die als* butch-*Identität bezeichnet wird, nicht, daß Lesbianismus sich einfach in die Bedingungen der Heterosexualität integriert oder zu ihnen zurückkehrt. Wie eine lesbische* femme *erklärte, mag sie es, wenn ihre Jungen Mädchen sind – das heißt also, daß die „Männlichkeit" in der* butch-*Identität durch das „ein Mädchen sein" kontextualisiert und resignifiziert wird. Daraus folgt, daß diese Männlichkeit, wenn man sie so bezeichnen kann, sich stets gegen einen kulturell intelligiblen „weiblichen Körper" abhebt. Gerade diese unvereinbare Nebeneinanderstellung und die sexuelle Spannung, die ihre Übertretung erzeugt, bilden das Objekt des Begehrens. Anders formuliert: das Objekt (und sicher gibt es nicht nur eins) des Begehrens der lesbischen* femme *ist weder irgendein entkontextualisierter weiblicher Körper noch eine diskrete, übergeordnete männliche Identität, sondern gerade die Destabilisierung beider Termini, wie sie in das erotische Zusammenspiel eingehen.*

> *(182, Übersetzung leicht verändert)*

Butlers Lesart betont „die erotische Bedeutung, die diesen Identitäten gerade zukommt, sofern sie in ihrer Resignifizierung der hegemonialen Kategorien, durch die sie ermöglicht werden, innerlich unstimmig und vielschichtig sind" (183). Und weiter: „Daß auch in der schwulen und lesbischen Sexualität heterosexuelle Konstrukte strukturierend präsent sind, bedeutet [nicht], daß diese Konstrukte die schwule und lesbische Sexualität *deter-*

minieren" (184). Ihre Präsenz soll vielmehr dazu veranlassen, die nur augenscheinliche Trennungslinie zwischen ihnen als willkürlich und instabil aufzufassen, Heterosexualität und Homosexualität in einer Beziehung gegenseitiger Implikation zu imaginieren. Über das Thema der Imitation und gegenseitigen Implikation hat auch Susie Sexpert Bemerkenswertes geschrieben. In den Jahren, in denen sie gegen die Angst vieler Lesben ankämpfte, Penetration und die Verwendung von Dildos könnten bloße Imitation oder gar ein Symptom für heterosexuelles Begehren sein, hat Susie Bright wiederholt darauf hingewiesen, Penetration sei „genauso heterosexuell wie Küssen". Bright ging jedoch noch einen Schritt weiter, indem sie die Lesben aufforderte, die ihnen zustehende Anerkennung dafür zu beanspruchen, daß alle Heterosexuellen heute von den vielfältigen Freuden profitieren können, die Lesben in dem mobilen Phallus, dem Dildo, entdeckt haben. Bright erklärte, sie bereue es, die Unterschiede zwischen Penis und Dildo betont zu haben – heute ermutigt sie Lesben/Frauen dazu, unsere phallischen Phantasien weiterzuentwickeln, auch die von *butches*, die sich darin manifestieren, daß sie beim Verlassen ihrer Wohnungen „Dildos einpacken".

Nach Bright, Butler und vielen anderen kann Lesbianismus nicht als absolut separate Identität mit separaten Grundlagen und innerer Homogenität postuliert werden, ohne in Mittäterschaft mit den repressiven, ja tödlichen Vorgängen der Normalisierung und des Ausschlusses selbst der eigenen lesbischen Phantasien, Freuden und Praxen zu geraten. Ich verstehe Butlers Arbeit hier als *eine* theoretische Äußerung von Gedanken, die andere geschrieben, praktiziert und mutig verteidigt haben – nicht nur bei Butler, sondern auch bei jenen anderen geht es darum, dem rigiden Einsatz von Identitätskategorien, den die US-Regierung praktiziert, mit Verfahren der Resignifizierung und der Intervention entgegenzutreten. Durch die Verfahren der Neubezeichnung und der Neuformulierung wird die Gefahr vermieden, Instabilität um ihrer selbst willen zu preisen. Wie Sedgwick feststellt, sind die begrifflichen Relationen, in denen geschlechtsbezogene Definitionen gefangen sind, immer schon von Natur aus instabil gewesen. Zudem stand „ein Verständnis ihrer unauflöslichen Instabilität immer zur Verfügung, und es hat den antihomosexuellen wie den homosexuellen Kräften dieses Jahrhunderts immer diskursive Autorität verliehen" (1990,

10). Sedgwick fährt fort mit einer Feststellung, die ich für sehr wesentlich halte:

> *Statt einen idealistischen Glauben an die notwendigerweise und immanent selbstzerstörerische Wirksamkeit der Widersprüche anzunehmen, die diesen definitorischen Binaritäten innewohnen, möchte ich die These formulieren, daß Auseinandersetzungen um Diskursmacht als Wettbewerb um das Material oder die rhetorischen Ansatzpunkte bestimmt werden können, die nötig sind, um die Bedingungen der Wirkungsweise einer solchen definitorischen Inkohärenz festzulegen und gleichzeitig in gewisser Weise von ihr zu profitieren.*   *(1990, 11)*

Natürlich sind Lesbianismus und männliche Homosexualität nicht nur in die hegemonialen Begriffe der Heterosexualität verwickelt und im komplexen Netz sexueller Definition gefangen, sondern berühren auch verschiedene, einander überschneidende Diskursgebiete. Oder anders gesagt: Sexualität hat außerhalb der kulturellen Kontexte, in denen sie auftritt, keine Bedeutung. Ich betone das an dieser Stelle, weil ich auf einige Probleme bei der neuerdings üblichen Konzentration auf die Sexualität als analytische und politische Kategorie hinweisen will und auf die Gefahr, daß Sexualität momentan so sehr ins Zentrum der Aufmerksamkeit gerückt wird, daß sie nicht nur autonom, sondern auch unabhängig von anderen Variablen erscheint.

So sieht es auch Jackie Goldsby in einem Aufsatz, der 1990 unter dem Titel „What it Means to be Colored Me" in *Outlook* erschien. Goldsby schneidet darin wichtige Fragen in bezug auf die Überbetonung der Sexualität bei Lesben und Schwulen an und konzentriert sich auf Susie Brights Verherrlichung einer bestimmten Szene eines Films. Darin ist „eine blonde Eva in einen gegabelten Baumstamm eingezwängt", während „sich ihre schwarze Fickschwester mit ihrer langen, überlangen Zunge über Evas kostbaren Torso hermacht." Goldsbys Beschreibung lenkt die Aufmerksamkeit auf den „überlebensgroßen weißen Dildo", mit dem die schwarze Frau „Eva in einen faschistischen Orgasmus rammt". In ihrer Kritik führt Goldsby an, daß „Brights Interpretation [der Szene] schlicht eine Negierung der rassistischen Politik in Pornos darstellt: Es gebe dort zwar stereotype Bilder, aber zumindest zeige er (wem eigentlich?) Bilder von Sex zwischen schwarzen und weißen Menschen". Und dann geht Goldsby auf einige Fragen ein, die ihr wichtig sind: „Wie kommt es, daß schwarze Sexualität historisch so konstruiert wurde, daß ihre Darstellung in Pornos *niemals* nicht rassistisch ist, wenn die BetrachterIn entweder männlich und/oder weiß ist? Welche Methoden der Erzähltechnik und Produktion könnten diese Machtdynamik umkehren?" (15) Goldsby weist auf die Methoden hin, mit denen machtpolitische Netzwerke sexuelle Differenz nach wie vor organisieren. Offenbar ist es entscheidend, sich die Neugier auf die komplexen Beziehungen zwischen Macht und Sexualität zu erhalten, ohne sie sofort zu verdammen, und zugleich Raum für Neugier und eine offene Erkundung unserer Phantasien, Begierden und Praxen zu schaffen. Denn auf dem Gebiet der Repräsentation gibt es keine Enthüllung, ohne gleichzeitig zu verhüllen, tilgen und verschweigen. Was wird wohl in dem Moment verschleiert, in dem das angeblich Verdrängte oder Verbotene zu neuen Ehren kommt?

Wenn Butler die subversive Vervielfältigung von Konfigurationen der Geschlechtsidentität „jenseits des einschränkenden Rahmens der maskulinen Herrschaft und der Zwangsheterosexualität" fordert (1991, 208), verschleiert diese Formulierung meiner Ansicht nach eine ihrer wichtigsten Thesen, nämlich daß Geschlechtsidentität nie abgelöst von ihrer komplexen Konfiguration durch bzw. von ihrer Verwicklung in andere Diskursgebiete dargestellt wird, z.B. daß sie nie *nicht* von der „Rassenzugehörigkeit" bestimmt wird. Ich zitiere noch einmal Butler:

> *Die Anweisung, eine gegebene Geschlechtsidentität zu sein, vollzieht sich zudem gerade auf diskursiven Bahnen, beispielsweise eine gute Mutter, ein heterosexuell begehrenswertes Objekt, ein tüchtiger Arbeiter zu sein. Kurz gesagt: als Antwort auf zahlreiche Ansprüche, die alle gleichzeitig erhoben werden, eine Vielzahl von Garantien zu bezeichnen. Die Koexistenz oder Überschneidung dieser diskursiven Anweisungen bringt die Möglichkeit einer vielschichtigen Rekonfiguration und Wieder-Einsetzung hervor.*
>
> *(1991, 213)*

Wenn diese Anweisungen, eine gegebene Geschlechtsidentität zu sein, sich auf diskursiven Bahnen vollziehen (und Butler hätte z.B. noch die Anweisungen hinzufügen können, eine gute, loyale weiße Südstaatlerin zu sein oder ein guter irischer Katholik), dann kann die Betonung der „Vervielfältigung von Konfigurationen der Geschlechtsidentität" die Tatsache verschleiern, daß es solche komplexen Konfigurationen bereits gibt. Die Hervorhebung zukünftiger Möglichkeiten jenseits der maskulinen Herrschaft und der Zwangsheterosexualität kann eine Homogenisierung der Gegenwart und der Vergangenheit zur Folge haben. Solche Homogenisierungen sind, wie Butler selbst zeigt, zentral für die hegemoniale Kultur.

Für Joan Nestle, deren Essays und Erzählungen in *A Restricted Country* (1987) gesammelt sind, waren *butch-femme*-Rollen in den fünfziger Jahren keine „unechten heterosexuellen Nachbildungen", sondern „komplexe erotische Aussagen", die erotische Entscheidungen signalisierten (100). Schon vor langer Zeit hat Nestle begonnen, die Normativität des lesbisch-feministischen Begriffs der frauenidentifizierten Frau und dessen, was diesen Begriff verschleiert, zu kritisieren. Dieser Begriff erklärte nicht nur die in den fJahren entwickelte Kultur der lesbischen Erotik für unfeministisch, sondern auch die sexuellen Praxen, die die Vorstellung von der Homogenität und konfliktfreien Gemeinschaft unter Lesben als Frauen zu stören schien. Indem es unerwünschte lesbische Begierden und Praxen tilgte, machte der Begriff der frauenidentifizierten Frau auch wichtige politische Allianzen undenkbar. Nestle sieht das Problem nicht in einer abstrakten „Identitätsbildung"; vielmehr interessiert sie sich für die Besonderheiten spezifischer Identitätsbildungen und der speziellen Interessen, denen diese dienen. Nestles Schriften rekontextualisieren erotische und kulturelle Praxen von Lesben so, daß deren Verwicklung in eine Vielzahl sich überschneidender diskursiver und sozialer Bereiche und Anweisungen erhellt wird.

Nestle spricht deutlich aus, es sei ihr sehr wichtig, die Auslöschung der klassenspezifischen Aspekte durch die dem Feminismus der siebziger Jahre entstammende Konstruktion der frauenidentifizierten Frau aufzudecken. Sie zeigt auf, wie die Definition angemessener Untersuchungsgegenstände an der Universität rassistische und sexistische Einstellungen maskiert bzw. tarnt, wobei die Faszination an romantischen Frauenfreundschaften oder an *butch-femme*-Beziehungen zwischen expatriierten Amerikanerinnen in Paris andere Versionen lesbischer Geschichte nicht nur verdunkelt, sondern ihnen implizit die Legitimation abgesprochen hat. Provokant fordert Nestle feministische Forscherinnen dazu auf, die gemeinsame Geschichte von *Queers** und Prostituierten zurückzuerobern. Sie weist nicht nur auf die Formen juristischer Schikanen, moralischer Verurteilung und Marginalisierung hin, unter denen beide Gruppen leiden, sondern zeigt sogar die unlösbare Verzahnung beider Kategorien auf, indem sie erste Quellen zur Häufigkeit von Lesben als Prostituierte (für Männer) und als Kundinnen von Prostituierten präsentiert. Natürlich ist das weit entfernt von der in manchen lesbisch-feministischen Arbeiten vorgenommenen Abgrenzung des Lesbischseins von der Prostitution, in denen Lesbianismus als Fluchtmöglichkeit vor der Prostitution vertreten wurde.

In Nestles Werk sind lesbische sexuelle und kulturelle Praxen nicht nur in die Heterosexualität verwickelt, sondern auch in diskursive Konstruktionen von Klasse, soweit diese sich mit Konstruktionen von biologischem Geschlecht und Geschlechtsidentität überschneiden. Sie greift nicht nur die Verschmelzung von Frau und Lesbe an, sondern bricht die Kategorie „lesbisch" auf, indem sie Lesbianismus in den Begriffen konkreter sexueller Praxen neu formuliert, die sich über kategoriale Grenzen hinwegsetzen. Durch ihre Neugier auf das, was Menschen begehren und was sie tun, eröffnet Nestle bisher ungedachte bzw. verborgene Möglichkeiten. Sie faßt die Ereignisse der siebziger Jahre als Kampf um bürgerliches Ansehen für Lesben auf, die gewillt waren, als Metapher oder Allegorie für die jeweilige Definition des umfassenderen Frauenkampfs herzuhalten. Mit Hilfe von Sex zieht Nestle jenes magische Zeichen „Lesbe" wieder hinunter in die schmutzigen sozialen und diskursiven Räume, in denen seine Bedeutung umkämpft ist:

Ich zucke immer zusammen, wenn ein schwuler Aktivist sagt, wir sind mehr als unsere Sexualität, oder wenn die Zeremonienmeisterinnen der lesbischen Kultur Lust und Begehren, Verführung und Erfüllung herunterspielen. Wenn wir die Geschichte von ihrem hohen marmornen Sockel stoßen, wenn wir dem Begehren wieder seinen Platz in der Geschichte einräumen, wenn wir dokumentieren, wie eine kollektive erotische Vorstellungskraft monolithische Gesellschaftsstrukturen wie Geschlechtsidentität in Frage stellt und modifiziert, wenn wir durch unsere öffentliche Haltung und unseren privaten Lebensstil die Vorstellung von

der Frau als williges Opfer verändern, dann müssen wir
uns dafür ja nicht entschuldigen. Ein sexuelles Volk zu sein
ist unser Geschenk an die Welt.   (Nestle 1987, 10)

Die Geschichte von ihrem marmornen Sockel zu stoßen, das Begehren in die Geschichte zurückzubringen, monolithische Strukturen wie Geschlechtsidentität in Frage zu stellen und die Verweigerung der Opferrolle: Dies sind die Interventionen, die
Nestles sexuelle Menschen vollziehen. Nestle bringt den Körper,
seine Konstruktion und seine Begierden in die Geschichte
zurück, damit die nur angebliche Basis der Gleichheit – die Ent-
körperlichung – nicht mehr verdeckt, wie sehr es darauf an-
kommt, wo unsere Körper lokalisiert sind, wo sie von anderen
lokalisiert werden und was wir mit ihnen tun. Dies bedeutet keine Rückkehr zu Vorstellungen von körperlichem Essentialismus
oder natürlicher Libido, sondern Aufmerksamkeit gegenüber den
diskursiven, sozialen und intersubjektiven Standorten, an denen
dem Körper, seinen Grenzen und den sozialen Trennlinien Bedeutung und Macht gegeben werden.

Nestle fordert uns Lesben nachdrücklich dazu auf, „den
Schwarzen Peter Sexualität" nicht den Schwulen zuzuschieben.
„Für manche Lesben ist die Versuchung groß", so schreibt sie,
„sich als jemand mit abweichendem, aber sauberen Sexualver-
halten zu sehen, sich von sexueller Aktivität in der Öffentlichkeit, wechselnden Partnerinnen und Sex zwischen den Genera-
tionen zu distanzieren." Sie fährt fort:

Das öffentliche Bild der „reinen" Lesbe, das uns in den
Mantel monogamer, langfristiger Beziehungen, diskreter
Zusammenkünfte in Wohnungen und eines Grundbedürf-
nisses nach Familienersatz hüllt, hilft niemandem. Wenn
wir zulassen, daß wir als die gute, die angesehene Abweich-
lerin porträtiert werden, verlieren wir mehr, als wir je ge-
winnen können. Wir verlieren die Komplexität unseres Le-
bens, und wir verlieren eine Einsicht, die für mich eine
Lehre fürs Leben ist: Wenn sie anfangen, Sündenböcke zu
suchen, mußt du zu deinen GenossInnen stehen.   (123)

Nestle gibt dem Lesbianismus seine *Queerness* zurück, um ihn
erneut in den sexuellen Ordnungen zu lokalisieren, die durch
seine Gleichsetzung mit Geschlechtsidentität verschleiert wurden. Nestle schreibt über Entscheidungen und Überlebensstrate-

gien, über erotische und soziale Kompetenzen, über konkrete Kämpfe und Vergnügungen und über politische Bündnisse zwischen Lesben, Schwulen, SexarbeiterInnen (einschließlich Prostituierter und PornoautorInnen) und anderen sexuellen Minderheiten, die durch die Ausrichtung des Lesbianismus auf die Identifikation mit der Geschlechtsidentität aus dem Feminismus getilgt wurden.

Nestle läßt die Stadt und deren Straßen als konkreten Ort schwuler und lesbischer Erfahrung wiederaufleben und erobert dadurch einen wichtigen Bestandteil lesbisch-schwuler Geschichte zurück. Nestles Konstruktion sexueller Erfahrungen in der Lower East Side von New York beschwört jedoch auch – zum Zwecke der Neuformulierung – die seit langem bestehende Assoziation von Homosexualität und Großstadt und von Großstadt mit moralischem Verfall und sexueller Degeneration. In ihrem Aufsatz „I am" verwendet Nestle das Bild der städtischen Straßen für eine Polemik gegen die Konstruktion von Lesbianismus als Natur:

> *Ich gehöre zu den Menschen, die keine Mythologien, keine mächtigen und verborgenen Göttinnen haben, die sie anrufen könnten. Ich gehöre zu den Menschen, deren Füße sich an kein Land erinnern außer an das Land der Asphaltdecken städtischer Straßen. Ich habe keine Geheimsprache, keine tiefergehenden Worte als die, die ich auf dieser Welt gelernt habe [...] Meine Mutter ist nicht Geist, sondern Erinnerung. Ich kann sie nicht mit Kerzen oder Gesängen herbeirufen. Sie besteht jetzt aus Bildern und Geräuschen [...] Ich habe keine Rituale, mit denen ich verlorene Welten der Macht zurückrufen kann. [...] Hier stehe ich, und meine Knochen kennen diese Stadt erschöpfter ArbeiterInnen. Allein der Mut dieser Tage und Nächte ist mir Gegenstand der Verehrung genug. Dies ist mein Land, meine alten Totems – dieses hartnäckige Festhalten am Leben.* (14-15)

In ihren Texten behandelt Nestle die Stadt und die Durchlässigkeit der Grenzen zwischen angeblich getrennten Kategorien von Menschen in ihren Straßen. Damit macht sie Assoziationen zwischen Lesben und Prostituierten sichtbar – und zwischen Lesben und heterosexuellen Frauen wie ihrer Mutter, deren sexuelle Abenteuer und Begierden „sie heimatlos gemacht hatten". Nestle führt uns in eine Welt, in der Lesben Prostituierte sind, die mit Männern schlafen, eine Welt, in der Lesben Kundinnen von Prostituierten sind und eine Mutter ihre Tochter die Identifikation mit ihrem Begehren lehrt – und nicht mit ihrem Mutterdasein. Nestles Herausstellung sexueller Praxen nimmt dem Lesbianismus jeden ontologischen Anspruch auf ein Außerhalb nicht nur der Heterosexualität, sondern auch anderer diskursivinstitutioneller Strukturen.

Ich möchte dem nachgehen, was Nestle meint, wenn sie schreibt: „Ein sexuelles Volk zu sein ist unser Geschenk an die Welt", und ich möchte mich, wie sie es meiner Meinung nach auch tut, darauf konzentrieren, auf welche Weise Sex Bedeutung erzeugt und wie entscheidend seine Bedeutungen für soziale Ordnungen sind, wie dringend daher seine Normalisierung ist, wie belagert sexuelle Grenzen und Zugangsmuster sind.

> Butch-femme-*Beziehungen, wie ich sie erlebt habe, waren keine unechten, heterosexuellen Nachbildungen, sondern komplexe erotische Aussagen. Sie waren bestimmt von einer zutiefst lesbischen Sprache aus Haltung, Kleidung, Gestik, Liebe, Tapferkeit und Autonomie. Keine der* butches, *mit denen ich zusammen war – und das schließt eine* passing woman* *ein –, hat sich mir gegenüber je als Mann präsentiert. Sie haben sich allerdings durchaus als tabuisierte Frauen dargestellt, die gewillt waren, sich zu ihrer Leidenschaft für andere Frauen zu bekennen, indem sie Kleidung trugen, die die Übernahme von Verantwortung symbolisierte. Ein Teil dieser Verantwortung bestand aus sexuellem Sachverstand. Das* butch-femme-*Paar brachte andere Lesben in Verlegenheit, denn es sprach von dem, was die anderen verstecken wollten: von den eindeutig sexuellen Implikationen des Zusammenseins der beiden Frauen* (100-101).

Butch-femme-Rollen und die Codes, durch die sie signalisiert wurden, werden in Nestles Bericht nicht als Ausdruck eines zugrundeliegenden Kerns der Identifikation mit der Geschlechtsidentität oder als Imitationen heterosexueller, die Geschlechtsidentität betreffender Komplementaritäten dargestellt, sondern als ausgesprochen performative Konstruktion einer öffentlichen Kultur im Widerstand gegen die Anweisung, normale heterosexuelle Frauen zu sein. Bei den *butch-femme*-Rollen ging es um die sowohl öffentliche als auch private Konstruktion sexueller und nicht durch die Geschlechtsidentität bestimmter Unterschiede zwischen Frauen. In ihren Untersuchungen der Kultur von Lesbenbars in Buffalo, New York zeigen Madeline Davis und Elizabeth Kennedy (1993) ebenfalls, daß *butch-femme*-Rollen entscheidenden Anteil an der Konstruktion einer erotischen Kultur und an der sehr politischen Mißachtung sexueller und die Geschlechtsidentität bestimmender Konventionen hatten. Wie Nestle stellen auch Davis und Kennedy fest, daß das Auftreten von *butches* und Paaren mit offensichtlichen *butch-femme*-Rollen dafür sorgte, daß sexuelle Differenzen öffentlich sichtbar wurden. *Butch-femme*-Rollen, so schreiben sie, beinhalteten die Konstruktion erotischer Differenzen, die die Verbreitung von Begierden zuließen, die dann Differenzen bei der Bestimmung erotischer Positionen destabilisierten, sie manchmal sogar umkehrten, aber niemals auslöschten.

Nestles erotische Literatur zeigt sowohl die Bedeutung von als auch die fließenden Übergänge zwischen verschiedenen erotischen Positionen, indem sie Beispiele beschreibt, in denen *butch* und *femme* die Rollen tauschen; wenn zum Beispiel „der Wille, genommen zu werden, zum Wunsch wird, selbst zu nehmen", oder wenn sogar *stone butches* „sich auf den Rücken legen". In einem Text mit dem Titel „Change of Life" erinnert sich die *femme*-Erzählerin an den bei jungen *femmes* in den Bars der fünfziger Jahre verbreiteten scherzhaften Spruch, daß *femmes* sich mit vierzig in *butches* verwandeln. Im folgenden beschreibt sie ein Beispiel ihres eigenen „Wechsels": „Ich bewegte mich auf ihr, wartete auf ihre flehentliche Bitte, in sie einzudringen, und als ich es dann tat, als ich wußte, was diese Frau wollte, und als ich mir Mühe gab, es ihr so gut und so tief und so lange ich konnte zu besorgen, befriedigte ich jede Begierde, die ich je hatte, als *ich* auf dem Rücken unter den Frauen lag, die mich bewegt hatten" (131).

Bei Nestle sind die *butch-femme*-Positionen auch deshalb wirksam und gleichzeitig fließend, weil sie in ihren Texten Wert darauf legt, zu vermitteln, wieviel Zärtlichkeit in dem Verlangen der *butch* liegt, zu nehmen, und wieviel Stärke in dem Verlangen der *femme*, genommen zu werden. Nestle konstruiert mit Hilfe der Besonderheiten der *butch-femme*-Dynamik eine erotische Kultur, in der sich erotische Differenzen eindeutig nicht auf konventionelle Unterscheidungen zwischen männlichen und weiblichen Positionen reduzieren lassen. Auch Kennedy und Davis zeigen, wie in *butch-femme*-Rollen zwar auf konventionelle Unterschiede zwischen männlicher und weiblicher Sexualität zurückgegriffen wird, diese Unterschiede jedoch neu konfiguriert werden. Dies wird darin deutlich, daß das Verlangen der *butch* um die Lust der *femme* kreist, was sogar so weit geht, daß sich die *butch* weigert, die Berührung der anderen Frau zu erwidern. Auch diese beiden Autorinnen beschreiben die Macht der *femme*, Begegnungen zu orchestrieren, Forderungen zu stellen und die *butch* zu schulen. „Esther's Story" von Joan Nestle ist ein bemerkenswertes Beispiel für die Komplexitäten und die Ungewißheiten zwischen *butch* und *femme*. Esther wird als *passing woman* beschrieben, als Taxifahrerin und *stone butch*, „deren Hände vor Respekt und Verlangen zittern":

> *Knallhart war sie, eine* passing woman, *deren Liebste Prostituierte war. Gerede aus der Sea Colony. Wir alle kannten solche Geschichten über die anderen, aber wir konnten dasselbe Meer bewohnen, ohne uns zu berühren, wie riesige Eisschollen. In jener Nacht berührten wir einander [...] Wir saßen eine Weile schweigend im Auto; Esthers Zigarette ein deutlicher roter Ring, der in der Dunkelheit schwebte. Sie drückte die Zigarette aus und wandte sich mir zu. Ich lehnte mich in sie hinein, fürchtete ihr Wissen, ihre Härte – und dann bemerkte ich, daß ihre Hände zitterten. Durch meine Bluse hindurch spürte ich, wie ihre Hände vor Respekt und Verlangen bebten wie Schmetterlinge. Manch jüngere Liebhaberin war härter gewesen, abgehärtet gegen die Freude der Berührung, aber meine* passing woman *zitterte vor Zärtlichkeit.* (41)

In „A Different Place" zeigt Nestle, wie Begegnungen zwischen *butch* und *femme* auf andere Weise die Beziehung zwischen „einem entkontextualisierten weiblichen Körper" und „einer diskreten übergeordneten männlichen Identität", wie Butler es nennt, destabilisieren. Die Geschichte beginnt mit einer Beschreibung von Jay:

> *Jay lehnt sich in der Badewanne zurück, die müden Muskeln weichen im heißen Wasser. Es war ein langer Arbeitstag gewesen, ein Tag, an dem sie hundert Stahlträger geschleppt hatte – so kam es ihr zumindest vor [...] Die Arbeit*

auf dem Bau gefiel ihr: Sie sah es gerne, wie die Häuser un-
ter ihren Händen die Form veränderten, liebte es, ein Win-
kelproblem zuerst im Kopf und dann mit ihrem Werkzeug
zu lösen. Aber sie war trotzdem froh, wenn Feierabend war,
und heute besonders. Ihre Freundin aus New York ver-
brachte die Nacht bei ihr, wartete sogar schon im Schlaf-
zimmer auf sie.   *(134)*

Der nächste Satz, mit dem ein neuer Absatz beginnt, lautet: „Sie
machte die Beine breit, ließ das heiße Wasser gegen ihren Körper schwappen, sah zu, wie es ihre Brüste umkreiste – sie sah
nur Brüste und Muskeln. Keine schlechte Kombination" (ebd.).
Den Übergang vom Ende des ersten Absatzes, der Jay mit Worten beschreibt, die „Männlichkeit" signalisieren, zum Anfangs-
satz des zweiten Absatzes, in dem nicht die Freundin, sondern
Jay die Beine breit macht, gefällt mir. Nur eine Seite weiter beschreibt Nestle eine anale Penetration und gibt dabei erneut etwas von der machtvollen Leidenschaft der *femme* und ihrem aggressiven Verlangen wieder: „Carols Stöhnen wurde lauter. Ihr
ganzer Körper zielte auf Jays Finger, und jetzt hatte der Hunger
einer *femme* die Oberhand. In ihrem eigenen Rhythmus stieß sie
ihren Hintern auf Jays Finger, vor und zurück." Die Geschichte
endet damit, daß Jay „zusieht und darüber staunt, wie stark das
Verlangen einer Frau sein kann" (137).

Diese Passagen gefallen mir, weil sie jeden Versuch zunichte
machen, Sex, geschlechtlich bestimmte Identität, Begehren, sexuelle Praxen und Sexualrollen aneinanderzubinden. Für Butler repräsentieren solche Momente eine „Inversionslogik", die die Unmöglichkeit aufzeigt, Kausalverbindungen zu „kapern": „Das, was
ausgeschlossen wird, damit eine gegebene Geschlechtspräsentati-
on „erfolgreich" ist, kann gerade das sein, was sexuell ausgespielt
wird; es gibt also eine sozusagen umgekehrte, „invertierte" Beziehung zwischen Geschlechtsidentität und ihrer Präsentation und
zwischen dieser Präsentation und der Sexualität" (32)

Für Nestle werden Fragen sexueller Abhängigkeit und Unterord-
nung auch von anderen Dynamiken berührt, und ihre Schriften
verschieben die nur scheinbaren Gegensätze zwischen Geben und
Nehmen, indem Nestle bei anderen Erfahrungen eine sexuelle Be-
gegnung implizit mitdenkt. So nimmt sie etwa in „The Gift of Ta-
king" eine Neueinschreibung der Bedeutungen von Unterwerfung
vor, indem die Erzählerin beschreibt, wie ihre Unterwerfung zu ei-

nem machtvollen Geschenk wird, nämlich daß sie den Haß auf den eigenen Körper zumindest vorübergehend aufgeben kann:

> *Meine Unterwerfung in diesem Zimmer ist die Quelle meiner Kraft, meiner Weisheit. In der anderen Welt prägt sie alle meine Fähigkeiten, aber hier kann ich ihr Zeit geben, ihre eigene Form zu finden, die Oberfläche zu durchbrechen und ihr wahres Gesicht zu zeigen.*" Die Erzählerin fährt fort: *„Und dann sehnte ich mich nach der Penetration durch die Hand dieser Frau, nach ihrer erotischen Akzeptanz, die mich von dem Verbrechen, eine Frau mit dickem Hintern zu sein, befreien wird. Ich weiß, daß diese Frau, meine Freundin, meinen Körper ans Licht bringen wird, von ihm Gebrauch machen und auf ihn hören, ihn bis zum Äußersten belasten wird, und durch ihre Forderungen und ihren Genuß wird sie mir helfen, meinen Selbsthaß zu vergessen.* (127-128)

Die anderen unverhüllt sexuellen Texte von Nestle beleuchten die Zusammenhänge zwischen sexuellen Tabus und sozial auferlegten Grenzen und Zugangsformen. Die Erzählung „Mara's Room" deckt sehr effektvoll auf, wie körperliche Grenzen soziale Trennungslinien zum Ausdruck bringen und sie gleichzeitig aufrechterhalten. Die Geschichte stammt aus den von Nestle sogenannten „Tagen der Lower East Side, der Zeit des Grundstudiums an der New York Universität". Mara war eine verheiratete Frau, die die Erzählerin schon seit langem begehrt hatte. Sie sitzen sich an einem Tisch gegenüber, jetzt „ein bißchen älter". Die Erzählung geht weiter: „Mein altes Bedürfnis nach ihr war wieder da. Ich hatte es nie gewagt, die Grenzlinie zwischen unseren beiden Welten zu überqueren; ihr Mann und ihr Kind standen dort Wache" (72). Später ist es Mara, die gegen die Grenzen angeht. „Später in der Dunkelheit. Mara drängt sich heftig an mich, schiebt meine Oberschenkel auseinander. ,Laß mich rein.' Ich war erstarrt bei dieser Kollision unserer Welten. Ich machte langsam die Beine breit, aber ihr Ausbruch kam zu schnell." Die Erzählerin erklärt ihre Benommenheit damit, daß sie „erstarrt [war], weil du für mich eine wirkliche Frau warst, kein Ort geheimer Ausbrüche. Du kamst in überwältigenden Wellen der Freiheit, du kamst an Küsten, die du nie wieder besuchen würdest, und schon bevor dein Körper sein volles Gewicht zurückerlangte wußte ich, daß ich dich ein zweites Mal verloren hatte" (73).

Im nächsten Satz, zu Beginn des nächsten Absatzes, erleben wir die Bestätigung dieses Verlustgefühls:

> *Als die Offenbarung vorüber war, lagst du neben mir. Mit meiner Geschichte auf den Lippen beugte ich meinen Kopf zwischen deine Beine, um dich zu schmecken, dich zu besänftigen, in der Sprache meiner Liebe zu dir zu sprechen, aber es war zuviel. Du schobst meinen Kopf fort. Die geheime Herrlichkeit war zerronnen und der Vorhang wieder gefallen, lange schwere Stoffe aus Gewohnheit und Furcht. Jenseits des Wahnsinns der Erlösung konnte es kein Bekenntnis zu einer Berührung geben. Der Kuß am nächsten Morgen wurde mir verwehrt.* (73)

Nachdem „der Wahnsinn der Erlösung" vorüber und die Diskursgrenzen erneut gezogen sind, verweigert Mara oralen Sex. Die Berührungen der Erzählerin drohten die von „Gewohnheit und Furcht" gesetzten Grenzen zu überschreiten, die nur auf das Verklingen des Wahnsinnsanfalls warteten. Als sie wieder bei Sinnen war, wurden die Grenzen um den Körper dieser heterosexuell sozialisierten Frau erneut undurchdringlich für die andere Frau, ihr Zugang wurde wiederum von „Mann und Kind" versperrt, die an der Grenze Wache hielten. Furcht und Gewohnheit verwerfen das Potential, das zu öffnen, was fälschlicherweise als Heterosexualität naturalisiert und abgegrenzt wurde, für die Ausschweifungen, Widersprüche und Unebenheiten, die deren Selbstverständlichkeit und Kohärenz bedrohen. Mit diesem Abschnitt gelingt es Nestle, zu zeigen, wie beständig und gleichzeitig durchlässig die Grenzen sind und wie wichtig es ist, ihre potentielle Destabilisierung an ein Außen zu delegieren, an eine Außenseiterin oder an vorübergehende Wahnsinnsanfälle. Bereits am nächsten Tag wohnt der Lesbianismus wieder friedlich in einem „Other", in „der Lesbe".

Wer Audre Lordes *Zami* (1986) kennt, wird durch Nestles Berichte über *butch-femme*-Kultur und die Barszene der fünfziger Jahre an Lordes Neueinschreibungen einiger derselben Bars erinnert. Wie Nestles Rekonstruktionen der fünfziger Jahre, so demonstriert auch Lorde die Bedeutung der Barkultur für die Entstehung der lesbischen und schwulen *community*. Lordes rekonstruierte Erinnerungen an die Bars führen jedoch als Bestandteile jener entstehenden Kultur zusätzlich die Variablen „Rasse" und Rassismus ein. In *Zami* haben wir eine Bandbreite unterschiedlicher Blickwinkel auf die lesbische Barkultur, eine Anzahl unterschiedlicher Darstellungen, die die Bedeutung der wechselnden Positionen zeigt, aus denen heraus die Erzählerin die Bars und die *butch-femme*-Kultur erlebt.

An mindestens zwei Stellen des Buches schreibt Lorde: „Lesbische Frauen waren in den fünfziger Jahren wahrscheinlich die einzigen Schwarzen und weißen Frauen in New York, die einen echten Versuch machten, miteinander zu kommunizieren" (Lorde 1986, 211-212). Aber diese Kommunikationsversuche sind von rassistischen und homophoben Strukturen durchzogen. Und für die Erzählerin des Romans waren die Rollen, die die Barkultur der Fünfziger zu bieten hatte, „farbcodiert", wie Katie King (1988) es genannt hat:

> *Die Schwarzen Frauen, die mir gewöhnlich in der* Bag *begegneten, legten sich eindeutig auf Rollen fest, und das machte mir angst. Das lag zum Teil an der Angst vor meinem Schwarzsein, die sich in ihnen spiegelte, und zum Teil an den Realitäten hinter der Maskerade. Ihr Bedürfnis nach Macht und Kontrolle erschien mir viel zu deutlich als Teil meiner Selbst in feindlicher Kleidung. Sie waren so hart, wie ich meinte nie sein zu können. Selbst wenn sie es nicht waren, ermahnten ihre Selbstschutz-Instinkte sie, wenigstens so zu erscheinen. Durch die rassistische Verzerrung des Schönheitsbegriffs im weißen amerika hatten Schwarze Frauen, die „Femme" spielten, in der* Bag *sehr wenig Chancen. Zwischen den „Butches" gab es eine ständige Konkurrenz um die „hinreißendste Femme". Und „hinreißend" war durch die Maßstäbe einer männlichen weißen Welt definiert.*

> *(Lorde 1986, 266)*

Im Zuge ihrer Interpretation von Lordes Rekonstruktionen der *butch-femme*-Kultur führt Katie King das wichtige Argument an, daß auch Lorde davor zurückschreckt, Rassismus in einen absoluten Essentialismus und eine ebensolche Determinante zu verwandeln – nämlich als sie eine Feier schwarzer Lesben außerhalb der Bars beschreibt, bei der die *butch-femme*-Codes ganz anders funktionieren. King charakterisiert Lordes Beschreibung der Feier als „glückliche Verschmelzung von gutem Essen und Sex und sinnlichen Beschreibungen der physischen Codes schwarzer *butches* und *femmes* – Berührungen, Gerüche, Stoffe –, [die] die negativen Konturen des Rollenspiels bilden und diese zugleich durchbrechen, und die die Macht der *butch-femme*-Codes, in essentieller Weise die Herrschaft von Weiß über Schwarz zu repräsentieren, auflösen (King 1988, 328). Der folgende Abschnitt stützt diese Charakterisierung:

> Die „femmes" trugen ihr Haar dicht gelockt im Pagenschnitt oder hoch aufgetürmt in sorgfältig gesteckten Lockenkronen oder in fedrigen Stufenschnitten, die ihre Gesichter umrahmten. Der süßlich saubere Duft der Frisiersalons, der in den fünfziger Jahren über allen Versammlungen Schwarzer Frauen lag, war auch hier in der Luft und fügte seinen erkennbaren Geruch von Brennschere und Haarpomade zu den anderen Düften im Zimmer hinzu.
> „Butches" trugen ihr Haar kürzer, in einem „Entenschwanz", hinten zu einer Spitze gekämmt, oder einen kurzen Pagenschnitt oder manchmal einen kleingelockten Pudel, den Vorläufer des natürlichen Afro. Aber das war eine Seltenheit.   (Lorde 1986, 287)

Lordes Weigerung, auch nur eine einzige Differenz oder Hierarchie zu einer absoluten Determinanten oder einem Essentialismus zu machen, findet ihren klarsten Ausdruck, wenn sie schreibt: „Es dauerte eine Weile, bevor uns klar wurde, daß unser Ort das Haus des Andersseins selbst war" (268).

Es gibt in *Zami* einige Passagen, an denen Nestles Rekonfigurationen von *butch-femme*-Rollen zumindest implizit Kritik üben. Darin wendet Lorde eine Polemik an, die der Logik einiger lesbisch-feministischer Grundsätze der Siebziger folgt: „Für einige von uns jedoch war das Rollenspiel ein Abbild der frauenverachtenden Einstellungen, die wir in der Hetero-Gesellschaft so haßten. Es war ja die Ablehnung dieser Rollen, die uns überhaupt zur ‚Szene' hingezogen hatte" (262).

Ich führe die verschiedenen Neueinschreibungen der *butch-femme*-Kultur durch Lorde nicht an, um anzudeuten, daß Lordes Konstruktionen dieser Kultur durch Nestles ersetzt werden sollten (oder umgekehrt), weil sie korrekter sind. Vielmehr will ich auf die Komplexitäten hinweisen, die entstehen, wenn die Berichte von Nestle und Lorde nebeneinander gelesen werden, wenn ihre Einschreibungen von geschlechtlich codierten Rollen einander überlagern. Kings Loblied auf Lordes unterschiedliche Konfigurationen von Rollen und Begegnungen unterstreicht die Bedeutung dieser Komplexitäten:

> *Lorde bestimmt darüber, wie wir zu dieser Szene zurück-*
> *kehren, wie wir in die Beziehungen zwischen Macht und*
> *Sichtbarkeit, Einverständnis und Ablehnung, Anziehungs-*
> *kraft und Abgestoßenwerden, Lust und Liebe eintreten – ein*
> *Ereignis, das unmöglich ist, es sei denn, die historischen*
> *Momente werden übereinander geschoben. Es handelt sich*
> *hier nicht um ein einzelnes, durch Zeit und Raum be-*
> *stimmtes Ereignis, noch ist es die utopische Konstruktion*
> *eines transhistorischen Mythos – nein, es sind Schichten*
> *von Ereignissen, von in Partikularität gefangenen politi-*
> *schen Bedeutungen, die so dünn überlackiert wurden, daß*
> *sie zwar untrennbar verbunden sind und sich gegenseitig*
> *konstruieren, aber trotzdem getrennt bleiben*
>
> *(King 1988, 325)*

Diese Ereignisschichten bei Lorde, Nestle, Goldsby und Bright zeigen, daß wir nicht einfach mit dem einschränkenden Rahmen maskuliner Herrschaft und Zwangsheterosexualität konfrontiert sind, sondern mit einer viel komplexeren Kombination sozialer Performanzen und Regulierungen, in der Geschlechtsidentität nie stabil oder einheitlich ist.

So wichtig die neuerdings militante Politik der Sexualität auch ist, es besteht doch die Gefahr, manche Probleme zu reproduzieren, die durch die ausschließliche Konzentration auf die Geschlechtsidentität entstanden sind. Ironischerweise scheint bei der Artikulation der neuen Politik der Sexualität manchmal der Begriff Geschlechtsidentität selbst ausgeschlossen zu werden. Bei meiner Lektüre schwul-lesbischer Zeitschriften wie *Outlook* war ich überrascht und beunruhigt, wie oft die neue Politik der Sexualität gegen den Feminismus gerichtet ist, anstatt in eine komplexere Beziehung dazu gesetzt zu werden, und wie oft „die lesbisch-feministische *community*" als die repressive Mutter dargestellt wird, die dem Sex und den Bündnissen mit Männern im Wege steht. Damit möchte ich nicht bestreiten, daß sich bestimmte lesbisch-feministische Konstruktionen lesbischer Identität als starr und unbrauchbar erwiesen haben, aber es erscheint mir wie bewußte Blindheit, eine Politik der Sexualität so zu definieren, als sei Geschlechtsidentität kein signifikanter sozialer Marker mehr oder als seien feministische Analyse und Politik für die gegenwärtigen Entwicklungen nicht mitentscheidend gewesen. Wenn die Geschichte gegenwärtiger Positionen als geradlinige Entwicklung vom lesbischen Feminismus der siebziger bis zur sexuellen Radikalität der späten achtziger und der neunziger Jahre dargestellt wird, dann werden die vergangenen zwanzig Jahre feministischer und lesbischer Politik bis zur Unkenntlichkeit vereinfacht. Es führt außerdem dazu, daß die antirassistische Politik, die mit den Verschiebungen der Konstruktionen von Geschlechtsidentität und Sexualität bei Feministinnen untrennbar verbunden ist, völlig ausgelöscht wird.

„Dem Begehren seinen Platz in der Geschichte zurückzugeben", wie Joan Nestle fordert, bedeutet, die Herauslösung des Begehrens durch Abstraktion aus den komplexen Beziehungen, durch die Sexualität konstruiert und inszeniert wird, zu verweigern. Mit Nestle und Lorde habe ich versucht zu zeigen, daß Praxen wie *butch-femme*-Rollen völlig durchdrungen sind von Fragen, die weit über das hinausgehen, was in enger Auslegung als Sexualität begriffen wird. Diese Rollen sind nicht nur für *women of color** durch und durch von „Rasse" bestimmt. Aus meiner Erfahrung, als weiße Südstaatenfrau aufzuwachsen, weiß ich, daß es keine Fragen des Begehrens gab bzw. gibt, die nicht immer auch Fragen der „Rasse", der familiär-rassenbestimmten Loyalitäten oder Übertretungen, der einer bestimmten Klasse oder „Rasse" angemessenen Weiblichkeit, Männlichkeit, erotischen Position oder Rolle sind. Diese Verbindungen werden von Konstruktionen angeblich einheitlicher natürlicher Geschlechtsidentitäten und heterosexueller Komplementaritäten hartnäckig verschleiert. Die konservative Politik bezüglich Aids, Verbrechensbekämpfung, Drogen und Arbeitsplätzen hat konsequent gezeigt, daß Konstruktionen „normaler Familien" und normaler Moral dazu dienen, nicht nur Homosexuelle und andere sexuelle Minderheiten zu pathologisieren, sondern auch die Errungenschaften der Frauenbewegung (insbesondere die mit Abtreibung verbundenen) zu beseitigen und *people of color** und arme Menschen zu pathologisieren, um sie für soziale und ökonomische Probleme verantwortlich zu machen, an deren Lösung die Regierung kein Interesse hat. Ich spreche diese Fragen ausdrücklich jetzt an, zu einer Zeit, da lesbisch-schwule Studien an manchen Universitäten institutionalisiert werden, weil ich hoffe, daß dieser neue Forschungszweig nicht eine sogenannte „Sexualität" in den Mittelpunkt stellt, ohne das zu berücksichtigen, was dabei an den Rand gedrängt wird oder aus dem Blick gerät.

(Deutsch von Claudia Brusdeylins)

Verqueeres Begehren

Antke Engel

Vor diesen ersten Zeilen liegen einige Monate intellektueller Wirrnis sowie ein heftiger Streit mit (m)einer Liebsten, der mir erstmals eine fixe echt-lesbische Identitätsposition bescherte, während er sie an die Privilegien einer (Ex-)Hetera-Identität kettete. Bis dahin hatte ich, die homophile Anerkennung innerhalb der FrauenLesbenbewegungen genießend, tunlichst darauf verzichtet, mit dem Begriff Lesbe im Sinne einer Identitätskategorie zu operieren, und jede polemisch herausgefordert, die zu wissen meinte, was eine Lesbe sei.[1] Denn jedes Sprechen im Namen von Lesben produziert Ausschlüsse und gesteht einer begrenzten (selbst-)ermächtigten Gruppe die Definitionsgewalt über eine vorgebliche Gemeinsamkeit zu, entlang derer Zugehörigkeiten reguliert und gerechtfertigt werden. Diese Gemeinsamkeit als Effekt eben solcher Definitionen und identitätspolitischer Strategien anzusehen heißt, die Kategorie Lesbe wie jede andere Identitätskategorie als „Fiktion" zu verstehen und – angesichts der daran geknüpften normativen Ein- und Ausschlüsse – als Fundament von Politik zu verwerfen. Um so mehr, als solche Kategorisierungen auch das Instrumentarium darstellen, mit Hilfe dessen hegemoniale Institutionen wie Wissenschaft, Politik, Medien und Kirche ihre Normalisierungs- und Disziplinierungsambitionen ausleben. Wenn überhaupt, so sind Identitäten als andauernde Konstituierungsprozesse zu begreifen, als ein umkämpftes Terrain der Repräsentationen im Feld komplexer Machtverhältnisse. Entsprechend rechtfertigt sich Politik nicht mehr im Rückgriff auf gemeinsame Erfahrungen oder substantielle Eigenheiten einer mehr oder minder klar definierten Gruppe, sondern über die Formulierung politischer Ziele und Interessen, die es im Rahmen veränderlicher Koalitionen stets neu auszuhandeln und in Praxis

umzusetzen gilt. Dies ermöglicht es, Differenzen und Interessenge-
gensätze innerhalb der FrauenLesbenbewegungen anzuerkennen
und als Machtdifferenzen zu behandeln. Sie in ihrer sozio-diskursiven Bedingtheit wahrzunehmen, heißt, ihre Veränderbarkeit her-
auszustellen.

Soweit die eine Erzählung, die bislang ganz selbstverständlich
und ungebrochen mein theoretisch-politisches Schaffen inspi-
riert hat: Vor ihrem Hintergrund stelle ich die Zweigeschlechtlichkeit als kontingente Konstruktion einer Differenz in Frage
und suche nach Geschlechterkonzeptionen, die nicht nur die
Hierarchisierung, sondern auch die Vereindeutigung von Geschlechtern zu bekämpfen ermöglichen. Mit einer solchen Haltung und diesem Projekt finde ich mich wieder in einem Feld,
das sich *Queer Theory** nennt, und merke, daß ich plötzlich
deutliche Abgrenzungsbedürfnisse entwickele. Auch dieser Na-
me produziert eine Gemeinsamkeit, gegen die ich anfange, als
Lesbe zu sprechen, und suggeriert Koalitionen, von denen ich
mich nicht erinnern kann, sie eingegangen zu sein. Ich, die ich
noch vor kurzem bemüht war, Lesbenforschung ohne „Lesbe"
zu betreiben, erwische mich dabei, mich exzessiv als Lesbe zu
inszenieren und starrköpfig in die *Queer Theory* eine Differenz
einführen zu wollen. Gerate ich hiermit in unauflösliche Widersprüche? Oder läßt sich eine solche Differenz formulieren, ohne
in eine Ausschlußrhetorik zu verfallen?

Queer Theory

Was unterscheidet mich von der heterosexuell leben- und lie-
benden Freundin, der unterstellt wird, *Queer Theory* zu schreiben, weil sie die homophoben Verwerfungen reflektiert, auf denen die Herstellung normalisierter Weiblichkeit beruht? Warum
nervt mich der Typ, der sich im Namen von *Queer Theory* er-
mächtigt fühlt, lesbische Theorien zu beurteilen, und sich damit
brüstet, solche dank seiner Rezensionen und Veranstaltungen
zugänglich zu machen? Was läßt sich dagegen sagen, daß eine/r
nur situativ, in auserwählten Zeiten und Orten *queer* lebt und es
tunlichst vermeidet, sich in homophobe Kontexte zu begeben?
Oder, daß eine/r *Queerness* für sich beansprucht, ohne den Verlust elterlicher oder gesellschaftlicher Anerkennung zu riskieren,
ohne auf die Privilegien heterosexuellen Paar- oder Kleinfamilien-
daseins zu verzichten? Warum werde ich skeptisch, wenn *queer*

als Statussymbol oder als Karrierebaustein dient, vermarktet oder als Medienereignis inszeniert wird?

Ein mißtrauisch-kritischer Blick wendet ein, daß sich diese Fragen nicht stellen lassen, ohne erneut Grenzen ziehen und Definitionsmacht ausüben zu wollen. Welche Pfründe wünsche ich zu sichern? Geht es mir heimlich darum, lesbische Lebensweisen weiterhin an eine Verlust-, Mangel- oder Leidenskonzeption zu knüpfen, um vom Opferstatus zu profitieren? Erhebe ich exklusiven Anspruch auf Besonderheit, auf die subversive, revolutionäre, anti-hegemoniale Position? Den Streit mit (m)einer Liebsten noch in den Ohren, fürchte ich, selbst normative Ausschlußmechanismen zu aktivieren oder subtile Hierarchisierungen vorzunehmen: lesbisch, lesbischer, am lesbischsten. Andererseits ist es durchaus fragwürdig, ob die Lesbe, die ich hier vorschicke, innerhalb der Queer Theory überhaupt irgendeine Definitionsmacht hat oder sich schon qua ihres Namens selbst disqualifiziert. De facto hat unser Streit nur deshalb funktioniert, weil mir darin eine lesbische Sprechposition zugestanden worden ist, von der aus ich tatsächlich die Macht hatte, eine andere als (Ex-)Hetera zu diskriminieren. Was aber, wenn diese lesbische Sprechposition verwehrt oder als anachronistisch verabschiedet ist? Es schleicht sich der Verdacht ein, daß es mir bislang nur deshalb möglich war, auf Identitätsansprüche zu verzichten und jegliche Form der Kategorisierung zu verwerfen, weil mir im Rahmen der FrauenLesbenbewegungen die Anerkennung als Lesbe sicher war.[2] Wenn meine Abgrenzungsbedürfnisse also daher rühren, daß diese Anerkennungsverhältnisse in Frage stehen, gilt es, *Queer Theory* auf die in diesem (vielfältigen und widersprüchlichen) Feld wirksamen Ignoranz- und Entwertungmechanismen und d.h. auch auf sexistische und homophobe Strukturen hin zu untersuchen. Wie positionieren sich unterschiedliche queere Theorien, Praxen und Politiken im Verhältnis zu hegemonialen, das heißt, normativ heterosexuellen, aber auch rassistischen, sexistischen, antisemitischen Strukturen? Dominiert tatsächlich die von mir diagnostizierte Homogenisierungstendenz, oder welche diskursiven Möglichkeitsbedingungen bestehen für den Umgang mit Konflikten, Hierarchien und Privilegien?

Einleuchtend ist es, daß sich im Feld der *Queer Theory and Politics* wiederholt, was auch die Kämpfe innerhalb der Frauen-Lesbenbewegungen bestimmt: Das andauernde Aufbegehren gegen Ausschlüsse oder ignorante Vereinnahmungen durch sich neu formierende Gruppen, die deutlich machen, daß sie sich in den aktuellen Normen und Vorgaben nicht wiederfinden. In diesem Sinne betont Judith Butler, daß es nicht notwendig ist, Identitätskategorien als politische Instrumente gänzlich zu verwerfen, sondern sie als „Ort kollektiver Auseinandersetzung" (1995, 301) zu verstehen und offen zu halten. Jedes Sprechen mache notwendig Setzungen; es lasse sich nicht vermeiden, immer wieder Gemeinsamkeiten und Unterschiede zu deklarieren, problematisch sei es, diese normativ abzuschließen. „Wenn der Feminismus umgekehrt davon ausgeht, daß die Kategorie „Frauen" ein unbezeichenbares Feld von Differenzen bezeichnet, das keine Identitätskategorie totalisieren oder zusammenfassen kann, verwandelt sich dieser Terminus gerade in einen Schauplatz ständiger Offenheit und Umdeutbarkeit" (Butler 1993, 50).

Unter dem Namen *queer* geht es aber nicht nur um interne, subkulturelle Auseinandersetzungen im Rahmen einer neuen Koalition, sondern auch um einen Angriff auf die bzw. eine Provokation der hegemonialen Ordnung. Butler freut sich, daß es möglich ist, den Ausdruck *queer* seiner entwertenden und diskriminierenden Funktion zu entreißen, ihn sich im Rahmen lesbisch-schwuler Bewegungen kollektiv anzueignen, umzuwerten und zum Aufhänger politisch-theoretischer Aktion zu machen (s. Butler 1995, 295-304). Und in der Tat ist dies ein Grund zur Freude, denn solch ein trotzig-stolz-grinsendes Aufbegehren gegen heterosexistische Diskriminierungen und – auch verinnerlichte – Homophobie stellt das Monopol hegemonialer Definitionsmacht in Frage. Darüber hinaus untergräbt es außerdem die Stabilisierungsfunktion, die *queer* in seiner diskriminierenden Version für die Heteronormalität übernimmt: eine Grenze zu ziehen, hinter die alles, was die Normalität verwirrt und bedroht, ausgelagert wird. Mit Butler läßt sich weiterhin argumentieren, daß diese Grenzziehung die Heterosexualität, die sie sichern soll, als ein kohärentes, normatives Gebilde überhaupt erst hervorbringt. Die Konstituierung heterosexueller Subjekte erfolgt über den Mechanismus der *Verwerfung*[3]: „... die Schaffung eines Gebietes von nichtautorisierten Subjekten, gleichsam von Vor-Subjekten, von Gestalten des Verworfenen und Bevölkerungsgruppen, die der Sicht entzogen sind" (Butler 1993, 46). *Queer* fungiert also nicht nur als Zeichen einer subkulturellen

Selbstermächtigung, sondern offenbart zugleich eine verleugnete Abhängigkeit, die der heterosexuellen Normalität zugrundeliegt.

Wie aber läßt sich Butlers Begeisterung über die Möglichkeiten einer diskursiven Verschiebung auf deutschsprachige Zusammenhänge übertragen? Hier diente der Begriff *queer* bisher weder zur Diskriminierung von Lesben und Schwulen noch zur Konstituierung heterosexueller Geschlechtsidentitäten. Daß bis vor wenigen Jahren gar manche diesen Ausdruck noch nie gehört hatten, stellt offensichtlich kein Hindernis für dessen aktuelle Aneignung dar. Es erscheint mir aber bedenkenswert, daß die hiesige Aneignung nicht darüber funktioniert, den Begriff seiner Diskriminierungsfunktion zu entreißen, sondern ihn aus einem subkulturellen Kontext zu importieren, wo er als Garant einer progressiven Haltung und Politik fungiert. Ein positiv besetztes Selbstverständnis winkt, das nicht mühselig den Vorgaben einer rigiden Heteronormalität abgerungen oder schmerzhaft gegen deren Sanktionsgewalt gelebt werden muß. Erspart *queer* also, im Gegensatz zu lesbisch oder schwul, die andauernd drohende Erinnerung an Verletzungen[4], verliert dadurch aber auch seine provokative politische Bedeutung? Da diesem Begriff im Deutschen bislang kein nennenswerter Sprach- und Erfahrungskontext zukommt, ist es kaum möglich, über seinen Gebrauch einen Angriff auf die hegemoniale Ordnung zu leisten.

Erfüllt *queer* statt dessen eine andere politische Funktion? Ich möchte vorschlagen, seine Beliebtheit unter anderem damit zu erklären, daß dieser Begriff es erlaubt, die Lücke zu schließen, die durch die Infragestellung der Identitätspolitik entstanden ist. Im Unterschied zu einer Lesben- und Schwulenpolitik, die Anerkennung und gleiche Rechte für eine unterdrückte oder nicht repräsentierte Minderheit fordert, verweist *queer* nicht auf essentielle Identitäten, sondern betont die Konstruiertheit jeglicher politischer Formation. Die angeblich vorgängigen, in einer natürlichen oder kulturellen Substanz oder einer gemeinsamen Unterdrückungserfahrung wurzelnden Identitäten, im Namen derer politische Forderungen gestellt werden, können als Effekte diskursiver Konstruktionszusammenhänge sichtbar und lesbar werden. Der politische Witz von *queer* liegt somit darin, keine Identitätskategorie zu sein. Andererseits ist es wichtig, zu betonen, daß auch *queer* nichtsdestotrotz Gemeinsamkeiten produziert und über die Funktion, eine politische Leerstelle innerhalb sub-kultureller Bewegungen zu füllen, Gruppen vereint, die bislang durch Interessenkonflikte oder Desinteressen getrennt waren. Skeptisch bin ich, ob in dem Maße, in dem Grenzziehungen und Identitätskonstruktionen als kontingent entlarvt und als norma-tiv verworfen werden, die Möglichkeiten schwinden, Differenzen als Konflikte, Hierarchisierungen oder Unterdrückungen zu be-nennen.

Identitätsproduktionen auf dem Markt der Mächte

Zunächst also sieht es so aus, als gelte es die internen Auseinan-dersetzungen zu unterscheiden von dem gemeinsamen An-spruch, der hegemonialen heterosexuellen Normalität zu wider-sprechen. Auf den zweiten Blick stellt sich jedoch heraus, daß sich diese säuberliche Trennung von hegemonialer und subkul-tureller Ordnung nicht durchhalten läßt. Denn Hierarchien, Konflikte und Machtverhältnisse formieren sich innerhalb sub-kultureller Kontexte nicht unabhängig von, sondern vielfach im Einklang mit dominanten kulturellen Normen und Selbstver-ständlichkeiten. So wird eine hierarchische Geschlechterord-nung, die auf vielfältige Weise institutionalisiert und verkörpert ist, nicht allein deshalb unwirksam, weil *Queer Theory* die Ein-deutigkeit der Zweigeschlechtlichkeit bezweifelt und den Fokus von der Geschlechterdifferenz auf die Unterscheidung von Hetero- und Homosexualität verschiebt. Des weiteren bedingen gesell-schaftlich verankerte rassistische Diskurse und Praxen unter-schiedliche Möglichkeiten, wie Sexualitäten *queer* gelebt und re-präsentiert werden können. Einerseits sind also subkulturelle Kontexte durchzogen von vorherrschenden sozio-diskursiven Mustern, andererseits schwappen subkulturelle Codes durchaus in die hegemoniale Normalität hinein und werden dort aufge-griffen. Auch im Rahmen kulturell dominanter Verhältnisse boomt die Suche nach vielfältigen sexuellen Abweichungen und Raffinessen, die den einzelnen Individualität versprechen und kollektiv der Selbstbestätigung einer toleranten pluralistischen Gesellschaft dienen. Die hegemoniale Ordnung ist weder rigide, noch einheitlich, und sie hat eine hohe Integrationskraft.

Spätestens seit Foucaults Kritik der Repressionshypothese ist klar, daß Normalisierung nicht nur über Verbot und Verwer-fung funktioniert, sondern über die Konstituierung von Subjekten, sozialen Gruppen und Bevölkerungen. Sexualität hat sich diesbezüglich als entscheidendes Instrument der (Selbst-)Regulierung erwiesen, insofern sie Zugang zur Wahrheit eben jenes Subjekts verspricht, das sie dank dieses Versprechens hervorbringt (s. Foucault, 1977). Entsprechend produzieren moderne westliche Gesellschaften mittels normativer Diskurse und Praxen fortwährend kulturell verständliche, akzeptierte Formen „abweichender" Sexualität. *Queerness* ist als eine aktuelle Variante gerade frisch auf dem Markt erschienen. Diese „sexuellen Identitäten" können nicht unreflektiert als Garanten individueller Freiheit und subversiver Existenzweise dienen oder die normativen Vorgaben für politische Veränderungen liefern, sondern sollten, im Anschluß an Foucault, als Produkte und Figuren im sozio-diskursiven Spiel von Macht und Widerstand verstanden werden. Um eingefahrene, tendenziell erstarrte Machtrelationen in Bewegung bringen, ist es demgemäß notwendig, die Aufmerksamkeit auf die spezifischen Diskurse und Praxen zu richten, die Identitäten konstituieren. Kontextualität statt universeller Fundierung von Politik wäre das Stichwort. In diesem Sinne ist es nicht nur unvermeidlich, sondern gegebenenfalls auch sinnvoll, daß ich im Rahmen der FrauenLesbenbewegungen anders spreche als unter dem Vorzeichen der *Queer Theory* und in beiden Fällen anders als mit meiner Oma.

Es kommt darauf an, herauszufinden, wie in welchem Kontext welche Diskurse funktionieren, was in der jeweiligen Situation die Norm definiert, wie sich Diskurse gegenseitig stützen, verstärken oder widersprechen, um entsprechend strategisch sie gegen sich selbst zu wenden, sie einander unterlaufen und sich verschieben zu lassen. Es ist witzlos, einen Diskurs zu aktivieren, der im entsprechenden Kontext nicht verstanden wird. Um eine Irritation oder Provokation oder Ironisierung zu bewirken, muß ich an aktuell relevante (wenn auch vielleicht unreflektierte) Mechanismen anknüpfen; es ist der Kontext, der bestimmt, ob eine bestimmte Rhetorik bestehende Strukturen verschiebt, verfehlt oder sogar bestätigt. Das heißt auch, daß sich Kontexte entlang der dort wirksamen Machtmechanismen und der sich etablierenden Machtrelationen unterscheiden lassen: Wie sind die jeweiligen Diskurse legitimiert (z.B. qua Naturalisierung) und abgesichert (z.B. qua Materialisierung oder Einkörperung), sind sie prinzipiell anfechtbar (von wo oder wem) und mittels welcher Formen von Gesetz, Zwang oder Gewalt werden sie aufrechterhalten?

Ist es also aus strategischen Gründen in bestimmten Kontexten sinnvoll, Differenzen zu postulieren, Anspruch auf lesbische Subjektpositionen oder lesbische Sexualitäten zu erheben, probeweise und provokativ deren Definition zu setzen? Läßt sich dann aber nicht eine Begrifflichkeit finden, die eine Pluralisierung, Vorläufigkeit und Beweglichkeit signifiziert, die auf ein umkämpftes Terrain innerhalb komplexer Machtverhältnisse verweist und trotzdem klare politische Interventionen ermöglicht? Ich möchte auf keinen Fall einer Konzeption Vorschub leisten, die es erlaubt, wiederum eine „Gemeinsamkeit aller Lesben" zu implizieren und die vielfältigen Konkurrenzen und Unvereinbarkeiten diverser lesbischer Lebensformen und Selbstrepräsentationen zu löschen – auch nicht, wenn dies als lediglich provisorisch oder strategisch legitimiert wird. Ausgehend von einem Verständnis von Sprache als (politischer) Praxis, erhebt sich die Forderung, „Lesbe" als ein dynamisches, unabgeschlossenes sozio-diskursives Konstrukt zu konzipieren, das es ermöglicht, eine Differenz einzufordern und zu verhandeln, ohne damit rigide Grenzziehungen und normative Subjektpositionen zu befestigen. Es geht darum, Unterschiede zu benennen, aber sie nicht festzuschreiben, sondern offen und in Bewegung zu halten: „... ich will eine Methode zur Unterscheidung, die eine Logik der Kategorisierung zurückweist" (Probyn 1995, 66. Übersetzung leicht verändert).

Mit der Perspektive, einerseits Spezifität zu markieren und andererseits Bewegung zu implizieren, möchte ich daher ein Konzept lesbischer Lebensformen einführen, das diese als prinzipiell undefinierbar und als andauerndes relationales Geschehen versteht. Solch ein – durch Elspeth Probyn und Teresa de Lauretis inspiriertes – relationales Modell, erlaubt es, individualisierenden Auffassungen entgegenzutreten, die lesbisch als eine der einzelnen innewohnende Eigenschaft, ein in den Tiefen ihres Wesens verborgenes Geheimnis versteht. Es widerspricht der Selbstdefinition eines isolierten Individuums, das die Illusion kultiviert, sich autonom setzen, quasi aus sich selbst heraus schöpfen zu können. Es verhindert, lesbisches Leben und Lieben allein in homoerotischen Wünschen und Phantasien zu begründen, denen jegliche Form praktischer und intersubjektiver Umsetzung fehlt.

Weiterhin geht es mir darum, eine Dimension von Praxis zu stärken, die nicht geneigt ist, sich zu normativen Formen zu verfestigen. Das Konzept der lesbischen Lebensformen betrachtet Netzwerke, Verwicklungen und Bewegungen, fragt, wie welche Beziehungen etabliert und gestaltet werden, wie gearbeitet, gewohnt, geliebt und kommuniziert wird, fragt nach den Praxen und Gewohnheiten der Alltäglichkeit und Besonderheit. Wenn eine aber wissen möchte, was das Lesbische an diesen Lebensformen ist, so läßt sich darauf nur antworten: Es ist nie schon da, es muß immer erst und immer wieder als Effekt eines relationalen Geschehens hergestellt werden. Die Betonung des relationalen Geschehens läßt offen, welcher Art diese Praxen sind, wo und wie sich Beziehungen entfalten. Eine dynamische relationale Konzeption gesteht keiner (sub)kulturellen Gemeinschaft Definitionsmacht über lesbische Lebensformen zu: Weder verabsolutiert sie dominante psychoanalytische oder biologistische Diskurse noch das politische Konstrukt einer *Lesbian Community*, die sich herausnehmen könnte, z.B. bestimmte sexuelle Praxen pauschal als heterosexistisch zu verurteilen oder unter Berufung auf kollektive Entscheidungen oder gar Gefühle, nicht-konforme FrauenLesbenTransen zu sanktionieren oder auszuschließen. Nicht zuletzt ist hier ein umfassenderes Verständnis von Relationalität gemeint, als die von de Lauretis idealisierte Paarbeziehung, die sie aufruft, wenn sie lesbisches Begehren an ein gemeinsames, gar kompatibles Phantasieszenario zweier Frauen koppelt[5] und damit beziehungsfreie oder polygame oder autoerotische Formen lesbischer Sexualität ignoriert.

Sicherlich ist auch kein relationales Geschehen frei von normativen Setzungen, und selbstverständlich gestaltet es sich als und innerhalb komplexer Machtverhältnisse. Diese aber bleiben anfechtbar und beanspruchen nicht, allgemein gültig zu sein. Ich hoffe, daß die Hervorhebung eines dynamischen relationalen Geschehens das offensichtlich schwierige Verhältnis zwischen homoerotischen Phantasien, homosexuellem Begehren, sexuellen Praxen und lesbischen Lebensformen in seiner Vieldimensionalität sichtbar macht. Wenn ich im Folgenden frage, ob sich ausgehend vom Begehren eine bewegte und differente Spezifität lesbischer Lebensformen und Sexualitäten konzeptualisieren läßt, gilt es, diese Komplexität im Hinterkopf zu behalten.

Erst vor diesem Hintergrund gewinnt der Begriff des Begehrens, der für Elspeth Probyn wie Teresa de Lauretis eine zentrale Rolle spielt, seine Bedeutungen, die dessen psychoanalytischer Herkunft maßgeblich widersprechen. Probyn formuliert den Anspruch, Begehren von seiner Einkerkerung in einem Individuum und von seinem Mangeldasein zu befreien, de Lauretis verwirft den Phallus als privilegierten Signifikanten des Begehrens, und beide verleihen dem Begehren, das der Psychoanalyse zufolge eine Praxis der Phantasie im Imaginären ist, eine intersubjektive und sozio-symbolische Dimension.[6]

Warum aber angesichts dieser offensichtlich notwendigen mühsamen Umdeutungen nicht auf das Begehren verzichten? Abgesehen von einigen praktischen, zugegebenermaßen etwas lustfixierten Einwänden, läßt sich mit de Lauretis argumentieren, daß sich das Begehren dank der Psychoanalyse in den modernen westlichen Gesellschaften als entscheidender Mechanismus der Subjektkonstituierung wie auch der Geschlechterdifferenzierung etabliert hat. Es handele sich hierbei um eine dominante kulturelle Erzählung, die wir nicht einfach ignorieren können, sondern aufgreifen und verschieben müssen, um für Frauen den Status sexueller Subjekte und Möglichkeiten einer aktiven begehrenden Sexualität unabhängig vom Phallus zu entwickeln. Für Probyn gilt Begehren als Inbegriff von Bewegung, als ein Aufbrechen ohne fundierenden Ursprung und ein Ankommen ohne teleologisches Ziel, somit als epistemologischer wie lebenspraktischer Ausweg aus den Fixierungen und Ausschlüssen der Identitätslogik.

Probyn denkt sich die Welt in Bewegungen und Relationen. Entsprechend gibt es für sie *queere* oder lesbische Bewegungen, aber keine Identitäten, denn diese würden das Begehren an einem Standort fixieren und individualisieren. Begehren als Bewegung ist das, was das relationale Geschehen, das bei Probyn *belonging*[7] heißt, in seiner jeweiligen Einzigartigkeit ausmacht. Trotz oder dank dieser Einzigartigkeit sind die „kleinen Linien der Sehnsucht" keineswegs beliebig: Den Ausgangspunkt, die Art und die Richtung der Bewegung zu betrachten ermöglicht es, Unterschiede zu benennen. Gemäß dieser Funktion ist das Begehren „keine Metapher, sondern eine Methode" (55); eine Methode, die erlaubt, vorherrschende, selbstverständliche Bilder zu „erkennen, unterbrechen, verlagern und verschieben" (66), ohne dabei auf normative Raster zurückzugreifen.

Um das bewegte Begehren als singulär und produktiv denken zu können, ist es notwendig, es vom psychoanalytischen Konzept des Mangels und der Individualisierung, die für Probyn eng miteinander zusammenhängen, zu befreien: „Es ist, als wüßten wir nicht genau, was wir mit der Macht der Sehnsucht, des Begehrens tun sollen, weshalb wir dazu übergehen, sie zu verkörpern, einzukerkern. [...] das Begehren [wird] immer an einen toten Punkt gelangen, solange dieses Begehren als das einem Objekt verhaftete Begehren definiert wird. [...] die Konzeptualisierung des Begehrens als Mangel, als Sehnsucht nach einem unmöglichen Objekt, ist die Bedingung, aufgrund derer das Begehren als in einem Objekt eingekapselt konstruiert werden kann" (61/62). Das Lesbische gemäß dem klassischen psychoanalytischen Raster an der Objektwahl des Begehrens festzumachen, bedeutet, daß ein eindeutiger Geschlechtskörper vorausgesetzt wird, der es erlaubt, die Liebhaberinnen entlang eines exklusiv binären Geschlechtersystems als „Gleiche" zu kategorisieren. Alternativ dazu formuliert Probyn: „Die Ähnlichkeit der Körper ist nicht eine Frage der ähnlichen Herkunft, sondern wird durch eine Ähnlichkeit des Verlangens, den eigenen Körper zu arrangieren, sich selbst durch Bewegung *queer* zu machen, motiviert" (67).

De Lauretis vertritt im Anschluß an Laplanche/Pontalis die These, Sexualität gründe nicht in den Körpern, vielmehr seien die Körper Effekt eines Zusammenspiels öffentlicher und privater Phantasien, welche Körper(zonen) geschlechtlich und sexuell markieren (s. 109-113). Diese Einkörperungen, die eine gewisse Trägheit aufweisen, ohne determiniert zu sein, stellen die Protagonistinnen im Spiel des Begehrens dar, dem die Phantasien als Szenario oder Schauplatz dienen. Für de Lauretis konstituieren sich lesbische Subjekte darüber, daß sie ein Phantasieszenario teilen bzw. gemeinsam entwickeln, in dem sich ihr gegenseitiges Begehren abspielen kann: „... nicht bloß [sind] beide das Subjekt jener Phantasie, sie teilen sie und sie haben sie gemeinsam. [...] eben diese Phantasie, die sie teilen, [ist] Teil dessen, was sie als ein lesbisches Subjekt konstituiert. Was nicht zuletzt besagt, daß nicht eine, sondern zwei Frauen die Lesbe machen" (121). Mit dieser Formulierung allerdings wird de Lauretis' Modell auf problematische Weise normativ. Nicht nur, daß

sie, wie bereits angedeutet, die Lesbe in eine Paarbeziehung hin-
eindrängt, sie idealisiert auch eine Gegenseitigkeit des Begehrens
und ignoriert die Möglichkeit, daß unabhängig voneinander unterschiedliche, vielleicht auch unvereinbare Phantasieszenarien entwickelt werden. Diese Kritik disqualifiziert aber keineswegs die
Vorstellung, daß Sexualität nicht durch eine vorgängige Körper-
lichkeit begründet wird, sondern diese sich als Effekt und im Zusammenspiel von Phantasien entfaltet.

De Lauretis beansprucht, eine Differenz heterosexueller und
lesbischer Sexualität von Frauen herauszuarbeiten. Gelingt ihr
dies, so lautet meine skeptische Frage, ohne hegemonialen Interessen der Klassifizierung und Normalisierung Vorschub zu
leisten oder innerhalb der FrauenLesbenbewegungen erneut
normative Ein- oder Ausschlüsse zu aktivieren? Indem sie auf
jegliche inhaltliche Charakterisierung der von ihr herausgear-
beiteten Funktionsweise lesbischen Begehrens verzichtet, widersetzt sich ihr Ansatz derartigen Normalisierungstendenzen. Sie
geht von einem dynamischen Modell aus, das Sexualität als einen andauernden Prozeß sexueller Strukturierung versteht, und
betont, daß es für ein Subjekt keineswegs nur eine oder gar immer die gleiche Form sexuellen Begehrens und sexueller Objektwahl gäbe. Die jeweilige Objektwahl aber und die verschiedenen
sozio-sexuellen Praxen produzieren unterschiedliche sozio-symbolische Formen der Subjektivität, deren Verschiedenheit keineswegs bedeutungslos ist – schon gar nicht, wenn sie sich gegen dominante institutionalisierte Formen heterosexueller
„Normalität" richten (s. 13; 17).

Traditionelle psychoanalytische Auffassungen verstehen Lesbianismus entweder als Ausdruck eines Männlichkeitskomple-
xes, das heißt, einer Verleugnung der sexuellen Differenz, oder
als ein regressives Verharren in einer präödipalen Mutterbindung. In beiden Fällen bleibt die heterosexuelle Matrix unangetastet: Die Lesbe wird entweder hypersexualisiert, als phallische
Frau mit einem männlichen Begehren, oder desexualisiert, als
diejenige, der der Schritt von kuscheliger Symbiose zum ausge-
reiften genitalen Sex nicht gelungen ist. Die Position einer femininen genitalen Sexualität, um bei den psychoanalytischen Ter-
mini zu bleiben, ist in diesem Modell überhaupt nicht
vorgesehen. De Lauretis geht es nun darum, für Frauen den Status sexueller Subjekte und Möglichkeiten einer aktiven genitalen
Sexualität zu eröffnen, dabei aber eine Assimilierung von lesbi-

scher und heterosexueller Sexualität zu vermeiden. De Lauretis besteht darauf, Begehren vom psychoanalytischen Konzept der Identifizierung zu entkoppeln, denn sonst könne lesbisches Begehren immer nur als Identifikation mit dem Begehren der Mutter nach dem Phallus oder als Identifikation mit dem phallischen Begehren des Vaters, nie aber als Begehren nach dem Begehren einer anderen Lesbe verstanden werden.[8]

Der Phallus ist ein Fetisch, aber der Fetisch ist kein Phallus

„Sexualität als Perversion" nennt de Lauretis ihre neue Lesart der Freudschen Sexualitätskonzeption, die es ihr erlaubt, eine Theorie aktiven lesbischen Begehrens jenseits heterosexueller Raster zu entwickeln.[9] Die Position sogenannter normaler Heterosexualität bleibe, so argumentiert sie, in Freuds Theorie letztendlich immer eine Projektion: die imaginäre Grenze zwischen Neurose und Perversion, den beiden Manifestationen des Sexualtriebes, entlang derer Freud seine Sexualtheorie entwickelt. Heterosexualität fungiert als normatives Ideal, dem sich anzunähern das Subjekt aufgefordert ist, woran es aber – in Auseinandersetzung mit inneren Trieben und äußeren elterlichen und sozialen Kräften – auf vielfältige Weise scheitert. De facto manifestiere sich, so jedenfalls legen es Freuds Studien nahe, Sexualität als Neurose oder Perversion. Dementsprechend entschließt sich de Lauretis, die Perversionen in den Mittelpunkt des psychoanalytischen Sexualitätsverständnisses zu rücken. Dies böte sich an, denn die Perversionen seien, im Gegensatz zu den „unterdrückerischen" Neurosen, durch sexuelle Aktivität gekennzeichnet; ihr einziges „Problem" liege darin, daß sie in ihrer Objektwahl die Norm der Reproduktion unterlaufen. Insofern Freud selber die Neurose als Negativ der Perversion bezeichnet, lasse sich die Perversion – setzt man die heterosexuelle Norm als Spiegelachse – als Positiv verstehen. Der Begriff „pervers" erfährt entsprechend eine Umwertung, meint nicht mehr pathologisch, sondern schlicht nicht-heterosexuell, bzw. nicht normativ-heterosexuell. Anknüpfend an meine Überlegungen zur schmerzlosen *queerness* hiesiger lesbisch-schwuler Bewegungen kommt mir ein Gedanke: Wäre nicht „pervers" das entsprechende Pendant, dessen Aneignung und öffentliche Zirkulation geeignet ist, eine deutschsprachige heterosexistische Normalität zu provozieren? Warum nicht im nächsten Semester ein Seminar „Perver-

se Theorie" anbieten? Oder eine Postkarte: „Liebe Oma! Ich würde gerne einige Tage mit meiner perversen Freundin bei Dir auf
dem Land verbringen."

Wie also konstruiert de Lauretis lesbisches Begehren mittels
ihrer „verkehrten" psychoanalytischen Matrix, so daß es weder
als Männlichkeitskomplex noch als unbewältigte Mutterbindung erscheint? Ihre Überlegungen setzen beim wohl am häu-
figsten von Feministinnen attackierten Aspekt psychoanalytischer Theorie – dem Kastrationskomplex – an. Nur kurz: Der
Kastrationskomplex ist das verinnerlichte Verbot, das die Un-
ereichbarkeit des ersten – verlorenen – Begehrensobjektes, des
Körpers der Mutter, ausspricht. Dieser grundlegende Verlust
und andauernde Mangel ist es, der das Begehren überhaupt
erst und immer wieder konstituiert. Der Phallus als Zeichen des
Kastrationskomplexes repräsentiert zugleich die Geschlechterdifferenz, die Kastrationsdrohung und das Begehren, das heißt,
der Phallus verspricht und verbietet zugleich auf imaginärer
und auf symbolischer Ebene die Wiedergewinnung des (ersten)
Begehrensobjekts. Damit die Kastrationsdrohung effektiv ist,
braucht der Phallus im Ich eine körperliche Korrespondenz: etwas, das wirklich „verlorengehen" kann, eine Quelle von Emp-
findungen, von Schmerz und Lust, die bedroht ist. Es ist der
Penis, der als dieser physische Garant des Begehrens fungiert
und damit die Frau in den Objektstatus verweist. So lautet die
klassische psychoanalytische Erzählung, daß diejenigen, denen
es am Penis mangele, nichts zu verlieren und somit auch nichts
zu investieren hätten. Deshalb könnten sie, so de Lauretis' pole-
mische Folgerung, nur als Güter auf dem Marktplatz des Begehrens fungieren (s. 193). Die Frau ist der Mangel, doch dieser
auch nur im Verhältnis zur penistragenden Position, die figura-
le Inszenierung der Kastration (wie Butler sagt), „ist" der Phallus (wie Lacan sagt) und dient dem Penisträger als Objekt des
Begehrens und zugleich als Zusicherung, daß er den Penis
wirklich „hat".

Statt nun den Penisneid auf den Plan zu rufen, zieht de Lauretis in Zweifel, daß Lesben wirklich nichts zu verlieren und zu
investieren hätten. Es sei eine andere Enteignung, nämlich der
Verlust einer weiblichen Körper-Imago, der ihnen mit dem Kastrationskomplex drohe, und entsprechend ein anderer „Phallus", ein anderes Zeichen, das ihnen den Zugang zum Begehren
sichert. Es ist ein Fetisch, der lesbisches Begehren repräsentiert

(s. 199). Ein Fetisch, der nicht das Fehlen des mütterlichen Penis betrauert, sondern (konfrontiert mit der Macht des Phallus im ödipalen Szenario) den Verlust eines Frauenkörpers, den „Mangel eines libidinös besetzten Körperbildes, eines femininen Körpers, der narzißtisch geliebt werden kann" (223). Gegen diese Drohung, die nicht nur den Verlust des Begehrens, sondern den Verlust des Körper-Ichs anheimstellt, tritt der Mechanismus der Verleugnung an, um mittels eines Fetisches die Rückkehr eines phantasmatischen Frauenkörpers zu inszenieren.

Anders als eine Bedürfnisbefriedigung, die sich ein reales Objekt aneignet, ist die Erfüllung des Begehrens eine Aktivität der Phantasie. Sie besteht darin, ein vergangenes Befriedigungserlebnis mit dem Primärobjekt zu wiederholen, indem die daran geknüpften Zeichen und Bilder aktiviert werden. In diesem Sinne ist auch die klassische Theorie des Begehrens fetischistisch, denn der Fetisch ist genau über diese Funktion definiert, dem Begehren ein Ersatzobjekt zu verleihen. Somit ist der Phallus also ein Fetisch, aber der Fetisch ist kein Phallus, denn er lenkt das sexuelle Interesse von seinem legitimen Objekt und seinem reproduktiven Ziel ab. Keineswegs jedoch vom Begehren und von der Lust![10] Insofern der Fetisch, indem er den begehrten Frauenkörper repräsentiert, zugleich den Wunsch wie den Mangel anzeigt und die Kastrationsangst abwehrt, befreit er „die Lesbe" aus einer präödipalen Mutterbindung und erkennt sie als Subjekt des Begehrens an.

Im Prinzip könne, betont de Lauretis, jedes kulturelle oder individuelle Objekt oder Zeichen zum Fetisch werden. Zunächst einmal zeigt sich jedoch, daß kulturell-hegemoniale Geschlechterdiskurse aufgegriffen und für lesbische Phantasien und Wünsche umgewertet werden. Daß Männlichkeit unter Lesben ein so beliebter Fetisch ist, liege daran, daß sie das kulturell stärkste Sinnbild von sexueller Aktivität und sexuellem Begehren für Frauen ist. Gleichermaßen fungiere eine ermächtigte Weiblichkeit, die sexuelle Macht und Verführungskraft von Frauen repräsentiere, als Fetisch (s. 225/226). Angesichts dessen, daß Sexualität immer als eine Vermittlung öffentlicher und privater Phantasien funktioniert, ist es unwahrscheinlich, daß kulturelle Zeichen, die nicht geschlechtlich konnotiert sind, tatsächlich genausogut als Fetisch dienen können. Es fragt sich, unter welchen Bedingungen Fetische auf der Bühne des Begehrens erscheinen, die nicht auf Männlichkeit und Weiblichkeit zurückgreifen.

Aber obwohl sie auf den ersten Blick hegemoniale Diskurse unangetastet lassen, sind geschlechtlich konnotierte Zeichen und Objekte – und das ist, was mir an de Lauretis Modell gefällt – in dem Moment, wo sie als Fetisch fungieren, bereits aus der binären Geschlechtermatrix des Ödipuskomplexes herausgetreten. Begehren konstituiert sich nicht mehr in einer Kopplung an die Alternative Phallus-Sein oder Phallus-Haben und eine normativ heterosexuelle, reproduktive Objektwahl. Der imaginäre Frauenkörper, den es zu gewinnen gilt, ist in keiner Weise morphologisch oder biologisch vorbestimmt, ist vielmehr eine Imago, entlang derer sich das Körper-Ich konstituiert und in die der Fetisch alle möglichen oder unmöglichen Komponenten einschreiben kann. Die aktuellen Grenzen der bestehenden kulturellen Ordnung werden nicht fixiert, sondern mittels des Fetisch auf eine Veränderbarkeit hin geöffnet. In diesem Sinne entwirft de Lauretis in der Tat eine, wie sie es nennt, „leidenschaftliche Erzählung" sexualisierter Subjektpositionen und lesbischen Begehrens, die weder in der Geschlechterbinarität einer heterosexuell strukturierten Ordnung gefangen sind, noch ihrerseits normative Abschlüsse produzieren.

Problematisch finde ich allerdings die starke Fundierung lesbischen Begehrens in einer sozio-kulturell unumgänglichen narzißtischen Verletzung, die lesbischen Beziehungen allzu leicht eine Heftpflaster-Funktion – die Aufgabe des Wundheilens – zuweist. Immer wieder betont de Lauretis die Bedeutung, die entweder der Analytikerin oder der Geliebten für eine nachträgliche Bejahung des weiblichen Körpers und die Gewährung sexueller Aktivität zukommt (s. 99). Die ursprüngliche narzißtische Verletzung jedoch ist fundamental: „Dennoch ist die Phantasie der Beraubung ... so stark, daß [sie] nach wie vor beraubt dastehen, obwohl sie Frauen als Geliebte hatten. [...] Wenn die Wunde und die Narbe, die Kastration und der Fetisch, die Zwillingselemente einer Phantasie sind, die im lesbischen Schreiben und im lesbischen Eros zur Darstellung kommt ..., dann kann das durchaus deshalb so sein, weil diese Phantasie für das lesbische Begehren nicht nur repräsentativ, sondern tatsächlich konstitutiv ist" (211). Insofern de Lauretis ungebrochen an der psychoanalytischen Erzählung vom Begehren als Mangel festhält, kann sie die von Probyn hervorgehobenen produktiven Dimensionen des Begehrens nicht in den Blick nehmen. Auch Probyn berücksichtigt mit ihrem Begriff der *belongings*, das „Gepäck", das eine mitbringt, die Geschichte, die sicherlich auch eine Geschichte von Verletzungen ist und den jeweiligen Ausgangspunkt des Begehrens bestimmt. Das Begehren selbst aber charakterisiert sich über die Bewegung – die sich aktuell realisierende Beziehung, „die Zwischenräume zwischen Sein und Sehnen, Kommen und Gehen" (55). De Lauretis hingegen verabsolutiert die narzißtische Wunde als Ursprung lesbischen Begehrens und suggeriert damit, daß lesbisches Begehren, sollte es diese durch eine phallogozentrische symbolische Ordnung verfügte Verletzung nicht mehr geben, seine Motivation verliere:

„Das lesbische Begehren bildet sich gegen eine Kastrationsphantasie aus, gegen eine narzißtische Kränkung des Körperbildes des Subjekts, die den Verlust des mütterlichen Körpers durch den angedrohten Verlust des weiblichen Körpers verdoppelt. Weil die ... narzißtische Bestätigung des Körperbildes, das beim Subjekt die imaginäre Matrix oder den ersten Umriß des Ich stiftet, verfehlt wurde, ist das Subjekt vom Verlust des Körper-Ichs ... bedroht. Der Kastrationskomplex, der das väterliche Verbot des Zugangs zum weiblichen Körper ... ebenso etabliert wie die ‚Minderwertigkeit' der Frau, schreibt diesen Mangel in die symbolische Ordnung der Kultur ein, und zwar ... als biologischen, „natürlichen" und nicht behebbaren Mangel – als Mangel eines Penis" (222). Was aber ist, wenn das väterliche Verbot an Macht verliert, die Mutter die narzißtische Bestätigung des Körperbildes nicht versagen muß, weil sie sich selbst den Zugang zum weiblichen Körper – vielleicht als Lesbe – angeeignet hat? Wenn die Perversion *queer* geworden ist und eine Horde aufmüpfiger Fetische den Phallus entthront hat? Was bleibt dann vom lesbischen Begehren, wenn ihm sein Grund – die narzißtische Verletzung – und sein Ziel – die Wiedergewinnung eines Frauenkörpers – fehlt?

Vielleicht liegt das Problem darin, daß eine Theorie lesbischen Begehrens noch keine Theorie lesbischer Sexualität ist oder daß es zumindest anstünde, auch nach den Praxen des Begehrens und der Lust zu fragen. Kommt meiner Liebsten nicht noch eine andere Bedeutung zu, als die Projektionsfläche meines Begehrens, mein Fetisch zu sein? De Lauretis' Fokussierung des Begehrens ist in dem Anliegen begründet, heterosexuelle und lesbische Sexualität zu unterscheiden. Aber warum sollte erstere nicht ebenso fetischistisch sein wie letztere, und warum sollten Heteras weniger Interesse daran haben, über eine Körper-Imago zu verfügen und Subjekte des Begehrens zu werden? Wer bastelt mit der Hetera ein phallusfreies Phantasieszenario? Die Unterscheidung von lesbischer und hetera Sexualität nach dem Kriterium Fetisch oder Phallus, verbannt den Phallus aus der lesbischen Sexualität und legt Heteras nahe, sich weiterhin mit dem Status des Phallus-Seins zufriedenzugeben. So betrachtet, scheint es ergiebiger, Butlers lesbischen Phallus auf die Bühne zu rufen und – für Lesben wie für Heteras – die Möglichkeit des Phallus-Habens zu eröffnen.[11] Dann allerdings spricht wiederum nichts dagegen, den lesbischen Phallus auf den Namen Fetisch zu taufen. Mit dem Anspruch, normative Ein- und Ausschlüsse sowie Kategorisierungen zu vermeiden und trotzdem Unterschiede zu benennen, möchte ich folgenden Vorschlag machen: Weder sollte lesbisches Begehren als fetischistisch noch fetischistisches Begehren als lesbisch gekennzeichnet werden, sondern fetischistisches Begehren als dasjenige verstanden werden, das den Phallus in seiner binären Ausschließlichkeit (Haben oder Sein) dekonstruiert und die normativ heterosexuelle Ordnung verschiebt. Und damit wären wir wieder im Feld der *Queer Theory*, deren Anliegen, Repräsentationen *queerer* Sexualitäten und Lebensformen zu schaffen, immer auch meint, neue Formen von Heterosexualität zu entwickeln.

Ich möchte jetzt Luce Irigaray heranziehen, um anzudeuten, wie die starke Bindung an die narzißtische Verletzung bei de Lauretis zu relativieren ist und wie sich der Fetisch der beliebten Verschwisterung mit Männlichkeit und Weiblichkeit entziehen kann. Vielleicht funktioniert diese Argumentation jedoch nur, wenn ich zugleich Irigaray mit de Lauretis gegen den Strich lese: Was wäre, wenn das für Irigarays Denken bedeutsame „Paar" – in der Regel als heterosexuelles verstanden, in dem der Frau jedoch der Status einer sexuell aktiven Liebhaberin zukommt – ein Fetisch ist?[12] Wenn es sich bei dem Paar, als der „Grundzelle jeder Gesellschaft" (1989, 241), um ein Phantasie-Szenario, eine Imagination handelt, die es ihr erlaubt, den Verlust und die Rückgewinnung eines phantasmatischen sexuellen Frauenkörpers zu inszenieren?

Schöpferische Imaginationen

Ich habe mich dafür jüngst in einen Text verhakt: „Die Farben des Fleisches" (1989), der sich als Verabschiedung eines normativ heterosexuellen Zweigeschlechtermodells lesen läßt. Irigaray begibt sich darin auf die Suche nach einer subjektiven geschlechtlich bestimmten Identität und den Bedingungen ihrer Konstituierung an der Nahtstelle zur *physis*, zur materiellen Realität. Das Interessante ist, daß sie hierbei die Binarität der Geschlechter überschreitet, ohne sie zu verwerfen. Vielmehr, so argumentiert sie, entfalte sich die sexuelle Ökonomie gerade in der Spannung zwischen binärer Genealogie und individueller Geschlechtlichkeit, die jenseits dualer Eindeutigkeit zu suchen sei. Neben diesen beiden – quasi historischen – Dimensionen von Geschlecht, denen die Psychoanalyse mit ihrer Fixierung auf die Vergangenheit bzw. Geschichte des Individuums gerecht zu werden versucht, betont Irigaray eine weitere Dimension, die ausgehend von einer Gegenwärtigkeit sinnlicher Wahrnehmung Geschlecht als in eine Zukunft hinein zu Gestaltendes versteht.[13] In diesem prinzipiell offenen, produktiven Verständnis von Geschlecht liegt eine deutliche Kritik am psychoanalytischen Mangelkonzept, die ich als Argument gegen de Lauretis Verankerung lesbischen Begehrens in einer narzißtischen Verletzung starkmachen möchte. Wenn Irigaray Geschlecht als ein beständig Herzustellendes konzipiert, so nicht im Sinne einer sozio-diskursiven Konstituierung, die den Gesetzen einer phallogozentrischen symbolischen Ordnung unterliegt, sondern auf eine Zukunft hin geöffnet mittels der Fähigkeit zu schöpferischer Imagination und gebunden an sinnliche Wahrnehmung.

Über die sinnliche Wahrnehmung führt Irigaray die Körper in die Konstituierung subjektiver geschlechtlicher Identität ein, ohne diese jedoch damit in eine Binarität zu verweisen. Sie entwickelt ihr Modell subjektiver Geschlechtlichkeit entlang einer Matrix von Farben und Tönen: Diese böten sich in ihrer physischen Realität und ihren ganz unterschiedlichen sinnlichen Qualitäten dar, aber sie ließen sich nicht in einem Raster binärer Gegensätze, dualer Eindeutigkeiten, definitiver Grenzen und unwandelbarer Stabilität einfangen. „Sicher, es gibt mögliche Bipolaritäten: blau/rot, hoch/tief [...] Aber es gibt viele Nuancen, Varianten und Intensitätsgrade, die ohne Einschnitt von einem Extrem zum anderen reichen. [...] Sie gehorchen also weder dem bloß binären Gegensatz noch irgendeinem Prinzip von Widerspruchsfreiheit, das nach unseren Logiken jede Wahrheit kennzeichnet" (248).

Die sinnliche Wahrnehmung von Farben und Tönen kann den analytischen, sprich zerstückelnden und normativen Zugriff der symbolischen Ordnung in Frage stellen. Ihre Räumlichkeit unterbricht die Linearität der Sprache und verweist die geschlechtliche Existenz auf eine physisch-materielle Dimension. Farben und Töne können dazu beitragen, Zeitprojektionen vorzunehmen, das heißt, die Zeit zu vergegenwärtigen, statt in der Vergangenheit verhaftet zu bleiben, wie es in der Symptombildung, aber auch der psychoanalytischen Methode der Fall ist (s. 244-247). So komme es zu einer Verräumlichung der Wahrnehmung und zu einer Gleichzeitigkeit der Zeit, kurz: es würden „Zeit-Räume" geschaffen. In diesen Zeit-Räumen entfaltet sich die prinzipielle Offenheit von Geschlecht, denn dort ist es möglich, Perspektiven zu entwickeln – Imaginationen des Geschlechtlichen.[14] Indem Irigaray diese schöpferische Dimension von Geschlecht betont, ruft sie die Möglichkeit auf, die Zeichen einer heterosexualisierten Binarität zu überschreiten.

Mir stellt sich nun die Frage, ob es gerade diese Fähigkeit zu schöpferischer Imagination ist, die Lesben bei der Fetischbildung nutzen und realisieren. Oder bleibt der Fetisch eben doch gebunden an das väterliche Verbot eines Zugangs zum weiblichen Körper und die daraus resultierende narzißtische Wunde? Irigaray unterscheidet zwischen Imaginationen, die lediglich im Erleiden und Genießen von Sinnlichem bestehen, und dem tatsächlichen Erzeugen von Imaginationen, die Perspektiven in eine Zukunft hinein entwickeln (s. 255). Meine Kritik ist, daß de Lauretis' Modell, indem es lesbischer Sexualität implizit die Aufgabe zuschreibt, die narzistische Wunde zu heilen, Geschlecht nicht aus seinem, wie Irigaray sagt, Symptomcharakter, seiner Einkapselung in die Vergangenheit, befreit. Es läuft Gefahr, Geschlecht im „Erleiden und Genießen" festzuhalten, statt neue Imaginationen zu erzeugen. Doch bezieht sich dieser Einwand lediglich auf die Fundierung lesbischen Begehrens in einer konstitutiven Verletzung, der Fetisch hingegen umfaßt durchaus das Potential, Brücken zwischen Vergangenheit, Gegenwart und Zukunft zu schlagen und damit, ganz im Sinne von Elizabeth Grosz, eine Produktivität des Begehrens zu realisieren: „Ich bin viel weniger daran interessiert, wo das lesbische Begehren herkommt, wie es entsteht und auf welche Weise es sich entwickelt, als vielmehr daran, wohin es geht, welche Möglichkeiten es hat und wie die nach vorne offene Zukunft dafür ausssieht."[15]

Sicherlich treffen sich Irigaray und de Lauretis in ihrem Wunsch, Frauen den Status sexueller Subjekte zukommen zu lassen und eine aktiv begehrende weibliche Sexualität zu realisieren. Mit der Umkehrbewegung, die Frau nicht als Geliebte, sondern als Liebhaberin zu inszenieren, scheint sich Irigaray allerdings einen recht heterosexuell orientierten Fetisch zu schaffen. Aus lesbischer Perspektive gibt es wenig Grund, ein Phantasma des Entweder – Oder zu installieren und auf den Status der Geliebten zu verzichten, statt beide, den der Geliebten und der Liebhaberin, für sich zu beanspruchen. Dabei geht es aber nicht allein um eine Gleichzeitigkeit, vielmehr lösen sich im Fetisch die Positionen von Subjekt und Objekt des Begehrens auf. Nicht ein Objekt, gleich- oder gegen- oder sonstwie geschlechtlich, wird begehrt. „Was eine begehrt, ist das perverse Begehren ihrer Liebsten; ihren Fetisch …" (de Lauretis 1994, 251.).

Eingangs grübelte ich über die Widersprüche, in die ich mich verwickele, wenn ich jegliche Form von Identitätsrhetorik verwerfe und doch darauf beharre, als Lesbe zu sprechen. Notwendig schien und scheint es mir – angesichts von Ignoranz– und Vereinnahmungsmechanismen, von Konflikten und Hierarchisierungen in hegemonialen wie subkulturellen Kontexten –, eine Begrifflichkeit zu finden, die Unterschiede benennt, ohne sie festzuschreiben oder als (Identitäts-)Kategorien zu fixieren. Elspeth Probyn und Teresa de Lauretis verweisen mit ihren Rekonzeptualisierungen des Begehrens auf eine solche Möglichkeit. Sie versuchen, lesbische Lebens- und Liebensformen gleichzeitig in ihren spezifischen Einzigartigkeiten wie ihrer andauernden Beweglichkeit und Produktivität zu verstehen. Die Lesbe als immer erst noch und immer wieder zu Schaffende, als vorübergehender Effekt relationalen Geschehens, als Schauplatz für Auseinandersetzungen und als Perspektive schöpferischer Imaginationen. Auf der Bühne des Begehrens konstituiert sie sich als eine Figur in vielfältigen Macht- und Lustspielen. Als solche allerdings nimmt sie sich heraus, sich einzumischen, mit diversen Stimmen und unter verschiedenen Namen. Ihre Bewegungen machen sie *queer*-lesbisch-pervers. Ich wette, sie streitet sich gerne mit (m)einer Liebsten! Noch lieber aber verführt sie sie – auch und doch nicht nur in einem gemeinsamen Phantasieszenario!

Anmerkungen

1 Die Schreibweise FrauenLesben versucht einen Begriff zu schaffen, der es verhindert, daß Frau und Lesbe ohne Stolpern als Identitäten gelesen werden, vielmehr werden sie als politische Kategorien sichtbar, und es wird auf ihre soziale Konstruiertheit verwiesen. FrauLesbe ist ein Begriff, in dem Lesben sichtbar sind, ohne daß impliziert würde, es gäbe Lesben und „andere" Frauen bzw. Lesben seien keine Frauen; ein Begriff also, in dem Frau nicht automatisch als heterosexuelle Frau gedacht ist.

2 Mein Argument zielt nicht darauf ab, die durchaus rigiden Vorstellungen und normativen Codes unter Lesben zu beschönigen oder gar zu rechtfertigen, sondern mir einzugestehen, daß es offensichtlich auch dann bzw. gerade dann, wenn ich diese Normativität kritisiere und bekämpfe, wichtig ist, eine lesbische Sprechposition innezuhaben. Es geht darum, wer überhaupt teilnehmen darf an dem Spiel „wir definieren eine Lesbe".

3 s. Butler 1993, 44-46; Butler 1995, Kap.3, 129-162.

4 Für den US-amerikanischen Kontext kann Butler fragen: „Kann der Begriff die für ihn konstitutive Geschichte der Verletzung überwinden? Stellt er den diskursiven Anlaß für eine starke und überzeugende Phantasie historischer Wiedergutmachung dar" (1995, 295)?

5 s. de Lauretis 1996, 120-121. In der dt. Übers. sind u.a. die Seiten 246-252 d.O. gekürzt, womit der Verweis auf die Kompatibilität verloren gegangen ist: „Provided their fantasy scenarios are compatible, both subjects can find together, always for the first time, that fantasmatic body for themselves and in each other" (1994, 251).

6 Wenn nicht anders angegeben, beziehen sich die folgenden Seitenangaben jeweils auf Probyn (1995) oder de Lauretis (1996).

7 *Belonging* bzw. *belongings* evozieren ein breites Bedeutungsfeld: Zugehörigkeit (zu einem Menschen, einer Sache, einer Familie, Kultur, Gesellschaft), eingebunden oder passend/angepaßt sein, ankommen (deshalb aber auch aufbrechen), Besitz/Gepäck – sowie die Assoziation mit *longing* (Sehnsucht, Verlangen).

8 s. de Lauretis (1994), 251; i.dt. gekürzt: „... lesbian desire is not the identification with another woman's desire, but the desire for her desire ..." (ebd.).

9 s. de Lauretis 1996, 25-47. Hinsichtlich Freuds Sexualtheorie bezieht sich de Lauretis vorwiegend auf: „Drei Abhandlungen zur Sexualtheorie" (1905) und „Über die Psychogenese eines Falles von weiblicher Homosexualität" (1920).

10 Leo Bersani und Ulysse Dutoit nehmen diese Beobachtung zum Anlaß, das Begehren insgesamt umzudefinieren: Es gäbe keinen Grund, warum es an den Phallus als privilegiertes Zeichen und Ob-

jekt geknüpft sein sollte. Für sie wird jedes beliebige Objekt dadurch zum Objekt des Begehrens, daß es bestimmte Phantasieszenarien aufruft und aufführt, die den Wünschen und Zielen des Subjekts gerecht werden. An dieses „Modell von der Mobilität des Begehrens" knüpft de Lauretis an (s. 196-199).

11 s. Butler 1995, 118-127. „Die Frage ist natürlich, warum davon ausgegangen wird, daß der Phallus diesen besonderen Körperteil benötigt, um symbolisieren zu können ...? [...] die Verschiebbarkeit des Phallus, seine Fähigkeit, in bezug auf andere Körperteile oder andere körperähnliche Dinge zu symbolisieren, macht den Weg frei für den lesbischen Phallus ..." (118).

12 s. Holmlund 1991, 292-295, die sich hierbei auf Luce Irigaray: *Amante marine de Friedrich Nietzsche*, Paris 1980 bezieht. Sie arbeitet die Bedeutung des – heterosexuellen – Paares für die theoretischen Auseinandersetzungen mit Nietzsche heraus, die Irigaray in Form eines Liebesdialogs, einer Verführung des Philosophen führt.

13 s. Irigaray 1989, 252: In jedem Individuum gebe es die „genealogische Verdichtung *ihrer* Vergangenheit, *ihrer* Gegenwart, *ihrer* Zukunft", in der im Sinne von *génération*/Zeugung einer Dualität der Geschlechter gedacht sei, „das Geschlecht (*genre* oder *sexe*) als Morphologie oder Identität" und „das Geschlecht (*genre* oder *sexe*) als erzeugende[n] Samen".

14 Hier wäre es spannend, einen Zusammenhang zur Bedeutung der „Bilder" bei Probyn herzustellen, die sich in ähnlicher Weise den Normierungen der symbolischen Ordnung entziehen und Zeitprojektionen bewirken. s. Probyn 1995, 64/65.

15 Elizabeth Grosz: „Refiguring Lesbian Desire", in: Laura Doan (ed.): *The Lesbian Postmodern*, New York 1992, zitiert nach: Probyn (1995), 58.

Danksagung

Ich danke Andrea, Bine, Maike und Lisa für erhellende Balkongespräche und Debatten auf nächtlichen Kreuzungen, für hilfreiche Kommentare zur Streitverarbeitung, Aufbauprogramme, Aufmunterung, Lob und für sorgfältige Kritik (in letzter Minute) – von der ich leider die Hälfte ignorieren mußte. Ganz besonders danke ich Claudia und Johanna, die es lieben, wenn ich ihnen Geschichten erzähle, die wunderbar zu begeistern sind, aber gnadenlos herumnörgeln, wenn ihnen etwas nicht paßt oder zu kompliziert ist. Und meiner WG für ihr mitleidiges Verständnis, als ich während der Produktionsphase dieses Textes nur noch dümmlich grinsend, aber nicht sozialfähig am Küchentisch hing.

Magisches Zeichen

Die Rekonstruktion der symbolischen Ordnung im Feminismus

Sabine Hark

Tell me, who's that girl?" Die Frage, „wer ist sie?", verrät „*T* nicht nur simple Neugier, es ist vielmehr Signal eines komplexen Prozesses, in dem es um die Herstellung von Ordnung geht. Es ist der Wunsch, zu klassifizieren und zuzuordnen, der Wunsch, Verhaltenssicherheit zu gewinnen, der den neugierigen Blick motiviert. Es ist der Wille, zu wissen, wer sie ist, auf welcher Seite der Grenze sie steht und damit, ob sie zum *wir* dazugehört oder nicht.

Who's that girl? kann als das fundierende Motiv lesbischer Identitätspolitik verstanden weren. Denn ein Knotenpunkt lesbischer Diskurse ist die Suche nach einer gültigen *eigenen* Identität, die der „lesbischen Eigentlichkeit" (Hanna Hacker) Ausdruck verleiht und so klassifikatorische Klarheit schafft.

Die Frage, *wer* den Namen „Lesbe" zu Recht trägt, ist mithin auch die Frage danach, *was* eine Lesbe ist und welche politischen, persönlichen und ideologischen Konsequenzen daraus zu ziehen sind. Es sind diese Fragen, die den im- und expliziten Gegenstand zahlloser lesbisch-feministischer Debatten, Kontroversen und Theorien bilden. Oft genug dienen diese Theorien dabei vor allem als Basis zur Kodifizierung und Regulierung „authentischen" lesbischen Lebens und lesbischer Identität. In diesen Debatten wird darüber entschieden, wer sich den Button „Lesbe" ans Revers heften darf und wer nicht. Verhandelt werden auch die korrekten politischen Strategien, das korrekte lesbische Verhalten, privat wie öffentlich. Vielerorts ist zwar von den Unterschieden zwischen Lesben die Rede, die es zu beachten gälte, würde von „den" Lesben gesprochen, und die es schwierig gemacht hätten, überhaupt „von Lesben und lesbischen Bezügen zu sprechen und dabei zu glauben, es gäbe eine Übereinstimmung darin, was gemeint ist" (Janz et.al. 1994, 86f.). Dennoch, so die Meinung (nicht nur) dieser Autorinnen, muß davon gesprochen und eine Definition gefunden werden. Denn ohne Definition, sprich: ohne Identität, ohne Namen gibt es weder ein politisches Subjekt noch Politik bzw. politisches Handeln. Für die politische Auseinandersetzung, so der allgemeine Tenor, ist die Formierung einer Identität unerläßlich. Das Recht auf ein *Wir*, darauf, Sätze „in der ersten Person Plural" bilden zu können (Raymond 1989, 82), das heißt, eine kollektiv verbindliche Identität zu bestimmen, wird deshalb auch im lesbisch-feministischen Diskurs als legitimes Recht behandelt.

Von „lesbischer Identität" zu sprechen ist allerdings ein höchst voraussetzungsvolles und letztlich keineswegs selbstverständliches Unternehmen. Wer immer auch den Begriff „lesbische Identität" in ihrer/seiner Rede führt, vermeint, eine eindeutige Aussage zu treffen: „Lesbianismus ist eine sexuelle Abweichung" oder – liberaler – „eine Variante menschlicher Sexualität". Dagegen steht das feministische Diktum: „Lesben werden primär als Frauen unterdrückt. Wir wollen nicht über Sexualität definiert werden. Es ist eine primär politische Entscheidung bzw. Orientierung."

Betrachtet man dies als ein *semiotisches* Problem, so stellt sich zunächst die Frage nach dem Verhältnis von Bezeichnendem und Bezeichnetem, das heißt, die Beziehung zwischen dem Signifikanten „Lesbe" und dem, was damit bezeichnet wird. Mit anderen Worten, gefragt werden muß nach dem Entstehungsprozeß einer *Repräsentation*: Wie kommt es, daß ein bestimmter Signifikant innerhalb der Signifikantenkette hegemonial wird? Wenn dieser Prozeß immer ein Prozeß des *Verkennens* ist, das heißt, die willkürliche Unterbrechung der Signifikantenkette auf *eine* feste Bedeutung umfaßt, die dann von einem Subjekt womöglich für natürlich und unvermeidbar gehalten wird, ist das zweite Problem politischer Natur. Denn in dem Anspruch, „wahr" zu sprechen, wird der strategische oder legitimatorische Charakter der Wahrheitsansprüche negiert, die Verbindung von Macht und Wissen ignoriert.

Wenn aber die politische Anforderung genau darin besteht, Fixierungen zu ermöglichen – ansonsten wäre das Fließen der

Differenzen unmöglich, da gerade um sich zu unterscheiden, um fixierte Bedeutungen immer wieder aufzubrechen, es *eine* Bedeutung geben muß –, ist die politisch entscheidende Frage, wie Bedeutung festgestellt werden kann, ohne die Differenz dauerhaft stillzulegen. Mehr noch: Wenn es nicht darum geht, Identitäten „aufzulösen" oder „abzuschaffen" – da dies ja auch die Tilgung von Differenz einschließen würde –, der Charakter sozialer Identitäten aber dennoch offen und unvollständig ist, ist zu fragen, wie soziale Identitäten in einem demokratischen Horizont artikuliert werden können. Wenn jede Position, wie Stuart Hall schreibt, strategisch und arbiträr ist, insofern es keine permanente Äquivalenz zwischen dem partikularen Satz, den wir schließen, und seiner „wahren" Bedeutung als solcher gibt, wenn sich Bedeutung kontinuierlich über die vorgenommene arbiträre Schließung hinaus entfaltet – was ja Bedingung der Möglichkeit jeglicher Schließung überhaupt ist –, dann ist jede Position immer schon entweder über- oder unterbestimmt – entweder ein Überschuß oder ein *supplement*. Es gibt immer etwas, das übrig bleibt, ein „*left over*" (Hall 1989, 74). Die Frage ist mithin nicht, ob wir „für" oder „gegen" Identitäten sind – zweifellos stellt sich diese Alternative nicht –, sondern in welcher Art und Weise das *left over* ins Spiel gebracht werden kann, um die *Logik* des „Identitätsspiels" zu verwirren. Wenn es einen politischen Imperativ gibt, den *error of identity* (Spivak) zu begehen, d.h. eine politisch diskriminierte und hegemonalisierte Gruppe zu mobilisieren und zu repräsentieren – und ohne Zweifel existiert dieser Imperativ! – und dies immer den Fehler des *Verkennens*, anders gesagt: die Unvermeidlichkeit essentialisierender Argumentationen einschließt, bleibt die Frage, *wie* wir Identitäten benutzen. „Wenn es stimmt", argumentiert Judith Butler, „daß die Identitäten ‚Lesbe' und ‚Schwuler' traditionell als unmöglich, als klassifikatorische Irrtümer, als unnatürliche Katastrophen innerhalb juridisch-medizinischer Diskurse, oder, was vielleicht auf das gleiche hinausläuft, buchstäblich als Paradigma des zu Klassifizierenden, zu Regulierenden und zu Kontrollierenden bezeichnet worden sind – vielleicht sind diese Identitäten dann gerade als Schauplätze der Störung, des Irrtums, der Verwirrung und des Unbehagens der Ansatzpunkt für einen gewissen Widerstand gegen Klassifizierung und gegen Identität an sich" (Butler 1996, 19).

Was also sind die politischen Einsätze, die bei dem Versuch auf dem Spiel stehen, eine Identitätskategorie – zugleich Instrument regulativer Regime der Normalisierung *und* persönlich, sozial und politisch (potentieller) Ort des Einspruchs gegen die vielfältigen Formen von Normalisierung – zu reartikulieren? Ausgangspunkt der folgenden Genealogie lesbisch-feministischer Identitätspolitik ist die These, daß jedes Unternehmen, die Identitätskategorie „lesbisch" abschließend zu definieren, zwangsläufig eine Zersplitterung derjenigen Gruppe oder Bewegung hervorrufen wird, die durch diesen Namen nicht nur aufgerufen, sondern allererst konstituiert wird. Denn jede Konstruktion eines *Wir* ist nur möglich durch die gleichzeitige Definition eines *Ihr*, durch eine Grenzziehung. Es wird deshalb immer ein „konstitutives Außen" Derrida) geben, das paradoxerweise die Möglichkeitsbedingung der Konstitution der Identität eines Kollektivs ist. Die politische Aufgabe besteht dann darin, Formen zu finden, wie die Grenzziehungen reflektiert und dynamisiert werden können. Wenn Identitäten keinesfalls *simpliciter* gegebene soziale Tatsachen sind, sondern ständig umkämpfte Schauplätze, auf denen Kämpfe um die Positionierung in Geschichte, um Grenzziehungen zwischen *Wir*- und *Ihr*-Gruppen und um die Macht, die soziale Welt in den eigenen Begriffen definieren zu können, stattfinden, scheint es daher sinnvoll, kollektive Identitäten nicht als Ausdruck substantiell gegebener Unterschiede zu begreifen, sondern gerade diejenigen Prozesse in den Blick zu nehmen, in denen und durch die Identitäten konstruiert werden. Eine solche Perspektive ermöglicht auch die Untersuchung von Machtrelationen *innerhalb* von Identitäts-Bewegungen. Denn Macht, darauf hat Foucault aufmerksam gemacht, ist nicht etwas, das gleichsam wie ein Gut besessen werden kann, Macht ist vielmehr ein komplexes Netz von Relationen, das in allen gesellschaftlichen Sphären – so auch in Identitäts-Bewegungen – zirkuliert. Die Geschichte „lesbischen Feminismus" bzw. von „Lesbianismus' kann dementsprechend als eine Serie von Kämpfen um das Zeichen gelesen werden: Verschiedene AkteurInnen versuchen jeweils partielle Artikulationen des Zeichens „Lesbe" bzw. „Lesbianismus", in denen bestimmte Elemente aus dem diskursiven Reservoir (z.B. Repräsentationen von Geschlecht und Sexualität) kontingent miteinander verbunden, d.h. zu Momenten einer „diskursiven Formation" werden. Durch die Tilgung der Begrenztheit der eigenen Artikulationen in diesem „Klassenkampf in der Sprache" (Hall) werden jedoch nicht nur Machtverhältnisse in Frage gestellt, es werden ebenso neue Machtrelationen konstruiert.

Kämpfe um das Zeichen

Von zentraler Bedeutung für die feministische Neuformulierung von „Lesbianismus" ist daher das, was Valentin Volosinov (1975) die „soziale Multi-Akzentualität des Zeichens" nannte. Jedes Wort, so Volosinov, ist „eine kleine Arena, in der sich verschiedengerichtete soziale Akzente überschneiden und bekämpfen". Jegliches Zeichen hat zwei Gesichter: Ein Schimpfwort kann auch ein Begriff des Stolzes werden. Die Neubewertung des Zeichens „Lesbe" demonstriert die „Multi-Akzentualität" des Zeichens. Indem Feministinnen lesbische Existenz als politische Wahl begriffen, verschoben sie die Fragen sexueller Orientierung und Identität vom diskursiven Feld der Natur- bzw. Sexualwissenschaft auf das der Politik. Die Bedeutung lesbischer Existenz als sexuelle Veranlagung wurde durch die Idee des „politischen Lesbianismus" radikal in Frage gestellt. Diese politische Codierung „lesbischer Identität" in den siebziger Jahren – folgt man der Überlegung Volosinovs, nach der die dialektische Qualität des Zeichens nur in Zeiten sozialer Krisen oder revolutionärer Veränderungen sichtbar werden kann – war vor allem das Resultat der Verschiebungen und Veränderungen im klassisch modernen Geschlechtergefüge sowie eine Folge des sich verändernden Umgangs mit Sexualität. Im Kontext des Neuen Feminismus erlebte das Schimpfwort „Lesbe" eine Neubewertung als Kampfbegriff gegen normierte Weiblichkeitsbilder, die etablierte Geschlechtsrollenverteilung und Zwangsheterosexualität. Gleichzeitig diente der Begriff in der Frauenbewegung als Identitätskategorie mit mobilisierender, aber auch grenzziehender Wirkung. Je stärker also die herrschenden geschlechtlichen und sexuellen Arrangements in Frage gestellt wurden und je weniger die alten, bis dahin sozial fest verankerten geschlechtlichen und sexuellen Identitäten in der Lage waren, ihre Reproduktion sicherzustellen, um so dringlicher waren Akte politischer Intervention und Identifikation gefordert. Das führte zu einer Politisierung und damit Öffnung dieser Identitäten.

Die Erkenntnis, daß Identitäten aus solchen artikulatorischen Praxen resultieren, zeigt sich mithin in diesen diskursiven Verschiebungen. Letztlich versäumten es lesbische Feministinnen jedoch, diesen artikulierten und damit begrenzten Charakter der eigenen kollektiven Selbstkonzepte anzuerkennen.

Dazu werde ich zwei zeitlich weit auseinanderliegende Positionsbestimmungen lesbischer Identität analysieren. In beiden Manifesten wird das Zeichen „Lesbianismus" neu artikuliert. Der Bedeutungskampf dreht sich vordergründig nicht um den Begriff selbst, denn er gehört in das Vokabular beider Gruppierungen. In Frage steht demnach nicht, ob es überhaupt möglich ist, ihn zu verwenden. Gekämpft wird vielmehr um die *semantischen Beugungen* – und damit um die Zugehörigkeit des Begriffs in die eine oder die andere „diskursive Formation". Schließlich wird darum gekämpft, wer die legitimen Trägerinnen des Begriffs sind.

Der erste Auszug entstammt einem Text, der als das Gründungsmanifest des „politischen Lesbianismus" angesehen werden kann. Verfaßt wurde es von den *Radicalesbians,* einer US-amerikanischen feministischen Gruppierung, anläßlich der sogenannten *Lavender Menace*-Aktion in New York während des zweiten *Congress to Unite Women* im Mai 1970. Das Manifest entstand im Rahmen vielfältiger politischer Aktionen, die zum Ziel hatten, Lesbianismus zu einem Anliegen der feministischen Bewegung zu machen. Die deutsche Übersetzung erschien erstmals in der ersten Nummer des *Frauen Offensive Journals* Dezember 1974. Wieder abgedruckt wurde es 1975 in der Textsammlung *Frauenliebe*, herausgegeben vom *Lesbischen Aktionszentrum Westberlin*.

Der zweite Text ist ein Auszug aus einem 1990 in Frankfurt am Main verfaßten Positionspapier zur Gründung eines lesbisch-schwulen Kulturhauses, das sich explizit gegen die Kooperation mit Feministinnen wendet. Zwischen diesen beiden Positionsbestimmungen lesbischer Identität liegen rund zwanzig Jahre lesbenbewegter Praxis und Reflexion. Es geht also nicht darum, daß die beiden Positionen unmittelbar konkurrieren. Wendet sich die erste Position gegen die nicht konkret benannte Tradition homophober Fremdbeschreibungen, so setzt sich das Frankfurter Papier allerdings sehr wohl mit einer lesbischen Selbstbeschreibung – dem feministischen Entwurf lesbischer Identität, wie er in dem Papier der *Radicalesbians* entworfen wurde – auseinander:

Radicalesbians:
Frauen, die sich mit Frauen identifizieren:

„Der Selbsthaß ... entfremdet die Frau von ihrem Selbst ....
Sie versucht dem zu entfliehen, indem sie sich mit ihrem
Unterdrücker identifiziert, durch ihn lebt, und ihren Status und ihre Identität über sein Ego, seine Macht ... bezieht. [...] Nur Frauen können einander ein neues Gefühl
ihrer selbst geben. Diese Identität müssen wir mit Bezug
auf uns und nicht in Hinsicht *auf die Männer* entwickeln.
Dieses Bewußtsein ist eine revolutionäre Kraft, aus der
alles andere folgen wird, denn unsere Revolution ist eine
organische Revolution [...] Zusammen müssen wir unser
authentisches Selbst finden, es bestärken und ihm Gültigkeit verschaffen. [...] Wir fangen an, von uns selbst auszugehen, und finden unser Zentrum in uns selbst. Das
Gefühl der Entfremdung, des Abgeschnittenseins, hinter
einem verschlossenen Fenster zu stehen, der Unfähigkeit, das zu verwirklichen, was, wie wir wissen, in unserem Inneren ist, läßt nach. Wir fühlen ein Wirklich-Sein,
fühlen, daß wir endlich mit uns im Einklang stehen. Mit
diesem wirklichen Selbst, diesem Bewußtsein beginnen
wir eine Revolution, *um allen aufgezwungenen Identifikationen ein Ende zu machen und ein Maximum an
menschlicher Selbstverwirklichung zu erreichen.*"

(In: *Frauenliebe* 1975 [engl. 1970], 13-18,
Hervorhebung S.H.)

Positionspapier zum
Lesbisch-Schwulen Kulturhaus Frankfurt:

„Wir sind nicht mehr bereit, noch länger darauf zu warten, daß uns in einem Frauenprojekt oder Frauenkulturhaus adäquater Raum zugesagt wird […] *In der Zusammenarbeit mit den Schwulen* haben wir erfahren, daß es möglich ist, die gesamte Energie auf die Sache zu konzentrieren, da wir gleichen oder ähnlichen Repressalien ausgesetzt sind. […] ‚Lesbisch-Sein‘ geht doch nicht im Feminismus auf. Die Erfahrung von Lesben zeigt, daß ihre Bedürfnisse, ihre Erfahrungen und ihre spezifischen Repressionen nicht sichtbar sind in feministischer Theorie und Praxis. Lesbische Frauen werden auf besondere Art und Weise diskriminiert, pathologisiert und stigmatisiert, d.h., aufgrund unserer sexuellen Orientierung werden wir zutiefst abgelehnt und *tragen ein tendenziell auszurottendes Merkmal in uns*. Und hier sehen wir die gemeinsame Ebene in der Zusammenarbeit mit den schwulen Männern. […] Wir streben deshalb die räumliche und ideologische Distanz [vom Feminismus, S.H.] an, um über die *Betonung unserer Andersartigkeit uns gegen die negativen Auswirkungen der gesellschaftlichen Stigmatisierung zu immunisieren.* So haben wir die Chance, *unsere so notwendige eigenständige Kultur und Tradition zu entwickeln, zu suchen und zu finden.*"

(ca. 1990, zitiert nach Gutheil 1994, 79f.,
Hervorhebung S.H.)

Obwohl inhaltlich in den beiden Manifesten offensichtlich konträre Positionen vertreten werden, sind die Analogien auf der Ebene, wie die jeweilige Argumentation entfaltet wird, nicht zu übersehen. Beide Manifeste operieren mit den gleichen rhetorischen Mitteln der Adressierung bzw. Nicht-Adressierung sowie Thematisierung bzw. De-Thematisierung. Die Fragen, die gestellt werden müssen, sind daher folgende: Wer spricht zu wem über welches Anliegen? Was wird thematisiert? Wer wird eingeschlossen in die Rede, und wer ist ausgeschlossen?

- In beiden Aussagen wird zunächst eine Grenzziehung vorgenommen. Im Manifest der *Radicalesbians* verläuft die Grenzlinie zwischen den Geschlechtern: „Nur Frauen können einander ein neues Gefühl ihrer selbst geben. Diese Identität müssen wir mit Bezug auf uns und nicht in Hinsicht auf die Männer entwickeln." Im Papier der Frankfurter Gruppe ist dagegen die sexuelle Orientierung die entscheidende Dimension: „In der Zusammenarbeit mit den Schwulen haben wir erfahren, daß es möglich ist, die gesamte Energie auf die Sache zu konzentrieren, da wir gleichen oder ähnlichen Repressalien ausgesetzt sind [...] ‚Lesbisch-Sein' geht doch nicht im Feminismus auf." Damit ist jeweils auch definiert, wer diejenigen sind, die dazugehören: Im ersten Dokument potentiell alle Frauen, gleich ob lesbisch oder heterosexuell lebend, da beide fundamental von Sexismus betroffen sind, und im zweiten Manifest potentiell alle Lesben und Schwulen, da sie gleichermaßen von Homophobie betroffen sind. Es geht mithin nicht nur um die inhaltlich richtige Definition; ebenso entscheidend scheint die Frage der Positionierung und der Definition der *in-group* sowie der *out-group* zu sein. Denn es sind die Grenzen, die die Gemeinschaft definieren, unabhängig vom Inhalt innerhalb dieser Grenzen.

- Die Beliebigkeit der Verbindung zwischen Bezeichnendem – das Wort „Lesbe" – und Bezeichnetem – derjenigen, die mit diesem Wort benannt werden – wird auch an den politischen Konsequenzen deutlich, die jeweils aus der Erkenntnis des lesbischen „wirklichen Selbst" bzw. des „nicht auszurottenden Merkmals" (sprich: sexuelle Orientierung), das „gegen Stigmatisierung immunisiert" werden muß, gezogen werden: Im Manifest der *Radicalesbians* begründet das „wirkliche Selbst" die Strategie der Abgrenzung von Männern, während die Behaup-

tung der „Andersartigkeit" im lesbisch-schwulen Positionspapier gerade zur Begründung *für* die Zusammenarbeit mit
(schwulen) Männern wird. Das heißt zwar nicht, daß der Inhalt radikal beliebig wäre, aber es verweist auf die Kontingenz
und damit Begrenztheit jeder Identitätsbestimmung. Diese ist
radikal abhängig von den politischen und kulturellen Kontexten, in denen sie erzeugt wird, und verweist gerade nicht auf
das authentische Selbst, das entfremdet und unentdeckt im
Inneren der Individuen schlummert, sondern auf das, was als
das jeweilige soziale oder politische Gegenüber konstruiert
wurde: einerseits Sexismus, mit den Männern als den haupt-
sächlichen Agenten sexistischer Repression, andererseits Homophobie, die gemäß den Frankfurterinnen interessanterweise insbesondere vom Feminismus auszugehen scheint.

• In beiden Fällen fungiert dabei der „Sex" – einmal als „authentisches Selbst" euphemistisch umschrieben, das andere Mal
als „sexuelle Orientierung" in positivistisch-sexualwissen-
schaftlicher Manier explizit benannt – als der imaginäre
Punkt, von dem „wir erwarten, daß er uns offenbart, was wir
sind, und uns befreit „von dem, was uns definiert" (Foucault
1977, 185). Denn durch den „Sex" hat jeder „Zugang zu seiner
Selbsterkennung" (ebd.). Im feministisch-lesbischen bzw. lesbisch-schwulen Diskurs wird daraus: „unser authentisches
Selbst finden" bzw. „unsere so notwendige eigenständige Kultur und Tradition zu entwickeln, zu suchen und zu finden".
Der entfremdeten Wirklichkeit steht das sich selbst entdecken-
de, sich-selbst-findende lesbisch-feministische bzw. lesbisch-
schwule Selbst gegenüber.

• Beide Manifeste kreisen um zwei Begriffe: Unterdrückung und
Entfremdung. In beiden Texten wird behauptet, daß ein wirk-
liches Selbst existiert und daß es für dieses Selbst – sofern eigenständige Räume existieren – eine angemessene Identität
gäbe bzw. sie entwickelt werden könnte. Das lesbische Individuum wird in beiden Manifesten als in einem Besitzverhältnis
mit sich selbst existierend entworfen. Sein „Besitztum" ist im
ersten Fall das „authentische Selbst" und im zweiten das „nicht
auszurottende Merkmal" sexuelle Orientierung. Und das, was
dafür angemessen ist, ist die Identität, die diesem „Besitztum"
wahrhaft entspräche. Beide zeichnen damit ein Bild des Ver-

hältnisses von Individuum und Gesellschaft, in der das Individuum von der Gesellschaft determiniert, fremdbestimmt und an der Realisierung seiner ihm angemessenen Identität gehindert wird. Macht funktioniert repressiv, das innere Selbst bleibt *im Prinzip* davon unangetastet und kann dementsprechend befreit werden.

Das aber heißt, daß Identität – auch wenn sie erst in der Zukunft der eigenen Räume oder nach der „organischen Revolution" entwickelt bzw. gefunden werden kann – im eigentlichen Sinne bereits existiert. Politik scheint hier lediglich der Hervorbringung von etwas zu dienen, was gleichsam an einem anderen Ort schon existiert: Der politische „Ursprung" ist getilgt. Der performative Akt, der in und durch diese Manifeste ausgeführt wird, nämlich „lesbische Identität" in einer ganz bestimmten Version erst zu erzeugen, wird durch den Rekurs auf etwas gleichsam „Vorgeschichtliches" ausgelöscht. Es entsteht die Vorstellung, das *Sosein* von Identität könne abgestreift werden und darunter käme das *bloße Dasein*, das Ding selbst, zum Vorschein, dem man dann eine neue Form, seine neue, „wahre" Identität, überstreifen könne.

• Auch auf der Ebene der Verknüpfung von Adressierung und Thematisierung finden sich analoge rhetorische Strategien. Zwar haben die Agenten der Repression nach zwanzig Jahren neu-feministischer Bewegung das Geschlecht gewechselt: Zu Beginn der feministischen Revolte bildeten eindeutig die Männer das feindliche Gegenüber. Diese werden von den Frauen aus dem Zentrum ihrer Welt hinauskatapultiert; statt dessen erhält die Relation Frau-Frau politische und persönliche Brisanz. Zwanzig Jahre später besetzen längst nicht mehr die Männer den Platz im symbolischen (und zu bekämpfenden) Zentrum. Nun sind es gerade diejenigen, die sich diesen Platz mühevoll erkämpft hatten: Feministinnen, die sich damit in der paradoxen Situation wiederfinden, sich selbst als an der Peripherie positioniert zu begreifen und zugleich als Repräsentantinnen eines Zentrums kritisiert zu werden.

Im Frankfurter Papier für ein lesbisch-schwules Kulturhaus wird die Grenze neu gezogen. Die Lesben positionieren sich im Horizont von Sexualität und definieren schwule Männer als ihre Bündnispartner. Bei den feministischen Sachwalterinnen des Geschlechts sehen sie nicht länger einen Platz für sich. „Lesbische Identität", die in der symbolischen Ordnung feministischer Theorie und Praxis eine privilegierte Position einnahm, findet sich am ressourcenarmen Rand wieder, und lesbische Frauen fordern erneut ihre Sichtbarkeit ein.

Das Manifest der *Radicalesbians* dient dagegen der Herstellung eines gemeinsamen Bezugsrahmens von heterosexuellen und lesbischen Feministinnen, indem Lesbischsein als die ultimative Form der Diskriminierung und Unterdrückung von Frauen skizziert wird, zugleich aber die radikalste Form der Überschreitung und des Widerstandes gegen Sexismus darstellt. Sexualität wird als die basale Struktur der Kontrolle von Männern über Frauen bestimmt, es ist insbesondere die Anforderung, heterosexuell zu leben, die Frauen zurückweisen müssen, um „ein Maximum an menschlicher Selbstverwirklichung" zu erreichen. Die Frage der sexuellen Präferenz wird damit zur gemeinsamen Basis zwischen heterosexuellen und lesbischen Frauen und rückt ins Zentrum politischer Strategien.

„Lesbianismus" erfährt in diesem Kontext seine Aufwertung als Kernstück radikaler feministischer Strategie. Die Forderung nach der Politisierung des Privaten ist umgeschlagen in die Maxime, daß das Private – in diesem Fall also die Verweigerung von Heterosexualität – die radikalste politische Strategie sei. Die radikalfeministische Theorie hat in „lesbischer Identität" ihre symbolische Speerspitze gefunden.

Im frühen Manifest der *Radicalesbians* wird der Grundstein gelegt für ein Verständnis von feministischem Lesbianismus, das dessen Definition für die nächsten zwanzig Jahre bestimmen sollte. In den späten Siebzigern und den Achtzigern wurde der Begriff „frauenidentifizierte Frau" zur hegemonialen Bestimmung „lesbischer Identität".

Dennoch möchte ich behaupten, daß im Feminismus nicht die Lesben akzeptiert wurden, sondern das „magische Zeichen" (Katie King) „Lesbe", das politisch, sexuell und kulturell korrekte Wesen, die Trägerin *des* lesbisch-feministischen Bewußtseins. Die Positionierung „der" Lesben als Avantgarde wurde im Verlauf der Geschichte des Neuen Feminismus zwar immer akzeptabler, hatte aber wenig damit zu tun, daß lesbische Frauen sichtbarer wurden. Den Kampf um das Zeichen „Lesbe" hatte der Radikalfeminismus zunächst zwar für sich entscheiden können, der Versuch jedoch, die Artikulation „lesbischer Identität" als „Frauenidentifikation" dauerhaft zu stabilisieren, kann nur durch permanente Grenzziehung und wiederholte Gesten der Ausgrenzung gelingen. Die Hegemonie von Geschlecht als Deutungshorizont „lesbischer Identität" hatte nicht nur die Abgrenzung gegenüber allen Männern – und damit auch gegenüber schwulen Männern – zur Folge; ausgegrenzt wurden auch Deutungen „lesbischer Identität" als sexuelle Identität und damit derjenigen Lesben, deren Selbstverständnis um diese Definition zentriert war und blieb.

Magisches Zeichen

Wie konnte nun die Artikulation als „Frauenidentifiziertheit" und ihre Stabilisierung gelingen? Im Zentrum der folgenden Abschnitte steht daher die Untersuchung derjenigen diskursiven Praxen, durch die „Lesbianismus" zu einem privilegierten Signifikanten feministischer bzw. lesbisch-feministischer Theorie und Praxis werden konnte. Zwischen einzelnen Texten und Ereignissen – Klassiker der feministischen Theorie, Flugblätter, Selbstverständigungstexte, Positionspapiere, aber auch Demonstrationen, politische Aktionen, Konferenzen usw. – entsteht ein Dialog, der geographische, kulturelle und politische Kontexte überschreitet und verbindet. Durch Iterationen und sich wechselseitig verstärkende Resonanzen gehen bestimmte Signifikanten aus diesem Dialog als privilegierte Signifikanten hervor. Diesen Dialog hat Katie King (1986) „Konversationen" genannt. Konversationen sind zugleich lokal und historisch situiert *und* überwinden ihre geographische und historische Raum/Zeit-Gebundenheit. In einer solchen „Konversation" dienen bestimmte Signifikanten der Konstruktion von Geschichte(n) und politischen Identitäten. Sie werden zu „magischen Zeichen". Komplexe Bedeutungssysteme – etwa verschiedene feministische Theorien – konvergieren in einem einzigen Zeichen. Ähnlich den Lacanschen Knotenpunkten binden magische Zeichen raumzeitliche Fragmente zusammen, stiften Identität zwischen Heterogenem.

Die verschiedenen SprecherInnen bzw. TeilnehmerInnen an einer Konversation greifen auf diese privilegierten Signifikanten zurück, um eine aktuelle Situation oder eine politische Position zu erklären, als ob sich die gegenwärtige Situation, wenn nicht zwingend, so doch mit einer gewissen Kohärenz aus diesem Ereignis entwickelt hätte. Ein Beispiel dafür in der lesbisch-schwulen Geschichte wären etwa die Ereignisse in der New Yorker lesbisch-schwulen Bar *Stonewall Inn* in der *Christopher Street*. Im Juni des Jahres 1969 widersetzten sich die BesucherInnen dieser Bar militant den damals üblichen Razzien der New Yorker Polizei. Es kam zu einer mehrtägigen Straßenschlacht. Die sogenannten *Stonewall riots* gelten mittlerweile nahezu weltweit als *der* Beginn schwul-lesbischer Emanzipationsbewegungen. *Stonewall* wird, unabhängig davon, welches Wissen von diesen Ereignissen jeweils präsent ist, jährlich in vielen Städten weltweit durch Paraden, Demonstrationen und Feste gefeiert.

Mit anderen Worten, historisch und geographisch gebundene Zeichen reisen gleichsam im semiotischen Universum umher – sie werden zu universalen Zeichen – und transportieren ihre spezifische Bedeutung in andere geographische und historische Kontexte, in denen sie zugleich neu be- und umgeschrieben werden. Dadurch werden sie gewissermaßen hegemonialisiert, indem ihnen neue Deutungen eingeschrieben werden, und entfalten zugleich selbst hegemoniale Effekte, indem sie die eigenen Geschichten und Kontexte, in die sie hineingestellt werden, tendenziell unsichtbar machen. Auch hierfür sind die *Stonewall riots* ein paradigmatisches Beispiel. *Stonewall* oder auch *Christopher Street Day*, wie die vornehmliche Bezeichnung in der Bundesrepublik ist, konnte seine hegemonialen Effekte in der Weise entfalten, daß die lokale(n) Geschichte(n) der Konflikte und Kämpfe von Lesben und Schwulen tendenziell unsichtbar wurden: Erinnert wird eben nicht etwa an die Gründung der ersten lesbischen und schwulen Emanzipationsgruppen in der BRD, sondern an ein Ereignis in New York. Zwar werden die Erzählungen der *Stonewall*-Ereignisse nicht bruchlos in andere Kontexte übertragen, sondern immer in der spezifischen Neuerzählung verdichtet und verschoben, dennoch bleibt zu fragen, wann und warum welche Ereignisse hegemoniale Effekte zeitigen.

Die Umschreibungen erscheinen jedoch nicht als *interessierte* Geschichten ihrer jeweiligen ProduzentInnen, sondern als die „wahre" Geschichte, wie sie „immer schon gewesen sein wird". Es sind diese „Ursprungs-" oder „Gründungsgeschichten", die das bisher Erzählte fremd erscheinen lassen und den „Ursprung" neu ein- und beschreiben, ohne jedoch den Prozeß der Umschrift sichtbar zu machen.

Jeder diskursive Prozeß ist daher immer schon in ideologische Verhältnisse eingeschrieben. Deshalb sind die Konversationen neben den geographischen und historischen Besonderheiten ebenso markiert durch die spezifischen ideologischen und rhetorischen Strategien der beteiligten SprecherInnen.

Was aber ist die *Magie*, die in den Zeichen steckt und die gerade ihre Attraktivität ausmacht? Magische Zeichen wirken gleichsam osmotisch. Ihre Magie besteht in dem Versprechen von Nähe, Zugehörigkeit zu einer Gemeinschaft, ein spezifisches Wissen, persönliche und politische Veränderung; im Falle des magischen Zeichens „Lesbianismus" also: Zugehörigkeit zur Gemeinschaft lesbischer Feministinnen, Wissen um Heterosexismus und Frauenunterdrückung, die Chance persönlicher wie politischer Veränderung, das „Ende" des Patriarchats. Aufgrund seiner osmotischen Wirkung werden folglich auch die Trägerinnen dieses Namens durch die Identifikation mit einem magischen Zeichen privilegiert.

Ich werde im folgenden zwei diskursive Strategien analysieren, durch die „lesbische Identität" zum magischen Zeichen feministischer Theorie und Praxis werden konnte: Zunächst soll anhand der Rekonstruktion der Konversation über einen zentralen Slogan lesbisch-feministischer Theorie gezeigt werden, wie *Gründungsgeschichten* geschrieben werden, die der Konstruktion politischer Identitäten dienen. Die zweite Strategie habe ich *Emblematisierung* genannt: Ein lokales Ereignis wird in einen neuen Bedeutungszusammenhang gestellt und wird zugleich zum privilegierten Signifikanten in diesem und für diesen Zusammenhang.

Gründungsgeschichten
Feminismus ist die Theorie, war Lesbianismus die Praxis?

Die Geschichte der Konversation, die durch das Ti-Grace Atkinson zugeschriebene Diktum „Feminismus ist die Theorie und Lesbischsein die Praxis!" ausgelöst wurde, ist ein entscheidendes Beispiel für die fortgesetzte interessierte Umschrift von Geschichte. Verstanden wird dieses Diktum gewöhnlich als Ausdruck der essentiellen Verbindung zwischen Feminismus und Lesbianismus und des Anspruchs, Feminismus finde seine angemessene Praxis im Lesbianismus, also die Privilegierung von Lesbianismus als avantgardistische, radikale Praxis des Feminismus. Wenngleich diese Position in dieser Radikalität nur noch begrenzte Gültigkeit hat, so läßt sich auf jeden Fall behaupten, daß Lesbianismus heute nicht mehr unabhängig von Feminismus verstanden wird.

Das im Kontext der Neuen Frauenbewegung in der BRD zeitweilig hegemoniale Verständnis von Lesbianismus als radikale politische Praxis des Feminismus verbirgt jedoch die komplexe politische Geschichte seiner Herkunft. Längst nicht mehr sichtbar ist der enorme Aufwand, der nötig war, um Lesbianismus für Feministinnen politisch salonfähig zu machen. Dadurch wurde eine neue politische Positionierung – das Muster einer Identität, die Persönliches und Politisches erfolgreich verbindet – generiert. Die „Multi-Akzentualität" des Zeichens „Lesbianismus" wurde nach einem „kurzen Sommer der Anarchie" (Enzensberger) tendenziell erfolgreich getilgt.

Dennoch sind die Reste anderer Bedeutungen sowie die Spuren der Kämpfe um die möglichen Signifikate des Signifikanten „Lesbianismus" als das „konstitutive Außen" des stillgestellten Zeichens präsent, ja diese Überreste und Spuren sind nachgerade die Möglichkeitsbedingung, um Lesbianismus überhaupt als *politischen* Identitätsentwurf verstehen zu können. Diese anderen möglichen Bedeutungen bilden das Feld der Diskursivität, das die fixierten Bedeutungen untergräbt. Im folgenden soll deshalb die Geschichte der Konstruktion des politischen Lesbianismus analysiert werden – eine Geschichte, die keineswegs geradlinig und im Ergebnis bereits determiniert verlief. Der Geschichte des für die Auseinandersetzung zwischen Feminismus und Lesbianismus zentralen Slogans „Feminismus ist die Theorie, Lesbischsein die Praxis!" folgend, soll gezeigt werden, wie unklar dieser Prozeß sich zunächst entwickelte, bevor er sich dann für eine bestimmte Richtung entscheiden sollte.

Auf zwei Begriffe soll dabei besondere Aufmerksamkeit gelegt werden: Den Begriff der *Praxis* und den Begriff *Lesbianismus* selbst. Der Begriff der Praxis wird dabei meist gebraucht, um zu erklären, was Lesbianismus ist. In den verschiedenen Versionen dieses Satzes werden von den beteiligten Sprecherinnen jeweils radikal verschiedene Definitionen dessen erzeugt, *was* Lesbianismus für eine Praxis ist, *ohne* daß auf die semantischen Verschiebungen in und zwischen den einzelnen Versionen eingegangen wird. Man könnte diese Verschiebungen als einfaches Rezeptions- bzw. Übersetzungsproblem behandeln, das weder politisch noch für die Selbstentwürfe lesbischer Frauen von Bedeutung ist. Wenn aber die Identität derjenigen, die bezeichnet werden, immer ein Effekt

des Akts der Bezeichnung ist und jede Bezeichnung sich nur etablieren kann, indem sie andere Bedeutungen – und damit Möglichkeiten von Identität – ausschließt, handelt es sich hier nicht
nur um ein Rezeptions- oder Übersetzungsproblem. Politisch entscheidend ist vielmehr die Frage danach, welche Version „lesbischer" Identität sichtbar wird bzw. werden kann und welche Versionen genau dadurch unsichtbar gemacht werden.

Doch zurück zur Geschichte des in Rede stehenden Satzes.
Ich beziehe mich dafür auf Ti-Grace Atkinsons Buch *Amazonen
Odyssee*, dessen deutsche Ausgabe 1978 erschien. Dieser Band
enthält, nach Atkinsons eigener Aussage im Vorwort, nur einen
kleinen Teil ihrer Reden und Essays aus den Jahren 1967-1972.
Dennoch böte, so Atkinson, die Auswahl einen guten Überblick
über ihre Arbeit in diesem Zeitraum (Atkinson 1978, 11).

Tatsächlich äußerte sich Ti-Grace Atkinson nicht eindeutig in
dem in der Bewegung tradierten Şinne, daß Lesbischsein die
feministische Praxis ist; ihre Sicht auf die Verbindung zwischen
Feminismus und Lesbianismus ist von zahlreichen Widersprüchen geprägt; das Spektrum reicht von der Idee, daß Lesbianismus eine einzigartige *strategische* Bedeutung für den Feminismus hat, bis zu drastisch vorgetragenen Verwerfungen genau
derselben Idee. Behauptet sie in einem Text, die Funktion von
Lesbianismus für den Feminismus sei der Rolle der kommunisti-
schen Partei für die Gewerkschaftsbewegung vergleichbar (Atkinson 1978, 130), so vertritt sie in einem anderen Text ebenso
vehement, Lesbianismus sei als Idee zu sehr verquickt mit männlicher Vorherrschaft, als daß lesbische Frauen erwünschte Re-
krutinnen der feministischen Bewegung sein könnten. Atkinson
schreibt: „Doch es bleibt dabei, Lesbianismus ist als Konzept
und als Aktivität total abhängig von der männlichen Vorherrschaft. Allein diese Tatsache müßte eine Feministin nervös machen" (Atkinson 1978, 73). Ungeachtet der Position, die Atkinson
gerade selbst einnahm, immer betrachtete sie Feminismus und
Lesbianismus jedoch als getrennte Phänomene.

Wahrscheinlich zum ersten Mal sprach Ti-Grace Atkinson
1970 vor der New Yorker Gruppe der US-amerikanischen Bür-
gerrechtsorganisation homosexueller Frauen, *Daughters of Bilitis (DOB)*, über die mögliche Beziehung zwischen Feminismus
und Lesbianismus. In dieser Rede bestimmt Atkinson Feminismus als politische Theorie und Lesbianismus als persönliche sexuelle Präferenz. Der Akzent liegt auf Feminismus als der poli-

tisch verändernden Kraft und nicht auf lesbischer Praxis, die ohne revolutionäres Bewußtsein gelebt werde. In diesem Text formulierte Atkinson den Satz folgendermaßen: „Feminism is *a* theory; lesbianism is *a* practice" („Feminismus ist *eine* Theorie; Lesbianismus ist *eine* Praxis."). Eine sinngemäße zweite Version findet sich in einer Rede, die Atkinson im gleichen Jahr vor einem studentischen, stärker feministisch orientierten Publikum hielt: „Lesbianismus sagt etwas über die sexuelle Praxis aus, Feminismus etwas über Politik" (Atkinson 1978, 71).

In diesen Texten Ti-Grace Atkinsons finden wir also die erste Bestimmung dessen, was lesbische Praxis ist: Lesbianismus ist hier definiert als *sexuelle Praxis*, als persönliche sexuelle Präferenz bestimmter Frauen ohne politisch transformierenden Gehalt. Atkinson nimmt damit eine eindeutige Grenzziehung vor: Feminismus ist revolutionär, eine Theorie, die das Potential besitzt, den Klassenunterschied zwischen Männern und Frauen beseitigen zu können (ebd., 74); dagegen verstärkt Lesbianismus, definiert als sexuelle Praxis, gerade dieses Zweiklassensystem, da er genau auf der Existenz von zwei Geschlechtern und damit auf Sexualität basiert (ebd.).

Diese Aussagen müssen vor dem Hintergrund der Thematisierung von Sexualität und Geschlecht in den ersten Jahren der Frauenbewegung gesehen werden – und das gilt für die USA und die BRD gleichermaßen. Das Geschlechterverhältnis wurde analog zum Klassenverhältnis gedacht; Befreiung bedeutete deshalb die Abschaffung dieser Klassen, sprich der Geschlechter. Sexualität galt als der zentrale Brückenkopf der Aufrechterhaltung des Geschlechtsklassensystems und männlicher Vorherrschaft. Der „Koitus dient als Modellfall für Sexualpolitik auf intimster Basis", schrieb etwa Kate Millett in ihrem zum feministischen Klassiker gewordenen Werk *Sexual Politics* bereits 1969 (dt. 1971). Vom Phallus als Sinnbild männlicher Macht zur Verweigerung der generell als männlich identifizierten Sexualität war es dann nicht mehr weit. Und das schloß zunächst auch lesbische Sexualität ein. Denn für viele – so auch für Atkinson – ließ sich Frauenbefreiung und Sexualität nicht miteinander vereinbaren:

> *... der Lesbianismus begründet sich ideologisch auf der Prämisse der Unterdrückung durch Männer: Lesben akzeptieren qua Definition, daß Menschen hauptsächlich sexuelle*

113

*Wesen sind. Wenn das richtig ist, müssen wir eingestehen,
daß Frauen in bestimmter Hinsicht unterlegen sind. „Sexualität" basiert auf den Unterschieden zwischen den Geschlechtern. Geschlechtsverkehr ist das Bindeglied zwischen diesen beiden Klassen, und Geschlechtsverkehr wird,
was nicht überrascht, nicht im Interesse der Frauen ausgeführt.* (Atkinson 1978, 73).

Wenn aber Lesbianismus als *sexuelle* Praxis reaktionär ist, wie
kann er dann strategisch von Nutzen sein für den feministischen
Kampf? Atkinson „löst" dieses Problem, indem sie zwischen
„politischem" Lesbianismus und „sexuellem" Lesbianismus unterscheidet:

Und dann gibt es Frauen, die keine sexuellen Beziehungen
*zu anderen Frauen haben, die aber ihr Leben völlig an ihrer
Verpflichtung gegenüber dieser Bewegung ausgerichtet haben. Diese Frauen sind* Lesben in einem politischen Sinn.
(ebd., 128, Hervorhebung S.H.)

Nur der politische Lesbianismus, gereinigt von Sexualität, kann
eine strategische Rolle für den feministischen Kampf einneh-
men und enthält das Schlüsselprinzip für eine erfolgreiche feministische Revolution (ebd.). Damit bereitet Atkinson eine zweite
Grenzziehung mit weitreichenden Effekten vor: Die semantische
Recodierung von Lesbianismus als asexueller politischer Strategie produziert nicht nur eine neue Bedeutung, sondern Ein- und
Ausschlüsse; neu geregelt wurde dadurch, wer fortan „zu Recht"
den Namen „Lesbe" tragen durfte.

1971 veröffentlicht Anne Koedt in einer Anthologie mit dem
Titel *Notes from the Third Year* ebenfalls einen Beitrag zum Thema *Lesbianism and Feminism*, dem sie das „Atkinsonsche Diktum" in einer leicht veränderten Fassung voranstellt. Koedt be-
nutzt statt des unbestimmten Artikels *a* den bestimmten Artikel
the. Hier heißt es nun: „Feminism is *the* theory; lesbianism is *the*
practice." Vorsichtig merkt sie allerdings an, daß der Satz Atkinson lediglich *zugeschrieben (attributed)* wird. Die semantische
Differenz zwischen Feminismus und Lesbianismus ist in der
Koedtschen Version geringer geworden, jedoch hatte sich Lesbianismus noch nicht vollständig als avantgardistische Position
der feministischen Bewegung etablieren können. In ihrem Text
beschäftigt sich Koedt intensiv mit der Frage, ob und wenn in

welcher Weise Lesbianismus eine radikale Praxis des Feminismus sein könne. Was bei Atkinson durchaus noch eine offene Frage war – ob Lesbianismus und Feminismus zusammengehören – und von lesbischen Frauen selbst zu diesem Zeitpunkt noch nicht vehement reklamiert wurde, nimmt Koedt hier bereits als eine Position auf, deren Ansprüche diskutiert und geprüft werden müssen. Sie kommt allerdings zu einer skeptischen, ja negativen Einschätzung und verwirft die Idee von Lesbianismus als revolutionärer Praxis feministischer Theorie:

> *Deshalb ist die Behauptung falsch, „Feminismus ist die Theorie, weibliche Homosexualität die Praxis." Einerseits reicht die Behauptung nicht aus, um daraus auf ihren [der Lesben, S.H.] radikalen Feminismus zu schließen, andererseits liegt darin auch die falsche Annahme, daß ein Leben ohne Männer gleichbedeutend ist mit dem Kampf für eine radikale feministische Veränderung. […] Alles in allem … steckt im Lesbisch-Sein keine Zauberkraft, die den politischen Beweis für hohe feministische Motive erbringen würde.* (Koedt 1972, 117 und 122)

Obwohl Koedt also die Idee von Lesbianismus als radikaler feministischer Praxis mit schneidenden Worten verwirft („steckt im Lesbisch-Sein keine Zauberkraft"), ist es gerade die von ihr bestrittene Losung „Feminism is *the* theory; lesbianism is *the* practice", die als ihre eigene Position überliefert wird und dazu führte, daß auch Anne Koedt als Vordenkerin der „lesbischen Revolte" in die Geschichte eingehen sollte.

Zusammen mit Koedts Text, übersetzt als „Lesbische Bewegung und Feminismus", fand die „Atkinsonsche Parole" bereits 1972 Eingang in die Diskussionen der bundesdeutschen Frauenbewegung: In der Anthologie *Frauen gemeinsam sind stark. Texte und Materialien der Women's Liberation Movement in den USA*, herausgegeben vom Arbeitskollektiv der sozialistischen Frauen Frankfurt, findet sich folgende Version: „Feminismus ist *die* Theorie; Lesbisch-sein *die* Praxis." Aus dem *„attributed* to Ti-Grace Atkinson" in *Notes from the Third Year* ist ein *„gewidmet* Ti-Grace Atkinson" geworden, was nahelegt, daß der Satz in dieser Bedeutung tatsächlich die Position Atkinsons zusammenfaßt bzw. wiedergibt. Auch in dieser Version zum Thema Lesbianismus lassen sich mehrere semantische Beugungen ausmachen. Es finden sich drei Versionen lesbischer Praxis: In der vorangestellten Widmung ist lesbische Praxis eine Form von Sein (Lesbischsein die Praxis), im Titel von Koedts Text ist aus *lesbianism* eine Bewegung geworden, und im Text wird es mit „weibliche Homosexualität" übersetzt.

Die disparaten Übersetzungen des Wortes *lesbianism* deuten darauf hin, daß im bundesdeutschen feministischen Kontext offensichtlich zunächst wenig Klarheit darüber herrschte, wie die Vokabel *lesbianism* übersetzt und gedeutet werden sollte. Ist es nun eine sexuelle Praxis, eine Bewegung, eine Lebensform oder eine politische Strategie? Und mit welcher dieser Praxen kann und will Feminismus etwas zu tun haben? Klar scheint einzig, daß Lesbianismus bereits aus den diskursiven Formationen der

Lesbische Liebe:

Männer fürchten nicht nur, daß sie für Frauen sexuell überflüssig werden können, sondern sie haben auch große Angst davor, daß Frauen auch auf einer vollen, menschlichen Basis die Gesellschaft von anderen Frauen suchen mögen.

Die Anerkennung der Clitoris als das wichtigste sexuelle Organ der Frau würde die heterosexuelle (verschiedengeschlechtliche) Institution bedrohen.

Der Unterdrücker fürchtet immer die Einigkeit der Unterdrückten. Der Mann fürchtet nun das Entkommen der Frau aus seiner psychologischen Gewalt, die er noch immer aufrechterhalten will. Männer neigen mehr dazu, die Rache von Seiten der Frau zu fürchten, als sich für die Zukunft freie Verbindungen zwischen Individuen vorzustellen.

(Zitiert nach der mir vorliegenden
hektographierten Fassung, o.J.)

Sexualwissenschaft oder Kriminologie herausgelöst war: Die Orte, an denen weibliche Homosexualität diskutiert wurde, waren nicht mehr allein medizinische Labors, kriminologische Seminare oder psychiatrische Praxen.

Welche Wirkung von speziell diesem Text ausging, ließ sich nicht rekonstruieren; dafür sollte ein anderer Text Koedts, der für das frühe Selbstverständnis der feministischen Bewegung von zentraler Bedeutung war, gerade im Lichte des von ihr vehement verworfenen Satzes „Feminismus ist die Theorie, Lesbischsein die Praxis" gedeutet werden. Der Aufsatz „Der Mythos des vaginalen Orgasmus", der in hektographierten Fassungen ab 1968 in der BRD kursierte, endete mit einer Passage zu „Lesbischer Liebe", die in (mindestens) zwei verschiedenen Übersetzungen existiert, wie die zwei Fassungen unten zeigen.

Lesbische Liebe und Bisexualität:

Neben den rein anatomischen Gründen, warum Frauen andere Frauen gleichermaßen als Liebhaberinnen suchen könnten, fürchten Männer auch, daß Frauen die Gesellschaft anderer Frauen auf einer breiten, menschlichen Basis vorziehen könnten.

Die Etablierung des clitoralen Orgasmus als Tatsache würde die heterosexuelle Institution (Ehe) bedrohen. Denn es würde bedeuten, daß sexuelle Befriedigung sowohl von Männern als auch von Frauen gegeben werden kann.

So bleibt Heterosexualität kein Muß, sondern wird zur freien Wahl. Auf diese Weise würde die ganze Frage der menschlichen sexuellen Beziehungen über die Begrenzungen des augenblicklichen männlich-weiblichen Rollensystems sich öffnen können.

(Zitiert nach: *Autonome Frauen. Schlüsseltexte der Neuen Frauenbewegung seit 1968,* (Hg.) Ann Anders, Frankfurt 1988, 88)

Zunächst finden wir in beiden Versionen dieser Passage eine weitere Definition lesbischer Praxis als „Liebe", was als Überschreitung der „sexuellen" Definition in Richtung des „politischen" Lesbianismus gelesen werden kann. Die zehn Jahre später von Adrienne Rich formulierte Idee des „lesbischen Kontinuums", das heißt, *alle* Formen weib-weiblicher Bindungen, unabhängig davon, ob sie sexuellen bzw. genitalen Kontakt einschließen, auf einem Kontinuum anzuordnen, ist hier bereits angedacht. Auffallend ist, daß in beiden Versionen „Männer" den Gegenpol zu „lesbischer Liebe" bilden. Sie sind diejenigen, die etwas zu fürchten haben, nämlich, daß sie für Frauen „sexuell" und auf einer „menschlichen Basis" überflüssig werden könnten. Nur darauf scheint das revolutionäre Potential von Lesbianismus gegründet zu sein.

Diese Überlegung rekurriert auf Ti-Grace Atkinsons These, daß Lesbianismus eine strategische Bedeutung für Feminismus haben könne, weil Männer Lesbianismus fürchten. Unterschiede gibt es jedoch in den beiden Fassungen hinsichtlich der Eindeutigkeit, in der „lesbische Liebe" als feministische Strategie verhandelt wird. Die erste Fassung ist zurückhaltender im Wortlaut, was darauf schließen läßt, daß „lesbische Liebe" hier noch nicht notwendig als feministische Strategie verstanden wurde. Es ist lediglich die Rede davon, daß „Frauen auch auf einer vollen menschlichen Basis die Gesellschaft von anderen Frauen suchen mögen". Die Unbestimmtheit des Begriffs „Liebe" wiederholt sich in dieser, was die Charakterisierung der Art der Bindungen zwischen Frauen angeht, recht kryptischen Formulierung. In der zweiten Fassung heißt es dann schon eindeutiger, daß Frauen sich „andere Frauen gleichermaßen als Liebhaberinnen suchen könnten". Und während in der ersten Fassung noch mehr als vorsichtig von der *möglichen* Bedrohung von Heterosexualität die Rede ist, wird in der zweiten Fassung forsch das Thema der „freien Wahl" aufgeworfen: Heterosexualität ist „kein Muß", was nahelegt, daß Frauen, wenn sie wollten, gleichsam zwanglos zu lesbischer Sexualität (und Bisexualität) übergehen könnten. Auch wenn alles vorsichtig im Konjunktiv formuliert ist, in Verbindung damit, daß dies die größte Furcht der Männer sei, ist dann der Schritt zu Lesbianismus als politischer Strategie nicht mehr weit.

Die Unterschiede in den Übersetzungen lassen sich m.E. auch hier nicht als Übersetzungsproblem verhandeln. Vielmehr spiegeln die beiden Fassungen des Textes die Mehrdeutigkeit im Diskurs der bundesdeutschen Frauenbewegung. Die erste Fassung formuliert das Thema der lesbischen Liebe noch nicht offensiv; im Mittelpunkt steht eher die Forderung an Männer, sich von der Koedtschen These des Mythos vom vaginalen Orgasmus überzeugen zu lassen. Lesbische Frauen waren noch nicht laut geworden in den ersten feministischen Gruppen, die Idee von Lesbianismus als politischer Strategie existierte noch nicht, konnte dementsprechend auch nicht formuliert werden. Die zweite Fassung verrät eine offensivere Haltung zum Thema. Der Blick ist nicht so klar auf Männer gerichtet; Frauen können auch ohne sie, scheint die Botschaft zu sein.

Auf die Schlüsselfunktion des Koedtschen Textes für die Entwicklung der Diskussionen in der Frauenbewegung weist auch Helgard Kramer hin: „Die Konfliktkonstellation zwischen (Bewegungs-)Lesben und Heteros ab Mitte der 70er Jahre hatte mit Anne Koedts Behauptung zu tun, daß die Männer in aller Welt nichts mehr fürchteten, als daß Frauen von der für sie unbefriedigenden vaginalen, von Männerwünschen diktierten Sexualität zwanglos zur klitoridalen, lesbischen übergehen könnten" (1994, 73). Von hier aus lag es dann nicht mehr fern, Anne Koedt als Wegbereiterin der „lesbischen Revolte" zu vereindeutigen.

Anläßlich des „Lesbenpfingsttreffens" in Berlin meldeten sich erstmals 1974 selbst-identifizierte Lesben in der Debatte über das Verhältnis von Feminismus und Lesbianismus zu Wort. In einer erneut veränderten Fassung diente das mittlerweile bereits mehrmals semantisch gewendete Diktum Atkinsons als Motto des Treffens. Hier heißt es nun: „Feminismus die Theorie, Lesbischsein die Praxis?". Auch hier findet sich die Bestimmung lesbischer Praxis als Form von Sein, was die weitere Richtung der Debatte anzeigt, welche lesbische Praxis für den Feminismus relevant sein sollte.

Das Fragezeichen signalisiert einerseits, daß 1974 für den Feminismus in der Bundesrepublik noch nicht ausgemacht war, welche Rolle Lesben darin spielen sollen und vor allem, welchen Platz Lesben sich selbst darin gaben. Andererseits deutet es auf die Bemühungen hin, Lesbianismus als privilegierten feministischen Bedeutungsträger, als „magisches Zeichen" des Feminismus zu konstruieren. Obwohl hier noch erkennbar ist, daß Feministinnen und Lesben zwei verschiedene Gruppierungen darstellen, selbst wenn einzelne Frauen und Gruppen zu beiden

Bewegungen gehören, ist die Konvergenzbewegung doch unübersehbar. Wenn man so will, deutet sich dies bereits auf der Ebene der Satzzeichen an: Das Semikolon ist zugunsten eines Kommas gewichen, was Feminismus und Lesbianismus näher zusammenrücken läßt.

Ähnlich den kontrovers geführten Auseinandersetzungen über die Rolle der Lesben im US-amerikanischen Feminismus sind auch die Debatten zum Stellenwert von Lesbianismus für den bundesdeutschen Feminismus über einen langen Zeitraum hinweg nicht eindeutig, von teils vorsichtigen Annäherungen, aber auch immer wieder rigiden wechselseitigen Ab- und Ausgrenzungen bestimmt. Unklar scheint auch noch immer, welche Art von Praxis Lesbianismus nun eigentlich ist oder sein soll und welche davon feministisch relevant ist.

Dazu ein letztes Beispiel: In der dritten Ausgabe der ersten bundesdeutschen feministischen *Frauenzeitung* vom März 1974 resümmiert Susanne ihre feministischen „Amerika-Erfahrungen" folgendermaßen:

> *Als ich in die USA fuhr, hatte ich nicht die Absicht, mich mit lesbischem Feminismus zu befassen [...] Doch drüben angekommen wurde ich sofort und intensiv mit den lesbischen Feministinnen konfrontiert. Es ist klar, daß lesbische Feministinnen ihre Energie ungeteilt auf die Frauenbewegung richten können. Im Gegensatz zu den heterosexuellen Frauen stehen sie nicht in dem Dilemma, mit und für Frauen arbeiten und leben zu wollen, ihre sexuellen Bedürfnisse aber mit Männern zu befriedigen. Arbeit, Liebe und Sexualität sind nicht getrennt. [...] Ein Amazonenstaat ist auch nicht mein Ziel, aber lesbischer Feminismus stellt meiner Ansicht nach für Feministinnen im Augenblick die überzeugendste Lebensweise dar.*
>
> *(Frauenzeitung Nr. 3, 1974, 9).*

In Susannes Bericht scheint das Projekt, Lesbianismus als magisches Zeichen des Feminismus zu reartikulieren, vollendet zu sein: Lesbischer Feminismus ist die „überzeugendste Lebensweise für Feministinnen", „lesbische Feministinnen können ihre Energie ungeteilt auf die Frauenbewegung richten" und, ganz wichtig, „Arbeit, Liebe und Sexualität sind nicht getrennt". Die bis dahin zwischen sexueller Praxis, politischer Strategie und Form von Sein schwankenden Bestimmungen von Lesbianismus sind hier in einer Bestimmung zusammengefaßt. Wo Atkinson und Koedt noch strikt sexuelle Praxis und politische Strategie trennten, wird in Susannes Darstellung diese Unterscheidung verwischt. Und wo Atkinson und Koedt entschieden hatten, daß Lesbianismus als sexuelle Praxis das Patriarchat stütze, ist es bei Susanne zu einem Teil genau der Lebensform geworden, die das Patriarchat stürzen kann.

Davon war der Feminismus in der BRD allerdings noch weit entfernt. So hatte Susanne nicht vorgehabt, sich mit lesbischem Feminismus auseinanderzusetzen. Diese Variante feministischer Strategie scheint also in ihren feministischen Zusammenhängen in der BRD noch kein maßgebliches Thema gewesen zu sein. Obwohl sie lesbischen Feminismus als die für Feministinnen überzeugendste Lebensweise anerkennt, wird nicht deutlich, ob es auch für sie persönlich eine Alternative ist; ein Amazonenstaat ist jedenfalls nicht ihr Ziel. Trotz der Begeisterung für das Projekt des „politischen Lesbianismus" drückt ihre Darstellung Distanz und Skepsis aus. In den USA war der Zenit der Auseinandersetzungen zwischen Lesben und Feministinnen 1974 bereits überschritten, symbolisch hatte zu diesem Zeitpunkt lesbischer Feminismus dort bereits die Position der Avantgarde eingenommen. *Daughters of Bilitis* als Sachwalterinnen der Definition von „lesbischer Identität" als „sexueller Orientierung" hatte sich aufgelöst, und der „politische Lesbianismus", der sexuelle Praxis nicht zwingend einschloß, war zum hegemonialen Konzept geworden.

An der weiteren bundesdeutschen Geschichte des Atkinsonschen Diktums zeigt sich, daß dies sich auch im hiesigen Feminismus wiederholt:

Wir wollen keine Trennung mehr zwischen politisch und privat. Frauenbewegung ist für uns beides. Wir empfinden es als unüberwindbaren Widerspruch, mit unserem Kopf und unseren intellektuellen Kräften in der Frauenbewegung zu sein, unsere Emotionen, Energien und unseren Körper aber Männer zuzuwenden. Jeder Mann – auch der noch so liberalste und verständnisvollste – repräsentiert für uns diese patriarchalische Gesellschaft, die uns Frauen unterdrückt, fremdbestimmt, funktionalisiert, zerstört. Wir können uns nur selber finden und stark werden, wenn wir uns den Männern und damit der uns in dieser Gesellschaft zu-

gedachten Frauenrolle verweigern, wenn wir uns voll auf
Frauen beziehen und uns dadurch auch mit uns selber aus-
einandersetzen: sowohl mit unseren faszinierenden und
schönen Seiten als auch mit den tiefliegenden Problemen,
die Folge unserer Fremdbestimmung sind. Heben wir die
Trennung zwischen Kopf und Bauch in der Frauenbezie-
hung auf, dann können wir uns voll für die Frauenbewe-
gung einsetzen, müssen keine energieschluckenden Kom-
promisse schließen, können uns selber und damit auch die
Bewegung radikalisieren. Ausdruck findet diese Konse-
quenz in dem bekannten Schlagwort: FEMINISMUS IST DIE
THEORIE UND LESBIANISMUS DIE PRAXIS.

> *(Frauenbeziehung – Frauenliebe 1978, 10,*
> *Großschreibung im Original)*

Aus dem trennenden Semikolon und der unverbundenen Rei-
hung durch *eine* in der „ursprünglichen" Version wurde im Verlauf der Bewegungs-Konversation ein verbindendes *und* sowie
ein bestimmtes und definitives *die*, womit eine Kausalität hergestellt war: Lesbianismus hatte sich zumindest symbolisch als
die revolutionäre Praxis feministischer Theorie durchgesetzt.
Zwei voneinander unterschiedene Bedeutungssysteme – Feminismus und Lesbianismus – sind schließlich in dem einen privilegierten Signifikanten „lesbische Identität" konvergiert.

Die Geschichte zeigt, wie politisch um Bedeutungen gerungen
wird; sowohl Feminismus als auch Lesbianismus sind zunächst
noch für neue Bedeutungen offene Begriffe. Mit Volosinov gesprochen: Die „Multi-Akzentualität" des Zeichens ist sichtbar.
Die in Frage stehende mögliche Verbindung zwischen Feminismus und Lesbianismus wird zunächst abwägend und im Ausgang keineswegs bereits absehbar diskutiert. Atkinsons eigene
Position dazu ist, wie wir gesehen haben, schillernd und
amorph, variiert auch, je nachdem, vor welchem Publikum sie
spricht.

Im Verlauf der Konversation über die mögliche Verbindung
zwischen Feminismus und Lesbianismus wird diese zunehmend
eindeutiger beantwortet, bis dahin, daß in einigen feministischen Strömungen Feminismus und Lesbianismus deckungs-
gleich werden. Atkinsons Satz wird tendenziell in sein Gegenteil
verkehrt, und Atkinson selbst taucht aus diesem Umdeutungs-
prozeß als eine ganz bestimmte Person auf: eine „Amazone" der

feministisch-lesbischen Revolution. Die Rezeption ihrer Texte wird auf eine bestimmte Lesart enggeführt, sie wird zur eindeutigen Vordenkerin einer lesbisch-feministischen Revolutionstheorie gemacht. Eine ähnlich enggeführte Rezeption erfährt auch die Position Anne Koedts. Auch sie hatte das Verhältnis zwischen Feminismus und Lesbianismus eher vorsichtig verhandelt und die Antwort offengelassen. Die Skepsis ihrer Position ist im Verlauf der Rezeption und Diskussion ihrer Thesen zum vaginalen Orgasmus jedoch verschwunden.

Deutlich wurde, wie Bewegungen sich diskursiv selbst konstituieren, indem sie sich eine eigene Geschichte geben, orientiert an eigenen Interessen der Selbstdefinition, der sozialen Positionierung und Grenzziehung und getragen von einem bestimmten Engagement, einer Position oder Überzeugung. Beabsichtigt ist mit den „Gründungsgeschichten" eine politisch und historisch kohärente Rekonstruktion der Geschichte: Die verschiedenen Rezipientinnen des Ti-Grace Atkinson zugeschriebenen bzw. gewidmeten Satzes hatten ihre Geschichte bereits „erfunden", in die dieser Satz „eingepaßt" wurde, um dann, als Banner der Lesbenbewegung, wiederum „in die Geschichte einzugehen" und zugleich „aus ihr hervorgegangen" zu sein.

Emblematisierung
Die „konzentrierte Wut aller Frauen am Explosionspunkt"

Effekt der wesentlich durch Atkinson ausgelösten „Konversation" zur möglichen Verbindung zwischen Feminismus und Lesbianismus ist ein komplett neuer Untergrund für die feministischen Diskurse über und das Verständnis von Lesbianismus. War die Position der feministischen Gruppen zu Lesbianismus in den ersten Jahren (1968-1974) noch sehr vorurteilsbeladen, waren Lesben – zumindest sofern sie sich öffentlich zu ihrem lesbischen Leben bekannten – in den Gruppen nicht akzeptiert, änderte sich ab 1974 diese Haltung radikal. Besonders ein Ereignis – der von den feministischen Gruppen als „Hexenprozeß" charakterisierte Strafprozeß in Itzehoe gegen Marion Ihns und Judy Andersen, die angeklagt waren, Denny Petersen gegen Bezahlung beauftragt zu haben, den Ehemann von Marion Ihns zu ermorden – hatte einen entscheidenden Einfluß auf diese Positionsveränderung. Für die feministischen Gruppen in der BRD hatte der Prozeß eine stark emblematische Wirkung. Die Frauenbewegung stellte die den beiden Frauen angelastete Straftat sowie den Prozeß in den Kontext der „Tyrannei des Mannes in unserer Gesellschaft" (Kate Millett) und deutete beides vor dem Hintergrund feministischer Sexismuskritik. „Lesbische Liebe" erhielt einen privilegierten Platz in der feministischen Kritik an der herrschenden Sexualität; innerhalb des Feminismus wurde sie nicht länger tabuisiert, sondern zum Paradigma der unterdrückten Situation der Frau überhaupt erhoben.

Was allerdings womöglich nur als feministische Kampagne gegen die bundesdeutsche Medienöffentlichkeit und Justiz begann, hatte weitreichende Konsequenzen auch innerhalb der Bewegung. Aus der Solidarisierungskampagne zwischen feministischen und lesbischen Gruppen ging „Lesbianismus" als „magisches Zeichen" des Feminismus hervor und sollte fortan innerhalb der Frauenbewegung seine ebensosehr mobilisierenden wie spalterischen Effekte entfalten. Wie der Prozeß in Itzehoe zum Emblem des Feminismus werden konnte und dadurch Feminismus und Lesbianismus weiter konvergierten, ist das Thema dieses Abschnitts.

Zunächst jedoch zu den soziokulturellen und diskursiven Kontexten, in denen der Prozeß angesiedelt ist: Das Jahr 1974 kann als der Umschlagspunkt im Verhältnis Feminismus/Lesbianismus angesehen werden. Ähnlich der Haltung der ersten feministischen Organisationen in den USA, die auf die Seriosität ihres Images bedacht waren und deshalb lesbische Frauen offensiv ausgrenzten, hatten sich in den ersten Jahren der Frauenbewegung auch in der BRD Feministinnen noch von dem Verdacht, lesbisch zu sein, distanziert. Das Thema der Frauenliebe war innerhalb der Frauenbewegung ebenso tabuisiert und stigmatisiert wie in der Gesellschaft. Im Frankfurter Weiberrat etwa kam das Thema erstmals im Frühjahr 1972, also vier Jahre nach dessen Gründung, auf. Eine der Frankfurter Weiberrätinnen berichtet über die Situation, wie sie sich 1972 darstellte, im ersten Frauenjahrbuch:

Nachdem sich im Verlauf eines halben Jahres immer hartnäckiger das Gerücht durchgesetzt hatte, es gäbe im Weiberrat so etwas wie „Lesbierinnen", konnten die vier betroffenen Frauen im Frühjahr 1972 zum ersten Mal den Mut aufbringen, sich im Weiberrat zu ihrem Lesbischsein zu stellen. Sie verlangten im Plenum eine Diskussion, bei der

sie darauf hinwiesen, daß offenbar bei vielen Weiberrats-
frauen die finstersten Vorurteile über Lesbierinnen bestün-
den. [...] Die wirkliche Auseinandersetzung mit der beson-
deren Unterdrückung der Lesben war damals noch genauso
unerlaubt wie es ein Jahr zuvor die Beschäftigung mit der
allgemeinen Unterdrückung der Frauen gewesen war.
                                                (Frauenjahrbuch 1975, 43)

Und eine namenlos bleibende „Frau aus dem Rheinland" berichtet von den Erfahrungen, die sie zur gleichen Zeit in ihrer loka-
len Frauengruppe machte:

Bisher wußte niemand in unserer Gruppe der „Aktion 218",
daß ich schwul bin. [...] Das änderte sich im März 72. [...]
Zum ersten Mal wurde mir klar, daß die Liebe unter Frauen
ihren Ort in der Gesamt-Frauenbewegung haben muß. Hier
wären sie nicht isoliert und nur auf ihr Problem konzen-
triert, sondern müßten ihre Arbeit mit anderen Betroffenen
und für sich selbst in die gemeinsame Arbeit für die Befrei-
ung der Sexualität der Frau hineinstellen. Ich faßte also ...
den Mut, das Thema der homosexuellen Frau in die Grup-
pendiskussion einzubringen. Natürlich hatte ich Angst. Ich
schlug vor, einen Arbeitskreis innerhalb der „Aktion 218"
zu gründen, in dem lesbische Frauen ihre eigene Problema-
tik angehen und verändern könnten. Die Reaktion der Ge-
samtgruppe auf diesen Vorschlag schwankte zwischen be-
tretenem Schweigen, spöttischem Lächeln und offener
Ablehnung. „Eine solche Gruppe hat innerhalb der Aktion
nichts zu suchen." [...] Schwulsein ist eben auch unter Ge-
nossinnen immer noch pervers.   *(ebd., 200-203)*

Zwei Jahre später hatte sich diese Situation radikal verändert.
Immer vehementer thematisierten lesbische Frauen sich selbst,
ihre Situation und Positionierung in der Gesellschaft und im
Feminismus.

   Eine kurze Chronologie: 1972 hatte sich die Frauengruppe
der *Homosexuelle Aktion Westberlin* (HAW) gegründet und erste
öffentliche Protestaktionen durchgeführt, z.B. im Februar 1973
eine Flugblattaktion gegen eine Artikelserie zum Thema „Die
Verbrechen der lesbischen Frauen" in der BILD-Zeitung, aber
auch bereits im Gründungsjahr 1972 ein Flugblatt mit der Forderung nach ersatzloser Streichung des § 218 herausgegeben.

Ebenfalls in dieser Zeit entstand der Fernsehfilm *Und wir nehmen uns unser Recht*, in dem Frauen aus der HAW-Frauengruppe vor der Kamera über ihr lesbisches Leben, die Aktivitäten der Gruppe und ihre Konflikte in und mit der Gesellschaft berichteten.

In der dritten Nummer der *Frauenzeitung*, der sogenannten „Amerikanummer", erscheint im März 1974 die deutsche Übersetzung einer Rede Jean O'Learys zum Thema „Lesbischer Feminismus – Der Aufbau einer neuen Gesellschaft". An Pfingsten 1974 findet das erste autonome „Lesbenpfingsttreffen" statt. In Berlin wird ein autonomes Lesbenzentrum sowie die Gruppe *L 74*, die eine Zeitschrift für lesbische Frauen, *UKZ – unsere kleine zeitung* herausgibt, gegründet, und im Dezember 1974 erscheint in der ersten Nummer des *Frauen Offensive Journals* das Manifest der *Radicalesbians* „Frauen, die sich mit Frauen identifizieren".

Aber auch andere AkteurInnen und Institutionen beteiligen sich an dem Kampf um den Signifikanten „Lesbianismus": Bereits 1971 publizierte Siegrid Schäfer im Hamburger Institut für Sexualforschung die erste größere sozialwissenschaftliche Studie zur Situation lesbischer Frauen: *sappho 70. Zur Situation der lesbischen Frau heute*. Schäfer besetzt den Signifikanten mit dem Repertoire der stark von der Studentenbewegung beeinflußten und der sexuellen Emanzipation verpflichteten Sexualwissenschaft, wie sie Anfang der siebziger Jahre vor allem in Hamburg und Frankfurt entstanden war. Schäfer fragt nicht danach, warum Frauen homosexuell werden; die gleichgeschlechtliche Objektwahl wird vielmehr als gegeben hingenommen, und statt dessen werden die Probleme, die durch diese Wahl entstehen, in den Vordergrund gerückt. Dem sich im feministischen Diskurs abzeichnenden Motiv der „freien Wahl" von Hetero- und Homosexualität ist die Position Schäfers diametral entgegengesetzt. Obwohl sie versucht, Fragen nach den Ursachen von Homosexualität zu dezentrieren, kann sich Schäfer der feministischen Wendung, das „eigene Selbst" frei wählen zu können, nicht anschließen. Sie kommentiert: „... wie auch immer Homosexualität entsteht, ganz sicher ist sie keine beliebige Entscheidung" (Schäfer 1979, 72).

Während also die sich progressiv verstehende Sexualwissenschaft noch immer die Antwort auf die Frage „Lesbierinnen. Was sind das für Frauen?" (Schäfer 1979) in den lesbischen

Frauen selbst findet, das heißt, in ihrem zwar anderen, dennoch zu akzeptierenden „Triebschicksal", war im feministischen Kontext Jill Johnstons Aufruf zur lesbischen Revolution im Persönlichen und Politischen längst gesprochen und vom *Spiegel* bundesweit verkündet: „Es wird keine wirkliche politische Revolution geben, ehe nicht alle Frauen lesbisch sind", zitiert das Nachrichtenmagazin am 2.9.1974 die selbsternannte Amazone der radikallesbischen Revolution.

In der bundesdeutschen Öffentlichkeit fand zunächst eine andere Position noch stärkere Resonanz. Im Vorfeld des Prozesses in Itzehoe lancierte die BILD-Zeitung 1973 jene bereits angesprochene Artikelserie zum Thema „Die Verbrechen der lesbischen Frauen", die sie während des Prozesses fortsetzte. Lesbische Frauen, zitiert BILD den Kriminologen Hans von Hentig aus seinem 1959 erschienen Buch *Die Kriminalität der lesbischen Frau*, „schrecken vor nichts zurück", ihre Leidenschaft könne zu den „grausamsten Konflikten" führen, zu „verlassenen Kindern, zerrissenen Ehen, zu aller Art Unglück, Tötung, Selbsttötung und Mord".

Deutlich wird, mit welcher Vehemenz um den Signifikanten „Lesbianismus" gekämpft wird. Die bis Anfang der siebziger Jahre stabile diskursive Formation, nach der Homosexualität ein abnormales „sexuelles Syndrom" (aus Giese) darstellt, ist nicht länger in der Lage, sich erfolgreich zu reproduzieren. Das führt zur Repolitisierung und Öffnung der sozialen Identität „Lesbe".

Das ist der Kontext, in dem der Prozeß gegen Marion Ihns und Judy Andersen stattfand. Aufgeschreckt durch die spätestens seit Anfang der sechziger Jahre sich anbahnenden Verschiebungen und Veränderungen im Geschlechter- und Sexualgefüge, reagiert die Gesellschaft der „NormalbürgerInnen" mit dem Willen, das „Andersartige" eindeutig zu klassifizieren – lesbische Frauen tragen „eine betont männliche Kleidung" und „männlich kurzgeschorenes Haar", haben eine „rauhe tiefe Stimme", Busen ist „kaum vorhanden" – und damit territorial in *bestimmten* Frauen einzukörpern. Insofern bot der Prozeß in Itzehoe eine produktive Projektionsfläche. Hier schien sich sowohl der Schrecken der „NormalbürgerInnen" als auch die feministische Sexismuskritik der Frauenbewegung zu bewahrheiten.

Im August 1974 beginnt dann der Prozeß, der bis zum Oktober des Jahres andauern sollte und von den bundesdeutschen

Medien quer durch alle politischen Lager zum Sensationsprozeß des Jahres gemacht und weidlich für eine Demagogisierung lesbischer Frauen ausgenützt wird. Im Mittelpunkt der Berichterstattung, wie auch über weite Strecken der gerichtlichen Verhandlung, stand deshalb nicht die Untersuchung der Beteiligung der beiden Frauen an der Planung und Durchführung der Tat, sondern das angebliche Tatmotiv: „Lesbische Liebe". Am 1. Oktober 1974 wurden beide Frauen zu lebenslangen Haftstrafen verurteilt.

Für die bundesdeutsche Lesben- und Frauenbewegung hatte der Prozeß gegen Marion Ihns und Judy Andersen in Itzehoe eine Art Initialzündung. Zahlreiche Frauengruppen in der BRD solidarisierten sich in vielfältigen Protestkampagnen mit den beiden Frauen. So fand im September 1974 während der Verhandlung im Gerichtssaal eine Aktion gegen die Prozeßführung sowie die Berichterstattung statt. Etwa 20 Frauen aus Berlin und Hamburg standen auf, zeigten ihre Parole „Gegen geile Presse – für lesbische Liebe", die sie auf ihre T-Shirts geschrieben hatten und äußerten lautstark ihren Protest. In Frankfurt zogen Frauen mit der Parole „Die Mordanklage ist Vorwand, am Pranger steht die lesbische Liebe" durch die Innenstadt. Thema der bundesweiten Kampagnen war vor allem die nach Meinung der feministischen Gruppen alle Frauen betreffende Situation, in der sie auch Marion Ihns und Judy Andersen sahen: Gewalt von Männern und Schutzlosigkeit gegenüber einer patriarchalen Gesellschaft und ihrer Justiz:

> Diese beiden Frauen erlebten die Ausweglosigkeit ihrer Situation stellvertretend für Millionen von Frauen, die unter offener Brutalität und psychischen Folterungen ihrer Männer leiden. Die keine finanziellen oder anderen Möglichkeiten haben, der Bedrängnis und der Not zu begegnen, wie sich scheiden zu lassen, oder auch ohne Scheidung den Mann zu verlassen. Denn ein Arrangement mit dem Ehemann kann es in solchen Situationen nicht geben, wenn der Mann die Frau, mit der er verheiratet ist, nur als sein Eigentum betrachtet und behandelt.
>
> (Flugblatt Frankfurt 1974)

Die Protestaktionen hatten eine nachgerade katalytische Wirkung, was die Thematisierung „lesbischer Liebe" anging: Itzehoe wurde zum Paradigma der Konstruktion lesbischer Identität als „magischem Zeichen" des Feminismus:

Weil die beiden angeklagten Frauen eine lesbische Bezie-
hung hatten, müssen sie über jeden „normalen" Mordpro-
zeß hinaus ihre elende Jugend, jede Vergewaltigung, ihre
miesen Beziehungen zu miesen Männern, ihre Gefühle zu-
einander bis ins kleinste Detail vor den Augen und Ohren
der ganzen Nation ausbreiten. Weil sie eine lesbische Bezie-
hung haben, werden sie geiler Neugier und hämischem
Voyeurismus ausgesetzt. Sie werden an den Pranger ge-
stellt. Der Mordprozeß gerät zum Vorwand, um über die les-
bische Beziehung zu Gericht zu sitzen. Der Mordprozeß
wird zum Hexenprozeß   (Flugblatt Frankfurt 1974)

Das feministische Urteil lautete dementsprechend „Notwehr",
und gefordert wurde ein Freispruch für die beiden Frauen: „Le-
benslänglich für Notwehr" war ein Flugblatt des Frauenzentrums in Frankfurt betitelt, ebenso wie ein weiteres, gemeinsames Flugblatt verschiedener bundesdeutscher Frauengruppen
und -zentren mit der Forderung nach Freispruch endete.

Ebensowenig wie die kritisierte Presse sind auch die feministischen Gruppen an den Aussagen der beiden angeklagten
Frauen interessiert. Ihns und Andersen werden vielmehr zu Iko-
nen stilisiert und zu Märtyrerinnen eines gewalttätigen, frauen-
feindlichen Systems gemacht, von dem sie sich nur noch durch
die Anstiftung zum Mord des Ehemanns zu befreien wußten:

Marion und Judy konnten sich als Frauen dieses ständigen
Drucks nicht anders entledigen, als Herrn Ihns umzubrin-
gen. Sie sahen für sich keine anderen Mittel.
(Flugblatt Frankfurt 1974)

Das Gericht hat selbstverständlich nie berücksichtigt, ob
vielleicht diese Gesellschaft, indem sie Menschen zur He-
terosexualität zwingt, und zwar fast AUSWEGLOS *zwingt,*
nachgerade zur GEGENGEWALT *auffordert.*
(Flugblatt 1974, Hervorhebung im Original)

Ihr Recht, sich von diesem Terror zu befreien, ließ sie zur
Gewalt greifen. Diese Gewalt war Notwehr.
(Flugblatt Frankfurt 1974)

In den feministischen Kampagnen zu diesem Prozeß wirkte
zum ersten Mal in der Geschichte der Neuen Frauenbewegung

der neu geschaffene Untergrund der Gemeinsamkeit zwischen Feministinnen und Lesben. Wie sieht nun dieser gemeinsame Grund aus?

Auffallend ist zunächst, daß in allen Flugblättern zwischen homosexuellen bzw. lesbischen Frauen und anderen Frauen, die sich im übrigen nicht näher definieren, unterschieden wird:

> *Wir meinen, daß man auf diese Weise alle homosexuellen Frauen zu Schreckbildern machen will.*
>
> *(Flugblatt Frankfurt 1974)*

Da ist von „wir Frauen" oder „wir, die Frauen aus dem Frauenzentrum" die Rede, die von der Geschichte „dieser beiden Frauen" (sprich: Ihns und Andersen) etwas gelernt haben. Es wird immer wieder klar unterschieden in „wir" und „homosexuelle Frauen". Das „wir" spricht über die „homosexuellen Frauen", ist also nicht identisch mit diesen. Die Situation lesbischer Frauen aber wird konsequent vor dem Hintergrund einer patriarchalen, sexistischen Gesellschaft gesehen, sie ist zugleich ultimativer Ausdruck einer frauenverachtenden Kultur *und* wird bereits als möglicher Ausweg aus der unterdrückten Lage gesehen, in der alle Frauen sich befinden:

> *Wehren wir uns gegen die sexuelle Unterdrückung der Frau! Schluß mit dem Zwang zur Heterosexualität! Freispruch für die weibliche Homosexualität!*
>
> *(Flugblatt 1974)*

Versuchten die NormalbürgerInnen „das" Lesbische in bestimmten Frauen einzukörpern, kann der Einsatz der Frauenbewegung in Itzehoe dagegen gelesen werden als Versuch, „das" Lesbische aus den Frauen „auszukörpern" und als politisches Emblem allgemein (sprich: für alle Frauen) verfügbar zu machen. Die an der „Konversation" beteiligten Sprecherinnen stellen dieses Ereignis in einen feministischen Bedeutungszusammenhang, der auch um Geltung mit der als patriarchal qualifizierten Deutung des verhandelten Mordfalls streitet. In der Folge entsteht der „Mordprozeß in Itzehoe" neu. Steht in der öffentlichen Meinung die „lesbische Liebe" am Pranger, geht es im feministischen Diskurs um die „Tyrannei des Mannes". Jetzt stehen nicht mehr zwei Individuen vor Gericht, sondern alle Frauen, die sich mit dem Mut der Verzweifelten gegen die Vorherrschaft der Männer zur

Wehr setzen. Das lokale Ereignis ist zum Emblem sexistischer Unterdrückung und des verzweifelten Widerstandes gegen Sexismus geworden, zum Symbol der „konzentrierten Wut aller Frauen am Explosionspunkt".

Die mit der semantischen Vereindeutigung der These Atkinsons eingeleitete feministische Recodierung von Lesbianismus als politischer Strategie findet im Kontext der Verschiebungen in den Geschlechter- und Sexualarrangements mit der feministischen Diskursivierung des Prozesses in Itzehoe einen vorläufigen Höhepunkt: „Lesbianismus" ist zum feministischen „magischen Zeichen" geworden, dessen osmotische Wirkung sich jetzt voll entfalten kann. Zwar wird zwischen „wir Frauen" und den „homosexuellen Frauen" weiterhin klar unterschieden, die Emblematisierung des Ereignisses ermöglicht es jedoch *allen* Frauen, sich dem Zeichen zu assoziieren. Denn letztlich wird am Fall von Marion Ihns und Judy Andersen lediglich

> *allen Frauen demonstriert, was Männer für weiblich halten, was Männer aus weiblicher Sexualität machen und welche Strafe darauf steht, wenn Frauen auf diese Sexualität pfeifen.*
>
> *(Flugblatt Frankfurt 1974)*

Zwei Monate nach der Urteilsfindung in Itzehoe veröffentlicht der Verlag *Frauen Offensive* in seinem *Journal* im Dezember 1974 das Manifest, das bereits vier Jahre zuvor in den USA zum Auftakt der Recodierung von Lesbianismus und der lesbischen Revolte im Feminismus geworden war: „Frauen, die sich mit Frauen identifizieren". Die Verschiebungen im Diskurs zu Lesbianismus, die schließlich dazu geführt hatten, daß Lesbianismus und Feminismus in dem privilegierten Signifikanten „Lesbianismus" konvergierten, wurden von dem Manifest zitiert und gebündelt. Diese Schrift war ja in gewisser Weise – wenn auch an einem anderen Ort und in einem anderen historisch-politischen Kontext – der Ausgangspunkt dieser Verschiebungen gewesen, und wurde nun gleichsam wie von einem Resonanzkörper iterativ aufgenommen:

> *Eine Lesbierin ist die konzentrierte Wut aller Frauen am Explosionspunkt. Sie ist eine Frau, die häufig schon in einem frühen Alter entsprechend ihrem inneren Wunsch handelt, ein vollständigerer und freierer Mensch zu sein, als ihr*

die Gesellschaft manchmal schon zu diesem Zeitpunkt, si-
cherlich aber später, erlaubt. Ihre Bedürfnisse und Hand-
lungen bringen sie durch Jahre hinweg in einen schmerz-
lichen Konflikt mit Menschen, Situationen, dem Prinzip
des Kampfs aller gegen alle, mit allem, was sie umgibt und
meistens auch mit sich selbst. Möglicherweise ist sie sich
der politischen Implikationen dessen, was für sie als eine
persönliche Notwendigkeit begonnen hatte, nicht ganz be-
wußt; aber auf irgendeiner Ebene war es ihr nicht möglich,
die Grenzen der Unterdrückung zu akzeptieren, die ihr im Zu-
sammenhang mit dieser wesentlichsten Rolle der Gesellschaft
aufgezwungen werden, der weiblichen Rolle. Der innere Auf-
ruhr, den sie erfährt, führt gewöhnlich zu einem Schuldge-
fühl, das dem Maß entspricht, in dem sie fühlt, nicht die ge-
sellschaftlichen Erwartungen zu erfüllen, und/oder dazu, daß
sie das, was der Rest der Gesellschaft mehr oder weniger ak-
zeptiert, infragestellt und analysiert. [...] Sie ist gefangen zwi-
schen dem Akzeptieren des Bildes, das die Gesellschaft von ihr
hat – in diesem Fall kann sie sich selbst nicht akzeptieren –,
und dem Verständnis dessen, was diese sexistische Gesell-
schaft ihr angetan hat und warum dies funktionabel und not-
wendig für diese Gesellschaft ist.

(Radicalesbians 1975, 13)

Hier kam auf den „Explosionspunkt", was die bundesdeutsche
Frauenbewegung in der Rhetorik ihrer Flugblätter zum „Hexenprozeß in Itzehoe" bereits vorbereitet hatte. „Die Lesbierin" ist
zur metaphorischen Figur, zum Inbegriff der entfremdeten und
unterdrückten Situation aller Frauen im Patriarchat geworden.
Metaphrastisch verdichtet das Manifest „Frauen, die sich mit
Frauen identifizieren" die Topoi, die in der feministischen Iko-
nisierung von Ihns und Andersen eine zentrale Rolle spielen
sollten. Immer wieder hatten auch die feministischen Flugblätter von der Einsamkeit der beiden Frauen in ihrer Kindheit und
Jugendzeit, von der physischen und psychischen Gewalt, von
der „Realität der Illusionen" und von den Konflikten zwischen
eigenen Wünschen und gesellschaftlicher Moral gesprochen.
Ganz gleich, wie die beiden Frauen subjektiv ihre Geschichte sahen, dem diskursiven Dickicht der Konversation über das Verhältnis zwischen Lesbianismus und Feminismus entstieg „die
Lesbierin" als Lichtgestalt der feministischen Revolte:

*Die von uns, die sich da hindurchgearbeitet haben, finden
sich am anderen Ende einer Reise durch die Nacht, die
Jahrzehnte gedauert haben kann. Die Perspektive, die wir
durch diese Reise gewonnen haben, die Selbstbefreiung,
den inneren Frieden, die wirkliche Liebe zu sich selbst und
zu allen Frauen ist etwas, das mit allen Frauen geteilt werden sollte, weil wir alle Frauen sind.* (ebd.)

Resümee

Umstrittene Bedeutungen erzählen uns, wie und wo wir interessiert sind und wie wir politisch positionieren und positioniert
werden. Die Auslöschungen ebenso wie die Versionen historischer Erinnerung konstruieren, wer wir sind, konstruieren unsere
politischen Identitäten. Die Wiedereinschreibung unserer Geschichte, die eine bestimmte Konstruktion von Identität erfordert,
verdunkelt die flüchtige, sich ständig verschiebende und umstrittene „Natur" von Identität. Oft erscheint sie dann als real, „entdeckt" und unveränderbar.

Auch lesbische Identität ist eine solche veränderliche Konstruktion. Es gibt nicht eine Form „lesbischer Identität", sondern viele „Lesbianismen". Das eine Wort situiert eine Vielzahl
von Konstruktionen, alle umschrieben von einem spezifischen
Moment, der ein politischer Moment ist, umschrieben von Zeit
und Raum. Aber nur diesen spezifischen Moment „historisch"
zu nennen und die Konstruktion von „Lesbianismus" im Singu-
lar als unhistorisch zu kritisieren heißt auch, der Konstruktion
von Geschichte nicht Rechnung zu tragen, die permanente Wiedereinschreibung eines „Ursprungs" nicht aufzunehmen. Dies
reduziert die Komplexität von Bezeichnungsprozessen und Verantwortlichkeit. Auch die von mir erzählte Geschichte ist nicht
„die" wahre Geschichte, es ist nur eine von vielen. Geschichte(n)
ist/sind immer interessierte Geschichte(n), und das gilt für alle.

Zwischen „Anything Goes" und heterosexueller Normierung

Handlungspotentiale lesbischer Frauen

Ulrike Hänsch

„Mit fortschreitender Modernisierung vermehren sich in allen gesellschaftlichen Handlungsfeldern die Entscheidungen und Entscheidungszwänge. Mit leichter Übertreibung kann man sagen: „anything goes" (Beck 1986, 190). So scheinen gegenwärtig im Verlauf zunehmender gesellschaftlicher Individualisierung lesbische Beziehungen wählbar als eine Lebensform unter vielen möglichen. Lising Pagenstecher beschreibt bei der Entscheidung für private Lebensverhältnisse eine „neue Offenheit", die besagt, daß junge Frauen heute „nicht das Geschlecht, sondern den Charakter" wählen wollen (Pagenstecher 1994, 19).

Diese Beobachtung stimmt überein mit der von Ulrich Beck und Elisabeth Beck-Gernsheim vertretenen Individualisierungsthese. Nach ihrer Auffassung sind die Lebensverläufe der Individuen weniger durch Traditionen und feste Normengefüge geleitet, die anweisen, was zu tun (und zu lassen) sei, als vielmehr durch die Entscheidungen der Individuen selbst. Traditionelle Vorgaben verlieren zunehmend an Bedeutung, und die einzelnen erscheinen immer mehr herausgelöst aus sozialen Kontrollen, aber auch aus sozialen Sicherheiten. „Die Anteile der prinzipiell entscheidungsverschlossenen Lebensmöglichkeiten nehmen ab, und die Anteile der entscheidungsoffenen, selbst herzustellenden Biographie nehmen zu" (Beck 1986, 216). Beck und Beck-Gernsheim beschreiben Individualisierung als eine gesellschaftliche Dynamik, der sich die einzelnen nicht entziehen können. Individualisierungsprozesse seien ein Massenphänomen, typisch nicht nur für bestimmte soziale Milieus, sondern charakteristisch für die soziale Wirklichkeit breiter Bevölkerungskreise (s. Beck/Beck-Gernsheim 1994).

Bei der Frage nach Handlungsspielräumen und Gestaltungsmöglichkeiten lesbischer Frauen verspricht die vorgestellte Blickrichtung auf Individualisierung einen Zugewinn an Freiheit und Selbstbestimmungsmöglichkeiten. In einer Welt, in der für eine gesellschaftliche Mehrheit traditionelle Vorgaben an Relevanz verlieren, könnten auch für lesbische Frauen, deren Lebensweise sich deutlich von herrschenden Traditionen abhebt, neue, vielleicht bisher kaum wahrgenommene Handlungsmöglichkeiten entstanden sein. Insofern scheint mir die Frage nach den Chancen der Individualisierung für diejenigen interessant, deren Lebensweisen sich ohnehin an den Rändern traditioneller Lebensweisen bewegen: Wenn Traditionen und soziale Kontrollen an Bedeutung und Macht verlieren, welche Auswirkungen hat das für diejenigen Gruppen, die auf jene anerkannten Traditionen ohnehin nicht zurückgreifen können, sondern im Gegenteil ihre eigenen Lebensweisen in der Auseinandersetzung, im Ringen gegen jene Traditionen durchsetzen müssen?

Auf der anderen Seite fördert gerade der Blick auf Lebensverhältnisse und Lebensverläufe lesbischer Frauen enorme Einschränkungen der Handlungsfreiheit zutage. Als kulturell unsichtbarer und sozial tabuisierter Lebensentwurf ist lesbische Existenz nicht einfach frei wählbar. So spricht Adrienne Rich von einem Zwang zur Heterosexualität, der konstitutiv sei für patriarchale Gesellschaftsstrukturen. Für seine Durchsetzung sorgt ein verdeckter Mangel an Entscheidungsmöglichkeiten jenseits der Heterosexualität: Gerade „das Fehlen jeglicher Möglichkeit der Wahl" sei „die große unerkannte Realität" (Rich 1983, 168). Auch wenn wir m.E. nicht von einem solchen, die Biographie determinierenden Zwang, einem absoluten Mangel an Alternativen zur Heterosexualität ausgehen können, so zeigt sich doch die Norm der Heterosexualität als bedeutsam für die soziale Wirklichkeit; einflußreich nicht nur für die Heterosexuellen selbst, sondern „unentrinnbar" auch für diejenigen, die nicht heterosexuell leben (vgl. de Lauretis 1996, 140). Heterosexualität als dominierendes Lebensmodell verweist lesbisches Begehren in Bereiche der Undenkbarkeit und Unlebbarkeit und produziert sich gleichzeitig immer wieder neu als gesellschaftliche Normalität mit langer Tradition und zäher Lebendigkeit.

Die Frage nach Entscheidungsfreiheit und Gestaltungsmöglichkeiten für ein Leben jenseits heterosexueller Lebensformen ist folglich nicht einfach zu beantworten durch den Hinweis auf den zunehmenden Bedeutungsverlust traditioneller Vorgaben im Rahmen gesellschaftlicher Modernisierungsprozesse. M.E. muß hier differenzierter gefragt werden, *welche* Traditionen und Zwänge an Bedeutung verlieren und in welchem Maß. Es ist notwendig, von beidem auszugehen: von Entscheidungsfreiheit und Begrenzung, von der beschränkenden Macht heterosexueller Normierung und einer (lesbische Lebensentwürfe) ermöglichenden Vervielfältigung der Lebensformen.

Begrenzung und Ermöglichung sind im folgenden auch die zentralen Bezugspunkte für die Rekonstruktion zweier Lebensverläufe lesbischer Frauen[1], wobei sich zunächst folgende Fragen entwickelt haben: Wie zeigen sich Handlungsbeschränkungen und Grenzen der Gestaltungsmöglichkeiten „eigenen" Lebens in den Biographien der einzelnen Frauen? In welcher Weise erfahren die einzelnen Unterstützung, Ermutigung und Ermächtigung zu einer Lebensgestaltung jenseits des heterosexuellen Konzepts? Inwiefern wird hierbei eine lesbisch-feministische Kultur als bestärkend und fördernd wahrgenommen? Und wann erweist sich auch eine solche lesbische Kollektivität als unzureichend für die Verortung der einzelnen in der Welt? Wie bauen sich Frauen ein lesbisches Leben vor einem Hintergrund, der zugleich beides – Unterstützung und Begrenzung – aufweist?

Heterosexuelle Norm,
abweichende Wünsche und Listen der Ohnmacht

Dorothee wurde 1941 geboren und ist zur Zeit des Interviews dreiundfünfzig Jahre alt. Sie arbeitet als Lehrerin an einer Gesamtschule und wohnt in einer nordrhein-westfälischen Großstadt.

Von ihrem siebten Lebensjahr an wächst Dorothee gemeinsam mit einer jüngeren Schwester in einem von Diakonissen geführten Kinderheim auf. Ihre Mutter ist früh gestorben, und ihr Vater will oder kann die Kinder nicht alleine erziehen. Ihre Zeit im Kinderheim beschreibt Dorothee als geborgen in einer reinen Frauenwelt. Mit 17 Jahren, also 1958, beginnt Dorothee eine Ausbildung zur Krankenschwester. Sie wohnt im Schwesternheim, ihre positiven Erfahrungen mit einer homosozialen Umgebung setzen sich dort fort. Diese emotionalen Bindungen, häufig auch schwärmerischen Gefühle zu den Schwestern, zu Kolleginnen und Vorgesetzten sind neben der beruflichen Tätigkeit Mittelpunkt ihres Lebens. Problematisch ist für sie in jener Zeit allerdings ihre Sorge, „anders" zu sein als Kolleginnen und Freundinnen, nicht in geforderter Weise „Frau" sein zu können.

Aber mir hat mal ein Patient in der Nachtwache erzählt, da war ich auch noch ganz jung: Sie haben es bestimmt mal schwer, einen Mann zu finden. Da dachte ich: Soweit bin ich gar nicht. Aber alles redete ja nur von so was. Das war 'ne harte Zeit [...] Ich merkte, daß ich das nicht wollte. Das war mir ganz klar. Das waren die fünfziger Jahre, Petticoat-Zeit, diese hohen Absätze, geschminkt, das fand ich alles unheimlich lästig und überflüssig. Aber da gab's nichts anderes. Da konntest du keine Hose anziehen. Ich kam mir immer völlig kostümiert vor, nicht zu meinem Vergnügen, unsicher und verkrampft. Unbeholfen und völlig deplaziert. Ich habe oft für mich alleine dann geweint, weil ich da nicht richtig war. [...] 'n Junge wollte ich nicht sein. Das war's ja nicht. Will mal sagen, das gab es nicht. In der Krankenschwesternkluft, da hab' ich mich wohl gefühlt. Das war 'ne Verkleidung, die mich anonymisiert hat.

Heterosexualität erscheint für Dorothee als natürliche Ordnung des sozialen Lebens, mit der untrennbar die Forderung an sie verbunden ist, sich in dieses System einzufügen, darin ihren Platz als „richtige Frau" einzunehmen. Daß sie diese „weibliche Bestimmung" nicht im geforderten Maß ausfüllt, zeigt sowohl Anzeichen von Protest, von eigensinnigem Nicht-Wollen, als auch (und dies ist vordergründig deutlicher) Zeichen des Versagens an einem (unwidersprochen hingenommenen) heterosexuellen Imperativ, dem sie nicht nachkommen kann.

Offensichtlich ist ihre Befürchtung, aus der Welt herauszufallen und ihren Platz in der sozialen Ordnung zu verlieren, wenn sie sich nicht einordnet in die Kategorien heterosexueller Zweigeschlechtlichkeit. Unerträglich und gewissermaßen bedrohlich erscheint jedoch auch die mögliche Erfüllung der Norm. Denn dem Zwang zur Heterosexualität nachzugeben, selbst heterosexuell zu leben, käme für sie, die Frauen begehrt, einer Selbstaufgabe gleich – auch wenn sie dieses Begehren erst ansatzweise ausdrücken kann. Sich und ihr (latent vorhandenes und doch dringliches) Begehren nicht aufzugeben, festzuhalten an ihren Wünschen ist ein starkes Motiv im inneren Streit zwischen Anpassung und „eigenem Leben". Noch weit davon entfernt, sich offen mit der Institution Heterosexualität anzulegen, bleibt dieser Konflikt in der Schwebe.

Mit Anfang Zwanzig gerät Dorothee zunehmend unter Handlungs- und Entscheidungsdruck. Es wird für sie unumgänglich,

> *daß ich jetzt irgendwas tun muß. Ich wußte aber gleichzeitig auch immer, daß ich für meinen Lebensunterhalt sorgen würde. Ich wollte immer was werden, nie was Besonderes, ich hab also keinen Ehrgeiz. Aber ich hab' eigentlich immer nur arbeiten wollen, für mich sorgen, sollte auch nicht viel Geld sein, aber sollte Sinn machen. Hab ich keine Minute dran gezweifelt. Also Hausfrau, das lag mir nicht im entferntesten, auch Kinder nicht, nie.*

Dorothee beginnt, ihr Leben zu planen. Der Zwang zur Selbstverantwortung wird deutlich, ebenso zeigen sich aber auch sie bedrängende heterosexuelle Anforderungen, zu denen sie sich verhalten muß. Mit der sich eindeutig artikulierenden Ablehnung eines heterosexuellen Lebenskonzepts – der Absage an die Versorgungsleistungen einer Ehe und die Verweigerung von Fortpflanzung und Mutterschaft – schafft sich Dorothee den Raum für (zukünftige) Lebensalternativen, die zu jener Zeit erst zum Teil sichtbar sind.

Die Ablehnung des heterosexuellen Lebenskonzepts und die Wahl der Berufstätigkeit als Alternative erfordert aber offensichtlich auch eine Auseinandersetzung mit dem Stigma der gesellschaftlich nutzlosen Existenz, die sich – nach der sich selbst rechtfertigenden Logik der Heterosexualität – der elementaren Verpflichtung des Menschen zur Reproduktion verweigert. Dorothees Bescheidenheit im Anspruch an ihre Arbeit und die Betonung der Sinnhaftigkeit der Tätigkeit lassen vermuten, daß sie ihre Existenz als Kinderlose, als Alleinstehende (die auch nicht potentiell für heterosexuelle Beziehungen zur Verfügung steht) legitimieren muß. Es deutet sich an, daß Dorothee für dieses Dilemma einen individuellen Lösungsweg gefunden hat: Sie führt die soziale Sinnhaftigkeit ihrer Arbeit als Krankenschwester ins Feld, markiert das als ihren Beitrag zur menschlichen Gemeinschaft und entgeht damit der Verpflichtung zur Heterosexualität, behält trotzdem ihren Platz in der Welt und hat zudem die Moral auf ihrer Seite.

In dieser Zeit, in der die Arbeit im Krankenhaus das Zentrum ihres Lebens ausmacht, verbinden sie enge emotionale Bindungen mit Kolleginnen und Freundinnen und zunehmend auch unerfüllte erotische Sehnsüchte, die sie nicht zu deuten vermag oder zu deuten wagt.

> *Ich war Mitte Zwanzig, da wurd das langsam brisant. Ich merkte, daß da in mir körperlich so noch allerhand rumorte. Ich war immer unglücklich, weil ich immer mehr und immer öfter Nähe gesucht hab. Aber ich hab überhaupt keine Ahnung gehabt, wie ich das auf eine legitime Weise hätte machen dürfen. […] Ich hab mich schlecht gefühlt. Ich hab mich verliebt, ich weiß nicht, wie ich das beschreiben soll. Nach 'ner Weile, wenn so dieser erste Flirt, diese erste Flirtphase, jetzt kommt, kommen Bedürfnisse hoch, und die kann ich nicht rüberbringen. Da hätte ich mich zu Tode geschämt oder was. Ich weiß nicht. Ich wußte selbst gar nicht, was mit mir los war, glaub ich. Ich hab immer gedacht, ein Teil davon stimmt sicher auch, daß das so eine Art Muttersehnsucht war.*

Die hier geschilderte Lebensphase ist geprägt durch eine starke Orientierung an gesellschaftlichen Regeln und der gleichzeitigen Präsenz heftiger, die Regeln überschreitender lesbischer Wünsche. Auf die gesellschaftliche Tabuisierung lesbischen Begehrens reagiert Dorothee mit jahrelangen Versuchen, ihr zärtliches und erotisches Verlangen nach Frauen zu vereinbaren mit den Anforderungen der gesellschaftlichen Normalität. Sie macht dabei allerdings die Erfahrung, daß es keine regelgerechte Ausdrucksweise des lesbischen Begehrens gibt. Auch ihr Versuch, das erotische Begehren als Sehnsucht nach der früh verstorbenen Mutter[2] – also in einem legitimen Motivationsrahmen – zu deuten, führt weder zu einer Auflösung noch zu einer Erfüllung des Verlangens. Mit der in jener Lebensphase deutlichen Weigerung Dorothees, ihr Begehren als ein lesbisches zu identifizieren, erreicht sie zwar nicht die Erfüllung ihrer Wünsche, aber sie rettet mit dieser individuellen Strategie ihr Begehren vor der Macht des heterosexistischen Gesetzes, das ihr zu dieser Zeit unübertretbar erscheint.

Bei allen Versuchen Dorothees, sich im Rahmen gesellschaftlicher Normalität zu bewegen, bleiben ihre erotischen Wünsche, die diesen Rahmen längst überschritten haben, präsent. Mit achtundzwanzig Jahren wagt sie einen ersten Schritt auf das verbotene Terrain einer lesbischen Beziehung. Das Übertreten des heterosexuellen Gebotes nicht nur im Wünschen, sondern jetzt auch im Handeln, wagt sie Ende der sechziger Jahre in einem gesellschaftlichen Klima des Aufbruchs und der Rebellion gegen väterliche Gesetze. Dorothee schließt in den sechziger Jahren eine zweite Ausbildung ab und arbeitet nun als Sozialarbeiterin im kommunalen Sozialdienst. Dort lernt sie ihre erste Lebensgefährtin kennen.

> *Dann war da eine Frau, die fing neu an. Ich fang sofort wieder an, mit der zu flirten. Ich hab die da so eingewickelt, und wir haben uns da ganz schwierig, auch mit Lügengeschichten sind wir umeinander herumgepirscht. Ich hab die so richtig eingewickelt, bis wir endlich zu 'ner körperlichen Beziehung gekommen sind. Das war für mich eine völlig neue Erfahrung, das hat meinen Körper ganz schön in Aufruhr gebracht. Aber eh wir da überhaupt erst mal aneinander geraten sind, hab ich der was vorgemacht. Weil ich ihr nicht sagen wollte, was ich eigentlich wollte, weil ich das selber so ganz komisch fand.*

Beginn und schließlich auch Verlauf dieser zwölf Jahre dauernden Beziehung sind von einem nicht benannten Begehren und Handeln geprägt. Dorothee verbirgt ihr verwerfliches Begehren, die sexuelle Dimension der Beziehung zu ihrer Freundin sowohl vor ihrer Umgebung als auch vor ihrem eigenen Bewußtsein. Denn sobald lesbisches Begehren als solches bezeichnet wird, ist auch die verwerfliche Dimension des Handelns präsent. Indem Dorothee ihre Beziehung und ihr Verlangen nicht bezeichnet und nicht realisiert, schützt sie es vor Verurteilung und Abwehr. Allerdings erweist sich das Nichtwissenwollen als eine Lebensbasis auf dünnem Eis, denn das untergründig wirksame Wissen um die Verwerflichkeit ihrer Lebensweise droht permanent ins Bewußtsein durchzubrechen.

Nach zwölf Jahren trennt sich Dorothee von ihrer Freundin.

Als ich dann alleine war, wußte ich zwar, daß ich nicht wieder zurück will, aber mir ist es so schlecht gegangen wie in meinem ganzen Leben nicht. Da hab' ich manchmal große Lust gehabt, nicht mehr zu leben. So um die Vierzig war ich da. Das war eine ganz schlimme Zeit, ein Jahr lang war das wirklich auf der Kippe. Da bin ich in die Therapie gegangen. Das hatte ich irgendwo gehört. Dann hab ich mich mal so umgehört, was es so für Frauen gibt, da wußte ich ja mittlerweile, daß ich lesbisch war. Dann habe ich mich einer Lesbengruppe angeschlossen. So eine Art Selbstfindung. […] Ach nee, das hat damit angefangen, daß ich eine Annonce aufgegeben hab. Und auf eine geschrieben hab. Kriegte auch mehrere Antworten. Bin ich so rumgereist, hab mir das alles angeguckt. Das war natürlich schon sehr abenteuerlich. Dann kriegte ich wieder so 'n bißchen Mut zu leben."

Dorothee gerät in eine tiefgreifende Krise, ausgelöst durch die Trennung von der Lebenspartnerin, die aber, über die Verarbeitung dieses Verlusts hinaus, auch eine grundlegende Auseinandersetzung mit der eigenen lesbischen Identität fordert. Verena Kast (1982, 1987) macht darauf aufmerksam, daß Krisen im Lebenslauf häufig dann entstehen, wenn notwendige Entwicklungsschritte nicht vollzogen werden, Auseinandersetzungen mit konflikthaften Lebensthemen lange Zeit vermieden werden und bestimmte Ereignisse in der Biographie (hier die Trennung von der Freundin) die bisherige Lebensstrategie in Frage stellen. Die Bewältigung der Krise erfordert dann eine nachholende Bearbeitung jener bisher vermiedenen Konfliktthemen.

Dorothees nachholende Auseinandersetzung mit dem stigmatisierten Zeichen des Lesbischen berührt die Frage der Existenz (-berechtigung), eröffnet ihr aber schließlich auch neue Handlungspotentiale. Indem sie das Zeichen und die damit verbundene Stigmatisierung annimmt, was zunächst existentiell bedrohlich erscheint, eröffnet sich ihr die Chance zu einer neuen sozialen Verortung. Dorothee erlebt ihr Coming-out Anfang der achtziger Jahre, als bereits zahlreiche feministische Projekte entstanden waren. Nun gelingt es ihr, sich die sozialen Bezüge und Einbindungen zu suchen, die für sie hilfreich und unterstützend sind. Sie lernt die lesbische Subkultur, die Kontakt-

und Austauschmöglichkeiten in feministischen Zusammenhängen kennen, was ihr erscheint, als entdecke sie eine neue Welt: „Auf einmal öffnete sich da eine Tür in Richtung ‚Das ist das lesbische Leben'." Die sozialen Orte lesbischen Lebens und damit eng verbunden die Existenzmöglichkeit als lesbische Frau blieben ihr solange verborgen, wie sie die Identifizierung mit einer lesbischen Identität vermied.

In den siebziger Jahren orientiert Dorothee sich beruflich neu. Sie studierte an einer Pädagogischen Hochschule und arbeitet seit Abschluß des Studiums als Lehrerin. Zum Zeitpunkt des Interviews ist für sie die Frage, ob sie sich als Lesbe zu erkennen geben soll, zentral.

> *Ich fühl' mich da schäbig, daß ich das in mein anderes Leben, in mein Schulleben, das mir auch sehr wichtig ist, überhaupt nicht mit hineinnehme. Nicht, daß das nicht ein paar ahnen, und ein paar wissen es auch. Es wird einfach nicht darüber geredet, ich laß es einfach raus. Immer und ewig. Und das ist nicht fair. Meiner Freundin gegenüber, wem auch immer. Das ist auch Kindern gegenüber nicht fair, daß du dich nicht ganz offen darstellst. Dann bist du ja nicht echt. [...] Und ich stell mir das natürlich auch für meine lesbischen Mitschwestern wichtig vor, daß ich offen wäre. Wenn ich also als durchschnittliche, angenehme Lehrerin bekannt bin und würde sagen: „Ja, ich leb so." Dann kriegt das eine Normalität, die dem eigentlich zusteht.*

Gegenwärtig trennt Dorothee zwischen einer privaten Welt und einer öffentlichen Umgebung. In ihrem privaten Bereich, den sie mit anderen lesbischen Frauen teilt, hat Lesbischsein eine alltäglich erfahrbare Selbstverständlichkeit gewonnen. Im öffentlichen Raum der Schule ist sie konfrontiert mit einer dominanten heterosexuellen Normalität, in der sie fürchtet, als Kollegin, Lehrerin, als Person Respekt und Anerkennung zu verlieren, sobald sie sich als lesbisch zu erkennen gibt. Die Angst, ihre soziale Position zu verlieren, ist zwar handlungsleitend, gleichwohl realisiert sie alternative Handlungsmöglichkeiten. Sich darzustellen als lesbisch lebende Lehrerin, ihre eigenen Wertvorstellungen und ihren Lebensentwurf zu vertreten in einer Welt heterosexuellen Ideals begegnet uns in ihrer Erzählung als Vision eines möglichen Handelns, was für sie (zum Zeitpunkt des Interviews) allerdings nicht realisierbar ist. Ihr Handlungspotential ist einerseits begrenzt durch den Eindruck einer übermächtig erlebten heterosexuellen Norm, vor der sie sich bestenfalls schützen, jedoch nicht selbstbewußt abgrenzen kann. Andererseits ahnt sie jedoch auch, daß sie selbst an dem Prozeß beteiligt ist, in dem gesellschaftliche Normalität hergestellt wird. Diese Idee erweist sich als Stachel im Fleisch des vermeintlichen Opfers und wirkt handlungsmotivierend.

Im Dorothees Lebensverlauf zeigt sich zunächst die enorme Dominanz eines heterosexuellen Lebenskonzepts, das für Dorothee bis in die siebziger Jahre so alternativlos gültig war, daß sie lesbische Lebensmöglichkeiten nur auf schwierigen Wegen entwickeln konnte. So erscheint es mir für jene Phase ihrer Biographie weder möglich noch sinnvoll, ausschließlich vom Selbstkonstruieren des Lebenslaufs aus einer Vielzahl zur Verfügung stehender Lebensmöglichkeiten zu sprechen (vgl. Beck 1986, 217). Es geht hierbei auch nicht um eine Entscheidung zwischen „konkurrierenden Sinnsystemen" (Hitzler/Honer 1994, 309), sondern um verschiedene Strategien zur Abwehr eines als unpassend aber zunächst alternativlos empfundenen Sinnsystems heterosexueller Lebensweise. In jener Zeit, in der sie sich an einer hegemonialen Heterosexualität „abarbeitet", stehen nicht Konstruktions- oder Bastelleistungen im Vordergrund ihres Handelns, sondern eher „Listen der Ohnmacht" (Honegger/Heintz 1984), mit denen sie ihre von der heterosexuellen Norm abweichenden Lebenswünsche durchsetzt.

Erst nach ihrem vierzigsten Lebensjahr, zu Beginn der achtziger Jahre, wird lesbische Existenz (über Identifizierungsprozesse mit lesbischer Identität und die Einbindung in lesbisch-feministische Kollektivität) eine zwar stigmatisierte, aber dennoch wählbare Lebensalternative. Mir scheint, daß erst ab dieser Phase sinnvoll von Handlungsoptionen gesprochen werden kann, aus denen sich Dorothee ihr Leben konstruiert.

Der nicht bezeichnete Lebensentwurf

Iris ist 1961 geboren und zur Zeit des Interviews dreiunddreißigg Jahre alt. Sie hat ein naturwissenschaftlich-technisches Fach studiert und arbeitet als Berufsschullehrerin. Sie wohnt in einer mittelgroßen Stadt in Nordrhein-Westfalen.

Iris wuchs als einziges Kind bei ihren Eltern auf und besuchte ein Mädchengymnasium. Ihre Teenagerzeit beschreibt sie als

143

schwierig. Sie fühlt sich als Außenseiterin, erfährt von den gleichaltrigen Mädchen nicht die Anerkennung, die sie braucht, und führt dies auf ihr Gewicht zurück. Bereits in der Pubertät setzt sie sich mit lesbischer Identität und Stigmatisierung auseinander. Ausgelöst wird dieser Prozeß durch ein Erlebnis mit Gleichaltrigen, das sie als eine zentrale Erfahrung ihrer Jugendzeit deutet:

> *Und irgendwann kam's mal dazu, daß eines dieser Gruppenmitglieder zu mir gesagt hat, den Zusammenhang weiß ich nicht mehr, „Du liebst die Annette ja". Ich war dreizehn, und es war für mich der Schlag. Dachte nur: Ach du meine Güte! Hat das jetzt keiner gehört? Ist das wirklich so? Was tat ich? Ich ging sofort in die Bücherei, guckte nach, ob's so was überhaupt gibt, daß eine Frau eine andere Frau oder ein Mädchen ein anderes Mädchen lieben kann, weil ich dachte: Das gibt's gar nicht. Ich wußte das, ich kannte das Gefühl nicht. Ich wußte nur: Ich wollte mit der immer zusammensein.*

Eine zuvor als nicht besonders außergewöhnlich erfahrene Zuneigung zu einem anderen Mädchen erhält in dem Moment, als sie von Gleichaltrigen als „Liebe" bezeichnet wird, eine absonderliche und verwerfliche Bedeutung. Ohne daß die Normüberschreitung explizit benannt wird, ist für Iris offensichtlich sofort klar, daß ein solches Gefühl, wie es ihr zugeschrieben wird, zwischen Mädchen nicht existieren darf. Iris reagiert mit Distanzierung gegenüber der Bezeichnung „Liebe" und besteht gleichzeitig auf der Existenzberechtigung ihrer Zuneigung. Jedoch ihr Versuch, ihre Zuneigung (und damit die eigene Person) von der Stigmatisierung abzugrenzen und sie als etwas anderes zu definieren, erweist sich als wenig erfolgreich. Die „Unschuld" eines nichtbezeichneten Tuns läßt sich nicht mehr herstellen. Iris ist verunsichert, wie ihre Gefühle zu deuten sind. In den folgenden Jahren ist sie intensiv mit der Frage beschäftigt, ob mit ihr „etwas nicht richtig" sei und ob „man da irgendwas gegen tun kann".

Mit der Benennung des Phänomens Liebe (zwischen Frauen) ist allerdings nicht nur der gesellschaftlich akzeptierte Bereich menschlicher Beziehungen abgesteckt, sondern das Verbot verweist gleichzeitig auf die Existenz der bezeichneten Realität, die für Iris bisher verborgen war und nach der zu suchen ihr jetzt möglich wird. Iris informiert sich mit Hilfe von Büchern und

Zeitungen und erfährt schließlich mit siebzehn Jahren von der Existenz eines Lesbenzentrums in der nächstlen Großstadt, das sie, nachdem sie die ersten Schwellenängste überwunden hat, nun regelmäßig besucht. Die Erkundung jener lesbischen Welt und die beunruhigende Frage nach ihrer Identität – all diese Erfahrungen und Prozesse durchlebt sie mit sich allein, sie wagt weder ihre Eltern noch Gleichaltrige daran zu beteiligen. Die Isolation wird erst dann aufgebrochen, als sie im Lesbenzentrum Freundinnen findet, mit denen sie reden kann. Dort lernt sie auch eine Frau kennen, mit der sie eine Beziehung beginnt.

Ich war jetzt wirklich sicher, ich möchte mit dieser Frau zusammenleben. Ich war nicht sicher, ich bin jetzt eine Lesbe und abgestempelt für immer.

Auch in dieser Textpassage wird erneut Iris' Sicherheit im Begehren zu einer anderen Frau deutlich, aber auch ihr Unwillen, sich mit einer stigmatisierten Bezeichnung zu identifizieren. Sie fürchtet, daß ein solches Stigma – einmal als zu sich gehörend angenommen – lebenslang an ihr haftet und Ablehnung provoziert. Der befürchteten Ablehnung entgeht sie jedoch trotzdem nicht, als sie schließlich, kurz nach ihrem achtzehnten Geburtstag ihren Eltern mitteilt, daß sie zu ihrer Freundin ziehen möchte.

Doris übernahm meinen Vater im Wohnzimmer, und ich übernahm meine Mutter in der Küche. Wohnzimmer und Küche liegen ungefähr fünfzig Meter auseinander. Ziemlich weit. Trotzdem traf es sich, daß meine Mutter schreiend, weinend gen Wohnzimmer rannte, und während sie das tat, hörten wir schon aus dem Wohnzimmer meinen Vater völlig echauffiert rumbrüllen wie ein Stier. Und was war passiert? Also meine Freundin Doris hatte meinem Vater gesagt, daß sie mit mir zusammenleben möchte, und ich hatte meiner Mutter gesagt, daß ich mit der Doris zusammenleben möchte. Ja, das war an einem Samstag. Und den daraufkommenden Montag packte Iris ihre Stereoanlage und ihre Zahnbürste und war für die nächsten drei Jahre erst mal nicht mehr gesehen.

Iris entscheidet sich, mit der Freundin zusammenzuleben, und riskiert darüber einen grundlegenden Bruch in der Beziehung zu ihren Eltern. Ihre Eltern verweigern die finanzielle Unterstützung, die Iris schließlich auf gerichtlichem Weg einklagt.

Das war die Zeit, wo ich Abitur gemacht hab. Und meine
Eltern haben mich natürlich nicht unterstützt. Ich hatte ei-
ne dicke Akte [...], und ja, da liefen also die härtemäßigen
Sachen ab. [...] Das war ein rein finanzieller Kampf auch.
Obwohl es mir darum gar nicht ging. Es ging mir irgendwo
um mein Leben, um mein gerade beginnendes Gefühls-
leben.

Iris' Wunsch, mit einer Frau zusammenzuleben, kollidiert mit
den Wertvorstellungen der Eltern, die allerdings ihre Interessen
allein durch ökonomischen Druck nicht durchsetzen können.
Für Iris ist die Anforderung und die Chance der Individualisierung, „sich selbst als Handlungszentrum, als Planungsbüro in
bezug auf seinen eigenen Lebenslauf zu begreifen" (Beck 1986,
217) insofern bereits selbstverständlich, als sie sich für ein „eigenes" Leben gegen den Willen der Eltern und gegen die traditionellen Werte ihrer Familie entscheiden kann.

Individualisierungsprozesse haben Bewußtseinsformen und
damit zusammenhängend auch gesetzliche Regelungen geschaffen, die „jede/n auf sich selbst stellen" (Bilden 1989, 22). Jene
Gesetzeslage, die die Eltern verpflichtet, zumindest eine Ausbildung ihres Kindes zu finanzieren, gehört zu jenen gesellschaftlichen Grundbedingungen, die Individualisierung begünstigen
bzw. erzwingen (s. Beck/Beck-Gernsheim 1994, 21). Für Iris
eröffnet sich durch diese Individualisierungschance schon sehr
früh der Handlungsspielraum, einen Lebensentwurf zu verfol-
gen, der gesellschaftlich nicht anerkannt ist.

Im juristischen Streit um Unterhalt drückt sich allerdings auch
ein Ringen um Zustimmung für ihre Lebensform aus, die sie
dringend benötigt, aber von den Eltern (von deren Lebensregeln
sie sich distanziert hat) nicht erhält. Die gerade erst achtzehn-
jährige Iris lernt hier bereits das doppelte Gesicht der Individualisierung kennen: Der Chance zur Erweiterung von Handlungs-
spielraums steht die schwer zu bewältigende Anforderung
gegenüber, Wertmaßstäbe selbst herzustellen. Die Gestaltungs-
spielräume, die sich durch die juristisch ermöglichte „Anschub-
finanzierung" für ein individuelles Leben eröffnen, verweisen
Iris in der Legitimierung ihrer Entscheidung auf sich selbst und
zwingen sie zu einer eigenen Sinngebung.

Die Suche nach Anerkennung und Bestätigung für ihre Lebensform bleibt für Iris in den folgenden Jahren ein zentrales

Anliegen. Nachdem sie bei ihren Eltern ausgezogen ist, lebt sie zunächst, wie geplant, mit ihrer Freundin zusammen. Nach wenigen Monaten endet die Beziehung, Iris beginnt ihr Studium und zieht in ein Studentenwohnheim. Mit Mitte Zwanzig, also um 1985, wird ihr ein Stipendium für die USA bewilligt. Dieser einjährige Aufenthalt in den USA hat in ihrer biographischen Erzählung eine ganz besondere Bedeutung. Dort findet sie schon bald nach ihrer Ankunft Kontakt zur Lesben- und Schwulenszene, wohnt mit anderen lesbischen Frauen zusammen und fühlt sich angenommen und willkommen. Bereitwillig nimmt sie alle Neuigkeiten und Anregungen auf und erlebt sich selbst und im Kontakt mit anderen völlig verändert.

> *Und dann kam eben das Jahr in Amerika. Und da kam dann mein heftiges Coming-out. In jeglicher Hinsicht. In Sachen Liebe, in Sachen Haß, in Sachen Sexualität, in Sachen Art der Sexualität, alles. Ich lebte also wirklich immer zehn Zentimeter über dem Boden [...]. Die USA waren immer ein sehr bauchbezogenes Ding. Der Kopf war zwar da, aber wurde ganz schnell ausgeschaltet. Es war immer dieser Gedanke: Es kennt mich hier niemand, und das war meine Entschuldigung für alles. [...] Ich konnte alles machen, ich war frei wie der Vogel. Keine Verantwortung. Irgendwann bin ich wieder weg, und das war's dann.*

Die Integration in eine selbstbewußte lesbisch-schwule Gemeinschaft bedeutet für Iris, einzutauchen in eine subkulturelle Nische, in der sie sich, zumindest für die Zeit ihres Aufenthalts, nicht mit heterosexuellen Normen und Ansprüchen auseinandersetzen muß. Die Subkultur hat eigene Regeln, die lesbisches Begehren anerkennen und im Kontext der *Community* „normalisieren". In den USA nutzt Iris die Subkultur als Chance, sich von der (heterosexuellen) Moral der Eltern zu distanzieren und in den konträren Gesetzen lesbisch-schwuler Kollektivität und den engen persönlichen Bindungen mit anderen lesbischen Frauen ein hohes Maß an Bestätigung und Selbstvergewisserung zu finden. Das in vorherigen Lebensphasen vorherrschende Spannungsverhältnis zwischen dem Verlangen nach einem „eigenen" (lesbischen) Leben und der Angst vor Ausgrenzung und Verachtung verliert durch die Bezugnahme auf lesbische Kollektivität an Dominanz. Die Stärkung eigener Wünsche und Impulse ermöglicht Iris eine Zustimmung zu sich selbst, die enorm euphorisierend wirkt. Deutlich wird allerdings auch, daß ein solcher Befreiungsprozeß auf der großen räumlichen Distanz von ihrer normalen Lebenswelt und der zeitlichen Begrenzung ihres Aufenthalts basiert. Als Iris schließlich, wie geplant, nach einem Jahr wieder nach Deutschland zurückkehrt, kann sie an jenes befreiende Lebensgefühl nicht anknüpfen.

> *Es war eine sehr schwere, harte Zeit. Ich hab" mich in jeglicher Beziehung nicht mehr zurechtgefunden. Dieser Kulturschock von Deutschland nach Amerika dauerte vielleicht drei Tage an. Der Kulturschock von Amerika wieder in dieses engstirnige, konservative, mit einem Gesetz, einem Paragraphen neben dem anderen behaftete Land zurückzukommen, ist mir so schwer gefallen. Gräßlich. [...] Ich fand kein Echo hier. Da war nichts, was da auf mich oder wo dann hätte gesagt werden können: Ja, so empfinde ich auch.*

Iris kehrt in ihre Heimatstadt zurück, um dort ihr Studium abzuschließen, was jedoch nicht als das Ergebnis einer freien Entscheidung, sondern als etwas Unausweichliches erscheint. Hiergegen kann sie zwar innerlich rebellieren, sie vermag es allerdings nicht wirklich zu verhindern. Die Rückkehr nach Deutschland wirkt als unvermeidbare Rückkehr unter das Gesetz der Heterosexualität, das ihre Lebendigkeit erstickt und ihr als Lesbe soziale Einbindung verweigert. Dabei fällt auf, wie sehr sich Iris als hineingeworfen in soziale Gegebenheiten versteht. Ihr Glück in den USA definiert sie nicht als etwas, was sie sich selbst handelnd erschlossen hat, sondern ausschließlich als das Ergebnis günstiger äußerer Umstände. Sich selbst als Handelnde nicht wahrnehmend, konstruiert sie die USA als eine bessere Welt, die allein Möglichkeiten von Anerkennung und Bindung für Lesben bietet.

Insofern ihre Amerika-Erfahrungen lediglich Erinnerungen an eine (vermeintlich) bessere Welt sind und sie sich die dort gemachten Erfahrungen von Zugehörigkeit und Anerkennung nicht als Ausdruck ihres eigenen Handlungspotentials angeeignet hat, können sie auch nicht nutzbar gemacht werden für ihre Lebensgestaltung in Deutschland. Maria Mies weist darauf hin, daß erst die „subjektive Aneignung der Geschichte der eigenen Kämpfe" (die ich durchaus auch auf die Befreiungskämpfe in der eigenen Biographie übertragen möchte) Voraussetzung von wirkungsvollen und dauerhaften Veränderungsprozessen ist (Mies 1984, 15). So bleiben die Befreiungserfahrungen, die Iris' Aufenthalt in den USA und die Einbindung in lesbisch-schwule Gruppen auszeichnen, in ihrer Biographie singulär und stehen verbindungslos neben den Erfahrungen von Isolation, Unsicherheit und Ortlosigkeit, die ihr Lebensgefühl in den folgenden Jahren (bis zum Zeitpunkt des Interviews) prägen.

Einige Jahre nach ihrer Rückkehr findet Iris Geborgenheit, Bindung und Bestätigung in einer mehrjährigen Liebesbeziehung. An ihre damalige Freundin erinnert sie sich als „die für mich ideale Liebhaberin und Freundin, in jeglicher Hinsicht, mein sogenannter Schutzwall. Ich führe das ganz gerne an, weil ich dieses Gefühl heute immer noch suche."

Mit dem Ende der Beziehung ist dann auch gleichzeitig ihr Gefühl, sozial verortet zu sein, dauerhaft verloren. Iris' Lebensverlauf ist gekennzeichnet durch Phasen des Eingebundenseins in soziale Netzwerke und Beheimatungsversuche in Liebesbeziehungen, die dann immer wieder unmittelbar abbrechen und abgelöst werden durch Phasen extremer Isolation. Einbindungen und Zugehörigkeiten, die ihr das Gefühl vermitteln, einen Platz in der Welt zu haben, und ihr eine Lebensberechtigung geben, erscheinen als zufällige Gegebenheiten. Dies deutet immer wieder auf ihr wechselhaftes, widersprüchliches Verhältnis zu sich selbst als lesbischer Frau hin. Erzählungen von Distanzierung von anderen Lesben und lesbischer Subkultur („Lesben find ich sehr selten attraktiv. So diese Urlesben, diese von Geburt an, die noch nie mit einem Mann zusammen waren, das sind für mich – da hab ich nichts mit zu tun.") wechseln mit Erzählungen von dem Wunsch nach Verbindung mit anderen Lesben („Da fühl ich mich auch anerkannt, und da bin ich Lesbe, und da bin ich auch gerne Lesbe.").

Iris' Biographie kreist um das Thema: Suche nach sozialer Heimat und Abwehr von Stigmatisierung. Iris will kein Paria sein; sie will Achtung, Anerkennung und einen Platz in der Welt. Dies scheinen durchaus keine vermessenen Wünsche, doch ihre Handlungsstrategie – sich von dem verworfenen Zeichen zu distanzieren – erweist sich als wenig erfolgreich. Iris sucht einen Ort in der Gesellschaft und lehnt deshalb die stigmatisierte Bezeichnung ab. Doch um sich gesellschaftlich verorten zu können, muß sie die dort geltenden Zeichen nutzen. Erst die Bezeichnung konstituiert sie als soziales Wesen. Butler verdeutlicht: „I am led to embrace the terms that injure me precisely because they constitute me socially" (Butler 1995b, 245)[3].

Durch ihre Handlungsstrategie – das stigmatisierte Zeichen zu meiden – begibt sich Iris ausgerechnet in die Position, die sie verhindern will und die ihr Leiden ausmacht: Indem ihre Handlungen und ihr Lebensentwurf ohne Bezeichnung bleiben, gibt es für sie keinen sozialen Ort, keine soziale Existenz. Ihre Lösungsansätze sind Versuche, sich individuell durch und in Liebesbeziehungen zu beheimaten. Eine (dauerhafte) Verortung als soziales Wesen entsteht dadurch jedoch nicht. Dazu würde eine auch von anderen erkennbare Akzeptanz der eigenen Lebensweise gehören, eine Identifikation mit dem dafür gültigen Zeichen.

Iris' Geschichte zeigt, daß es heute leichter ist, tabuisierte Lebenswege einzuschlagen, was die Individualisierungsthese zu bestätigen scheint. Jedoch deutet Iris' Mangel an sozialer Verortung auf einen gesellschaftlichen Faktor hin, der weit über das Maß an individueller Orientierungsproblematik hinausweist, in die der „individualisierte Mensch", der „permanent mit einer Vielzahl von (Selbst-)Stilisierungsformen und Sinnangeboten konfrontiert ist, unter denen er mehr oder minder frei wählen kann" (Hitzler/Honer 1994, 309), zwangsläufig gerät. Iris' Orientierungslosigkeit erklärt sich vielmehr durch die Macht eines hegemonialen heterosexuellen Sinnsystems, das ihr allein einen Platz in der menschlichen Gemeinschaft zu sichern scheint. Dies veranlaßt Iris, ihren Lebensentwurf nicht zu bezeichnen – als Versuch sich so gewissermaßen außerhalb der sozialen Wirklichkeit zu positionieren.[4]

Sich verorten in der Welt

Die Dominanz heterosexueller Lebenskonzepte und die Möglichkeit individueller Lebensgestaltung bilden die widersprüchlichen Komponenten aus denen sich Dorothee und Iris ihr individuelles lesbisches Leben „basteln". In beiden Biographien sind Entscheidungsfreiheit über Lebensform und Lebenskonzept verschränkt und verwoben mit der enorm begrenzenden Wirkung heterosexueller Normierung.

Gleichwohl erweist sich in Dorothees Lebensverlauf, die in den fünfziger und sechziger Jahren aufwächst, die heterosexuelle Normalbiographie noch als weitaus zwingender als bei der zwanzig Jahre jüngeren Iris. Ein enges konservatives Frauenbild und eine extrem repressive Atmosphäre gegenüber Homosexualität bilden die gesellschaftlichen Rahmenbedingungen für die Lebensplanung von Dorothee. Lesbische Lebensentwürfe sind für sie jahrelang nicht wahrnehmbar, nicht vorstellbar und nicht zu wählen. „Zwangsheterosexualität" aus Mangel an Alternativen kennzeichnet diese Lebensphase. Die Verweigerung der Heterosexualität markiert in dieser Zeit das für Dorothee mögliche Maß an Handlungsfreiheit. Für Dorothee ist im Laufe ihres Lebens ein Zuwachs an Handlungsfreiheit zu erkennen, ein Zugewinn an „entscheidungsoffenen Lebensmöglichkeiten".

Im Unterschied zu Dorothee ist für Iris lesbisches Begehren schon sehr früh wahrnehmbar, lebbar und bereits im Alter von achtzehn Jahren als Lebensentwurf wählbar. Für Iris liegt die Problematik nicht im Mangel an Entscheidungsmöglichkeiten, sondern in der Stigmatisierung des von ihr gewählten lesbischen Lebensentwurfs. Die Angst vor Stigmatisierung erschwert ihr die Identifikation mit dem lesbischen Zeichen, das sie als soziales Wesen erst konstituieren und ihr eine Verortung in der Welt ermöglichen würde.

Im Ringen um einen eigenen Lebensentwurf und in der Suche nach sozialer Orientierung sind Iris und Dorothee mit einem hegemonialen heterosexuellen Lebensmodell konfrontiert, das lesbische Existenz marginalisiert und stigmatisiert. Beide Frauen geraten so durch die Hinwendung zu lesbischem Begehren in tiefgreifende Identitätsverwirrungen. Besonders in Dorothees Biographie zeigt sich deutlich die existentielle Angst, durch das Nichterfüllen der heterosexuellen Norm die Lebensberechtigung zu verlieren. In der Phase des Gewahrwerdens der eigenen lesbischen Identität fürchtet sie, mit dieser Realität nicht weiterleben zu können. Die Identifizierung mit dem lesbischen Zeichen konfrontiert sie mit den „verwerflichen Zonen der Sozialität", in die sie durch eine solche Identifizierung abzuleiten droht. Solche „Zonen der Unbewohnbarkeit" werden erlebt als Bedrohung der eigenen Identität, phantasiert wird eine „vorhersehbare psychotische Auflösung", die die Annahme eines solchen Zeichens zu einer existentiellen Frage macht (s. Butler 1995a, 324).

Die Individualisierungsthese erweckt dagegen den Anschein, die modernen individualisierten Menschen könnten aus einer beliebigen Menge gleichrangiger unterschiedlicher Lebensentwürfe wählen, sich entsprechend ihre Identitäten zusammenbasteln, und die sich hierbei einstellenden Schwierigkeiten würden vorwiegend im andauernden Verwiesensein auf die Selbstverantwortung liegen. So entwickeln Birgit Geissler und Mechthild Oechsle die These, daß „die traditionale Lebensführung und der auf die Ehe bezogene weibliche Normal-Lebenslauf keine Geltung mehr" haben. Für junge Frauen sei „der traditionale weibliche Lebenslauf keine gültige Vorgabe mehr für ihr eigenes Leben" (Geissler/Oechsle 1994, 144). Hierdurch entsteht der Eindruck, als sei im Bereich der Lebensplanung tatsächlich alles offen und als würden sich die Schwierigkeiten von Frauen bei der Lebensplanung in der Widersprüchlichkeit der Optionen „Erwerbsautonomie" und „Präsenz in der Familie" erschöpfen. Indem auf diese Weise ausschließlich heterosexuelle Lebensmodelle in den Blick genommen werden, läßt sich die „Anything Goes"-These tatsächlich bestätigen, nach der traditionelle Vorgaben maßgeblich an Einfluß verloren haben. Ein solcher „heterozentristischer" Blick übersieht allerdings Differenzierungen, leugnet Diskriminierungen und Hierarchien in den Wahlmöglichkeiten und sieht ab von Machtverhältnissen, die bestimmte Lebensformen als einzig lebbare definieren und andere verwerfen. Die Macht des heterosexuellen Gebotes zu ignorieren produziert Illusionen der „freien Wahl" und verweist Identitätskonflikte lesbischer Frauen in einen Bereich individuellen Versagens.

Mit dem Hinweis auf Diskriminierung und Marginalisierung soll jedoch keineswegs eine Renaissance der alten Opferthese vorbereitet werden. Denn gerade die vorgestellten Lebensverläufe verdeutlichen auch Handlungspotentiale innerhalb jener Machtverhältnisse, sozusagen „Einsätze im Feld der Macht" (Hark 1993), die den Subjekten möglich sind. Handlungsfähigkeit innerhalb der „Matrix der Heterosexualität" ist nicht von dieser determiniert und doch auch nicht von ihr zu lösen, aber gleichwohl vorhanden.

Handlungsmöglichkeiten und Gestaltungsräume eröffnen sich dort, wo lesbische Frauen als Handelnde in die Welt treten, durch die Identifizierung mit dem lesbischen Zeichen dieses Zeichen selbst deuten, mit ihren eigenen Inhalten und Wertungen füllen, das Zeichen als ihres nutzen. So erweist sich die Identifizierung mit dem lesbischen Zeichen als ein Schlüssel zur Durchsetzung eigener Lebensentwürfe und zur sozialen Verortung in der Welt.

In Dorothees Biographie wird deutlich, wie sie erst dann die Isolation als lesbische Frau aufheben kann, als sie sich als solche versteht und zu erkennen gibt („da wußte ich ja mittlerweile, daß ich lesbisch war"). Nur so wird ihr eine feministisch-lesbische Subkultur zugänglich, und sie macht die Erfahrung, daß jene „nicht-lebbaren" und „unbewohnbaren" sozialen Zonen außerhalb der heterosexuellen Norm gleichwohl „dicht bevölkert" sind (Butler 1995a, 23). Lesbische Kollektivität kann insofern als soziales Unterstützungsfeld verstanden werden, das die einzelnen in ihrer Auseinandersetzung mit einer heterosexuellen Kultur stärkt, Gegenerfahrungen vermittelt zu gesellschaftlichem Ausschluß, zu Mißachtung und Geringschätzung und die eigene Lebensform in ihrer Existenzberechtigung und Lebbarkeit bestätigt.[5]

Jedoch der Glaube, in der lesbischen Subkultur oder im ganz individuellen privaten Leben eine Nische zu finden, die außerhalb der patriarchalen heterosexuellen Macht existiert, erweist sich als Irrtum und bindet die Handlungsfähigkeit der einzelnen. Der Versuch, sich in einem Bereich außerhalb zu positionieren und die Auseinandersetzung mit heterosexuellen Normen zu vermeiden, verhindert eine wirkliche Verortung in der Welt und verstellt die Möglichkeit zu veränderndem Handeln in der sozialen Ordnung. Insofern gilt auch in einer Zeit zunehmender Individualisierung, die zwar die Wahl unterschiedlicher Lebensformen ermöglicht, gleichzeitig jede nicht-heterosexuelle Existenz tabuisiert, der von Hannah Arendt angeführte Grundsatz, „daß man sich immer nur als das wehren kann, als was man angegriffen ist. Diejenigen, die solche Identifizierungen einer feindlichen Welt ablehnen, mögen sich der Welt wunderbar überlegen fühlen; aber eine solche Überlegenheit ist dann wirklich nicht mehr von dieser Welt, sie ist die Überlegenheit eines besser oder schlechter ausstaffierten Wolkenkuckucksheims" (Arendt 1989, 34).[6]

Anmerkungen

1 Der vorliegende Aufsatz zeigt Ausschnitte aus einer umfangreicheren empirischen Arbeit, die Handlungspotentiale und Erfahrungswelten in Lebensverläufen lesbischer Frauen zu rekonstruieren sucht. Hierzu werden lebensgeschichtliche Interviews geführt, die sich in der Durchführung im wesentlichen an nicht-direktiven Prinzipien der klientenzentrierten Gesprächsführung (Rogers) sowie an von Schütze entwickelten Techniken narrativer Interviews orientieren. Die diesem

Text zugrundeliegenden Interviews wurden 1994 geführt. Die verwendeten Namen sind Pseudonyme.

2 Das von Dorothee als „Muttersehnsucht" gedeutete homoerotische Begehren ließe sich mit Teresa de Lauretis auch psychoanalytisch in jene von Dorothee selbst angegebene Richtung weiterdenken: lesbisches Begehren als Sehnsucht nach dem verlorenen Körper der Mutter, wohinter sich die Sehnsucht nach Anerkennung des eigenen Körpers durch die Mutter verbirgt. Dies hieße lesbisches Begehren zu verstehen als ständige Neuinszenierung von Finden und Verlieren jener Anerkennung des eigenen Körpers (s. Lauretis, 1996). – Dieser Gedanke öffnet weitere Interpretationsmöglichkeiten der dargestellten Textpassage, die aber an dieser Stelle nicht vertieft werden können.

3 Ich danke Sabine Hark für den wertvollen Hinweis auf Judith Butler und auf die zentrale Frage nach der Bedeutung von Identifizierung mit einem stigmatisierten Zeichen.

4 Wichtige Anregungen zu Identität und sozialer Verortung verdanke ich Silke Konejung.

5 Siehe. auch Brigitte Geiger und Hanna Hacker, die in ihrer Arbeit über die österreichische Frauenbewegung die Bedeutung eigener Wertvorstellungen an den Orten lesbisch-feministischer Kultur betonen: „Mit der bloßen Tatsache ihres Vorhandenseins – die so „bloß" nicht ist – bietet die Damenbar lesbischen Frauen einen Platz, an dem sie sein dürfen […]. Sie ist Teil eines sub-kulturellen Systems, mit spezifischen Normen, Werten und Symbolen; ein Angebot eigener Interpretationen und Einstellungen zur lesbischen Lebensweise, Sozialisationsinstanz und Coming-out-Hilfe ..." (Geiger/Hacker 1989, 150f.). Siehe hierzu auch Ilse Kokula, die über die enorme Bedeutung der lesbischen Subkultur für die psychische Stabilität und Lebenszufriedenheit lesbischer Frauen formuliert hat: „Frauenlokale und Emanzipationsgruppen werden von lesbischen Frauen als Heimat- und Familienersatz betrachtet. Beide haben eine Schutzfunktion gegenüber der Umwelt. Nur hier können Frauen öffentlich lesbisch handeln, ohne Sanktionen befürchten zu müssen" (Kokula 1983, 126).

6 Dank an Andrea Stolte und Marion Steffens für ihre lehrreichen und unermüdlichen Hinweise auf Hannah Arendt.

Die Erarbeitung dieses Textes wurde finanziell und organisatorisch gefördert durch Frauen lernen und forschen e.V., die Bundesanstalt für Arbeit und die Wuppertal GmbH.
Ich danke Sabine Arndt, Silke Konejung und Andrea Stolte für die anregenden Gespräche und Anmerkungen sowie Sabine Hark für die kritische Lektüre der vorherigen Fassung dieses Textes, der ohne diese kluge feministische „Geburtshilfe" noch viel fragmentarischer geblieben wäre, als er es jetzt noch ist.

Mit dem Feind schlafen?

Ex-Lesben und
die Rekonstruktion von Identität

Arlene Stein

I n den *Lesbian Herstory Archives* in New York stieß ich 1990 auf einen Liedtext, getippt auf ein zerfleddertes Stück Papier. Es handelte sich um ein lesbisch-feministisches Lied von 1970, gesungen zur Melodie von Burt Bacharachs „*What do you get when you fall in love?*".

> *What do you get when you are straight?*
> *A guy with a pin to burst your bubble*
> *That's what you get for all your trouble*
> *I'll never be a straight again ...*
>
> *Don't tell me what it's all about*
> *'cause I been straight and I'm glad I'm out*
> *Out of those chains, the chains that bind you*
> *That is why I'm here to remind you ...*
>
> *I'll never be a straight again ...*

Als ich dieses Lied entdeckte, war um das Thema „Lesben, die hetero werden" gerade heftiger Streit in einer überregionalen Lesben- und Schwulenzeitschrift ausgebrochen. Dreizehn Jahre nach ihrem *Coming-out* hatte die lesbisch-feministische Aktivistin und Autorin Jan Clausen verkündet, sie habe eine Beziehung mit einem Mann. In den frühen siebziger Jahren war sie sich sicher gewesen, mit der Entscheidung, lesbisch zu werden, eine

155

endgültige Wahl getroffen zu haben. Wie viele andere Frauen auch, die ihr *Coming-out* im Umfeld der Frauenbewegung hatten, sah Jan Clausen es als politische Handlung an, lesbisch zu leben. Diese politische Handlung sollte sich durch Konsequenz, Stabilität und langfristige Verpflichtungen auszeichnen. Sie glaubte, daß „unser lesbischer Lebensstil noch den besten heterosexuellen Arrangements überlegen war". Gegen Ende der achtziger Jahre war sie davon jedoch nicht mehr überzeugt:

> *Während vieler oder sogar all der Jahre, die ich als praktisch tadellose Lesbe lebte, war ich mir durchaus bewußt, daß ich meine körperliche Wirkung auf Männer nicht eingebüßt hatte [...] Ich dachte niemals ernsthaft daran, daß ich mich bald in einer Situation befinden würde, in der dieses theoretische Potential praktische Folgen haben könnte.*
>
> *(Clausen 1990, 12)*

Das Scheitern einer langjährigen Beziehung mit einer Frau und eine überraschend befriedigende Beziehung mit einem Mann hatten ihren Glauben daran zerstört, lesbisch zu leben sei ein Weg zu gleichberechtigten Beziehungen und sexueller Erfüllung. Die Tabuisierung der heterosexuellen Beziehung in ihrer lesbisch-feministischen Umgebung schien ihr Begehren nur noch zu verstärken. „Die erstaunliche Formbarkeit meiner sexuellen Neigungen verblüfft mich", sinnierte sie. „Stimmt bei mir etwas nicht, oder sind die meisten Menschen schlichtweg komplizierter als die lesbisch-schwule und die heterosexuelle Welt uns für gewöhnlich weismachen wollen?" (ebd.)

Das Magazin, das Clausens Artikel veröffentlicht hatte, war schon des öfteren ein Forum für Auseinandersetzungen gewesen. Auch zu umstrittenen Themen wie Sadomasochismus, Inzest oder „rassischer" und ethnischer Spaltung der Schwulen- und Lesbenszene waren bereits Artikel erschienen, die zudem oft eine wenig populäre Perspektive vertraten. Doch die Geschichte von Jan Clausen führte zur deutlichsten Polarisierung der Positionen: Drei aufeinanderfolgende Ausgaben waren mit emotionsgeladenen LeserInnenbriefen gefüllt. Eine Frau erklärte:

> *Für uns, die wir seit unserer Kindheit wußten, daß wir uns gleichgeschlechtlich identifizierten und mit der damit verbundenen Angst und dem Schmerz kämpfen mußten, um zu unserer Würde zu finden und unser Leben offen zu le-*

ben, sind Artikel wie dieser äußerst ärgerlich und schaden
uns womöglich noch [...] [Es ist dieser] Mythos, wir seien
„angeworben" worden oder hätten unsere sexuellen und
emotionalen Identitäten „gewählt", während es doch so ist,
daß die allermeisten von uns keine Wahl haben.

(Perlman 1990, 78)

Für diese Leserin wirkte Clausens Eingeständnis wie ein Blitz-
ableiter, der die Ängste vor Auflösung und Zerfall der *community* auf sich zog. Zudem ließ es die Frage der Authentizität auf-
kommen: Die Leserin legte nahe, Jan Clausen sei nie „wirklich"
Lesbe gewesen, sondern nur als solche „durchgegangen". Lesbisch zu sein hat demnach nichts mit einer Wahl zu tun, es ist
vielmehr ein Geburtsrecht.

Eine andere Leserin dagegen sah die Vorstellung von lesbischer Identität als Essenz und unveränderbarem Teil des Selbst
durch Clausens Geschichte in Frage gestellt:

*Ich bin der Autorin für ihren Mut dankbar, an die Öffent-
lichkeit zu gehen [...] Unter Lesben reden wir jetzt über
Dinge und machen Sachen, über die wir vorher nie zu sprechen gewagt haben. Wir gelangen aus dem Raum der
Schwesterlichkeit hinaus in die Welt des Anstößigen, des
Verlockenden und des Sexes ... Welten, die wir bisher nicht
ausgelebt haben, weil die selbstgerechte Atmosphäre politischer Korrektheit und der Erotophobie, die wir lesbisch-
feministisch genannt haben, uns daran hinderte. Unsere
neue Kultur produziert tatsächlich neues Begehren.*

(Zylan 1990, 4)

Die Schreiberin dieses Briefes prangerte an, was sie als feministischen Puritanismus und Gängelei empfand, und begrüßte
Clausens Erklärung als erleichternd, da sie aussprach, was viele
andere Frauen nicht öffentlich äußerten: daß individuelle sexuelle Identitäten viel komplizierter sind, als sie sich vorgestellt
hatten. Offensichtlich traf dieses Thema einen wunden Punkt
und beschwor bei manchen die Angst vor dem Verlust von Bindungen, dem Zusammenbruch von Grenzen und der Auflösung
der *community* herauf.

Jan Clausen war keineswegs ein Einzelfall. In den achtziger
Jahren wurde vielen Lesben bewußt, daß Freundinnen von ihnen hetero wurden. In meinen Interviews mit Frauen, die in den

siebziger Jahren ihr *Coming-out* hatten, wurden immer wieder Frauen erwähnt, die „hetero wurden". Fast jede Frau dieser Generation, mit der ich sprach, kannte zumindest eine. Die meisten aber kannten viele Frauen, auf die das zutraf; einige hatten sogar selbst Beziehungen oder Affären mit Frauen gehabt, die irgendwann hetero wurden. Das Thema war emotional sehr belastet, mehr noch vielleicht als jedes andere vergleichbare Thema.

Schon immer sind Menschen von Heterosexualität zu Homosexualität und zurück gewechselt. Das Phänomen, daß Frauen sich von Homosexualität zu Heterosexualität bewegen, schien jedoch in den achtziger Jahren eine neue Qualität zu bekommen. Die Frauen, die im Kontext der feministischen Bewegung ihr *Coming-out* hatten, stellten die herrschende Erzählung sexueller Entwicklung auf den Kopf, indem sie behaupteten, die Entwicklung von Hetero- zu Homosexualität sei gesund und die Veränderung in die andere Richtung, von lesbisch zu hetero, regressiv. Lesbisch zu sein war demnach nicht „nur eine Phase", sondern ein reifes Entwicklungsstadium. Einige gingen so weit zu behaupten, jede Frau sei potentiell Lesbe – sie müßte sich nur als solche bezeichnen und durch den Prozeß des *Coming-out* gehen. Aber in den achtziger Jahren beschlossen einige, sich von der lesbischen Welt zu lösen; die Ex-Lesbe tauchte als Störenfried in der lesbisch-feministischen Melange auf.

Ich fragte mich, ob lesbische Identität durch den historischen Kontext so konstruiert war, daß sie sich in einer relativ konservativen Zeit *dekonstruierte*. Oder war das Gegenteil der Fall? Erwiesen sich die Theorien des sozialen Konstruktivismus durch die Existenz der Ex-Lesben als falsch? Waren sie Frauen, die sich von den Argumenten des sozialen Konstruktivismus hatten überzeugen lassen, nur um dann zu merken, daß sie Identitäten angenommen hatten, die ihnen selbst als „unwahr" erschienen? Eine zweite Gruppe von Fragen stellte sich: Wie gelang es den ehemaligen Lesben, sich an die neue Situation anzupassen und ihr Bild von sich selbst zu rekonstruieren, nachdem sie entschieden hatten, daß eine lesbische Identität ihnen nicht mehr entsprach? Widerriefen sie ihre homosexuelle Vergangenheit und bekannten sich, im Einklang mit der gesellschaftlich herrschenden sexuellen Zweiteilung, zu ihrer essentiellen „Heterosexualität"? Oder versuchten sie, eine neue Identitätskategorie zu bilden, die die sexuellen Grenzüberschreitungen anerkennen und unterstützen sowie die Begrenztheit der Binarität von heterosexuell und homosexuell erkennen würde?

Lesben, die mit Männern schlafen

Falls heterosexuelles Interesse lesbisch identifizierter Frauen einmal tabu war, so schien es 1990, zum Zeitpunkt der Interviews, eine größere Toleranz für Ausrutscher der Identität zu geben. Viele Frauen, mit denen ich sprach, auch die politisch engagiertesten lesbischen Feministinnen, räumten ein, daß Lesben gelegentlich vom Pfade der Konsequenz abweichen, und hielten dies für tragbar, wenn es nicht so oft passiert, daß es die lesbische Identität bedroht. Sie glaubten inzwischen, daß inkonsequentes Verhalten lesbische Identität nicht unbedingt in Frage stellt, daß eine Lesbe auch mit Männern schlafen und noch immer Lesbe sein kann. Viele gaben zu, daß die Grenze zwischen lesbischer und heterosexueller Identität höchst veränderlich und subjektiv sei; etwas mit einem Mann zu haben könnte die lesbische Identität mancher Frauen tatsächlich stärken.

Mehrere Frauen berichteten mir, sie hätten noch lange nach ihrem *Coming-out* Affären mit Männern gehabt, wobei sie manchmal von der Neugier auf Heterosexualität angetrieben waren. Das war vor allem der Fall, wenn sie zum Zeitpunkt ihres *Coming-out* sehr jung gewesen waren und wenig oder keine heterosexuellen Erfahrungen gehabt hatten. Meg Dunn hatte ihr *Coming-out* im Alter von siebzehn Jahren im Süden Floridas und gehörte schon bald zur lesbischen Subkultur. Fünfzehn Jahre später, mit Anfang Dreißig, fragte sie sich: „Warum dieser ganze Wirbel um Männer?" Mittlerweile fühlte sie sich freier zu experimentieren. „Es war interessant", sagt sie über ihre Affäre mit einem Mann, auch wenn sie sich durch diese Affäre in ihrer lesbischen Identität bestätigt sah. „Ich habe gemerkt, daß ich mich Männern nicht nahe fühlen kann. Ich kann mit ihnen schlafen und mich dabei ganz gut amüsieren, wenn auch nicht großartig. Ich kann auch mit ihnen befreundet sein, aber mehr Nähe ist nicht möglich."

Manchmal machte genau dieses Fehlen von Nähe, verbunden mit der Tatsache, daß Männer sexuell verfügbarer waren, solche Affären anziehend. Mehrere der Befragten meinten, es sei leichter, Männer kennenzulernen als Frauen. Schließlich seien Lesben zuerst einmal Frauen und würden von Männern als poten-

159

tielle Sexualpartnerinnen behandelt, zumal wenn es Unbekannte waren, die annahmen, sie seien heterosexuell. Älter zu werden bedeutete, in Lebensphasen zu kommen, in denen sich immer mehr Frauen in gemischtgeschlechtlichen Arbeitszusammenhängen und heterosexuellen Bezügen wiederfanden. Manche Lesben hatten Affären mit Männern, weil potentielle lesbische Partnerinnen schwer zu finden waren.

„Lesben wissen nicht, wie man flirtet", beschwerte sich die dreiundvierzigjährige Muriel Pepper. „Sie haben entweder zuviel Angst vor einer Zurückweisung oder wollen dich vom Fleck weg heiraten." Ein gängiger Witz von Lesben drückt das ebenfalls aus: „Was bringen Lesben bei der ersten Verabredung mit?" Antwort: „Einen Umzugswagen." Lesben fällt es im allgemeinen schwer, Beziehungen zu initiieren, vor allem solche, die eher oberflächlich bleiben. Einmal begonnen, werden Beziehungen oft sehr schnell eng. Tatsächlich berichteten mehrere Lesben, die ich interviewte und die Affären mit Männern hatten, daß sie diese Affären einfach deshalb genossen, weil die emotionalen Bedürfnisse lesbischer Beziehungen darin keine Rolle spielten.

Meg Dunn erzählte, daß sie häufig kurze Affären mit Männern hatte, sogar in ihrer „extremsten lesbisch-feministischen Phase" Mitte der siebziger Jahre – einfach weil sie „schnell und einfach" waren. In ihren Zwanzigern und Dreißigern verabredete sie sich etwa ein-, zweimal im Jahr mit Männern in Bars, vor allem dann, wenn sie sich zwischen zwei lesbischen Beziehungen befand. Es ist schwierig, genau zu sagen, welche meiner Interviewpartnerinnen solche Affären hatten; ich gewann den Eindruck, daß es nur eine kleine Minderheit war. Aber angesichts des Stigmas, mit dem solches Verhalten behaftet ist, auch wenn es im Laufe der Jahre an Heftigkeit verloren haben mag, ist unklar, wie viele Frauen bereit gewesen wären, über solche Affären zu sprechen – obwohl ich ihnen klar zu machen versuchte, daß ich sie wegen der Enthüllungen nicht geringer schätzen würde. Während mehrere Frauen angaben, „um des Sexes willen" Affären mit Männern zu haben, machten einige wenige damit ganz andere Erfahrungen: Sie hatten eine emotionale Bindung, die weitgehend frei von sexueller Lust war.

Muriel Pepper hatte erst kürzlich eine Beziehung mit einem Freund wieder aufleben lassen, mit dem sie in ihren Zwanzigern ein Verhältnis gehabt hatte. Als er zu Besuch kam, landeten sie miteinander im Bett. „Wir hatten keinen Geschlechtsverkehr, aber irgendwie waren wir schon sexuell miteinander." Muriel sah sich gezwungen, dieses Erlebnis in ihr lesbisches Selbstgefühl zu integrieren.

Danach war ich eine Woche lang völlig durcheinander. Ich glaubte, ich müßte mein ganzes Leben umkrempeln. Was bedeutete das, was passiert war? War ich keine Lesbe mehr? Es schien in Frage zu stellen, wer ich bin.

Aber nach einigen Tagen wurde ihr klar, daß sie diesen Freund schon so lange kannte und mit ihm „so viele Veränderungen" durchgemacht hatte, daß ihre Beziehung „einzigartig" war. Die Affäre war für Muriel sexuell unbefriedigend, schaffte aber eine tiefe emotionale Verbindung zu ihm. Nachdem ihr das klar geworden war, „beruhigte" sie sich. „Es bedeutete nicht, daß ich wieder ein *Coming-out* haben oder etwas zurücknehmen oder sonst etwas mußte." Manchen Lesben gelang es, gelegentliche Affären mit Männern mit ihrem lesbischen Selbstgefühl zu vereinbaren, indem sie den Mann als „Ausnahme" oder die Affären als „Ausrutscher" betrachteten.

Obwohl sie vorübergehende Identitätsüberschreitungen tolerierten, gab es für die meisten Frauen, mit denen ich sprach, eine Rangfolge des Überschreitens; häufige heterosexuelle Verhältnisse konnten eine lesbische Identität bedrohen. Als ich sie fragte, ob Frauen, die mit Männern schlafen, wirklich Lesben sind, meinte Judy Orr: „Es kommt darauf an, wie oft. Die, die ich kenne, haben das einmal in zehn Jahren gemacht. Wenn sie sich nach wie vor auf Frauen beziehen und innendrin wissen, daß sie zu einer Frau gehören, dann sind sie Lesben. [...] In meinem tiefsten Inneren bin ich Lesbe." Für andere war es eine Frage des subjektiven Erlebens. Sunny Connelly sah einen Unterschied zwischen ihrer eigenen Erfahrung mit einigen Männern und dem Erleben ihrer Ex-Geliebten, die sich mittlerweile als bisexuell identifiziert. Ihre Ex-Geliebte sei „offener für ihre sexuellen Gefühle zu Männern".

Mir geht es bei der Sexualität mit Männern um Sex. Ich will ihnen nicht am nächsten Morgen Frühstück machen, nicht mit ihnen ins Kino gehen und auch nicht ihre ganze Lebensgeschichte kennen. Ich will einfach nur Sex. Bei [meiner Ex-Geliebten] ist das anders. Sie will das ganze Paket.

Nach diesem Verständnis bedroht es die lesbische Identität, einen Mann als „ganze Person" zu schätzen, während sie stabil bleibt, solange Männer als Sexobjekte betrachtet werden. Dennoch hatten nur wenige Frauen ihren engeren lesbischen Freundinnen von einer Affäre mit einem Mann erzählt, bevor diese vorbei war. Daran zeigt sich, in welchem Ausmaß solches Verhalten von vielen Lesben nach wie vor abgelehnt wurde. Wenn die heterosexuellen Affären plötzlich und unerwartet kamen, wurden sie eher toleriert, als wenn die betreffenden Frauen „loszogen und danach suchten". Das Plötzliche und Überraschende an einer einmaligen Affäre ermöglichten es, sie der Anziehung eines bestimmten Mannes zuzuschreiben oder sie als „Experiment" anzusehen. Eine längere Affäre mit einem Mann jedoch, wie auch Diskussionen über sexuelles Interesse an Männern wurden als ernstere Bedrohung der Identität gewertet.

Kann eine Lesbe mit einem Mann schlafen und noch immer Lesbe sein? In den späten achtziger Jahren schien die Antwort darauf ein differenziertes Ja zu sein – vorausgesetzt, eine oder mehrere der folgenden Bedingungen treffen zu: Erstens, heterosexuelle Affären blieben privat, zweitens, sie waren einmalige Ereignisse und keine langfristigen Bindungen und drittens, es ging dabei nur um Sex, und die Frauen waren nicht emotional involviert. Gelegentliche Ausrutscher im Verhalten wurden also zumeist toleriert, längere Beziehungen mit einem Mann im allgemeinen jedoch nicht.

Betrügerinnen, Abtrünnige und Suchende

> Sehr wenige jener Paare waren zusammengeblieben. Das konnte man natürlich im Grunde von allen sagen, die sich voller Idealismus verliebt hatten. Liebe mit politischem Beigeschmack hatte Kate schon immer aus der Distanz heraus interessiert.
>
> (Sarah Schulman 1992, 21)

Die Ansichten lesbischer Frauen über „Ex-Lesben" unterschieden sich erheblich voneinander. Einige Frauen meinten, Ex-Lesben seien nicht authentische oder „gefälschte" Lesben gewesen. Andere gingen davon aus, daß diese Frauen zunächst „echte" Lesben waren, aber ein leichteres Leben und die Privilegien der Heterosexualität suchten. Eine weitere Gruppe glaubte, diese

Frauen seien sexuell Suchende, deren Begehren sich im Laufe der Zeit einfach geändert habe.

Frauen der ersten Gruppe argumentierten essentialistisch, indem sie nahelegten, Ex-Lesben seien Betrügerinnen und noch nie „echte" Lesben gewesen. Diesen Ex-Lesben stellte Shirley Alvarez ihre eigene Erfahrung gegenüber: „Ich wußte seit meiner Kindheit, daß ich lesbisch bin und kämpfte mich durch die damit verbundenen Ängste, um zu meiner Würde zu finden und mein Leben offen zu leben. Die meisten von uns haben keine Wahl." Aus ihrer Sicht ist die einzig „wahre" Lesbe jene, die ihre Sexualität als unfreiwillig erlebt, als jenseits aller Wahl liegend. So gesehen kam es nicht überraschend, daß viele Feministinnen ihre lesbischen Identitäten widerriefen, denn sie waren nie „echte" Lesben gewesen. Viele waren „in echt" bisexuell.

Einige erwähnten sofort den hohen Anteil früherer Separatistinnen unter den Frauen, die wieder hetero geworden waren. Wie Shirley sagte:

Die größten Männerhasserinnen, jene Frauen, die jahrelang nichts mit Männern zu tun haben wollten – genau die waren es, die hetero wurden. Das trifft in jedem einzelnen Fall zu. In fast jedem Fall. Es waren die, die immer den größten Aufstand um Männer machten. Hochmut kommt vor dem Fall.

Viele der Frauen, die die überzeugtesten ideologischen Wortführerinnen gewesen waren, meinten Shirley und auch andere Interviewpartnerinnen, waren jetzt mit Männern zusammen. Bei meinen Interviews hörte ich zahlreiche Geschichten von Frauen, auf die das zutraf. Angesichts der großen Bedeutung separatistischer Ideologien für vormals heterosexuelle Frauen, die Lesben „geworden" waren, scheint ein Zusammenhang naheliegend. Die Befürwortung separatistischer Ideen und der Ausschluß von Männern aus dem eigenen Leben waren eine Form der Identitätsarbeit, eine Möglichkeit, das Selbst umzugestalten und eine lesbische Identität zu festigen.

Ob diese Wahrnehmung stimmt, ist weniger wichtig als das, was die Erzählerinnen dieser Geschichten mitteilen: „Echte" Lesben wurden nicht aus politischen Gründen lesbisch; die feministische Politik ging dem lesbischen Begehren nicht voran. Echte Lesben mußten keine Identitätsarbeit betreiben, um Lesben zu „werden", sie mußten einfach nur aufrichtig „sie selbst" sein.

Nach dieser Auffassung ist die „Ex-Lesbe" so etwas wie ein Widerspruch in sich. Ehemalige Lesben waren nie „wirklich" Lesben, sondern „Heteras, die sich als Lesben verkleideten". Die lesbischen Erfahrungen vormals lesbischer Frauen sind demnach Momente des Ausprobierens, heterosexuelle Ausflüge in die Homosexualität oder ein Spiel aus ideologischen Gründen. Die Annahme, feministische Ideologie habe „gefälschte" Lesben produziert, geht von einem essentialistischen Verständnis lesbischer Identität aus, das nur jene Frau zur „wahren" Lesbe erklärt, die lebenslang lesbisch ist, nie davon abweicht und deren Begehren, Verhalten und Identität vollkommen übereinstimmen.

Im Gegensatz zu dieser Auffassung argumentierte eine zweite Gruppe der Befragten entschieden konstruktivistisch. Diese Frauen glaubten, Ex-Lesben unterschieden sich in nichts von Lesben, die sich gegenwärtig als solche identifizierten –; abgesehen von der Tatsache, daß sie Abtrünnige waren – sie hatten sich wieder „versteckt" und ihre lesbischen Überzeugungen widerrufen. Die stärkste Formulierung dieser Sicht sah Ex-Lesben als Frauen, die sich verkauften, als Fahnenflüchtige oder als Frauen, die davonliefen, sobald der Weg beschwerlicher wurde. Sie dienten als Sinnbild der Auflösung; ihre Existenz bezeugte die Schwierigkeiten, die es mit sich brachte, eine lesbische Identität langfristig aufrechtzuerhalten. Margaret Berg erzählte mir eine Geschichte, die sie in den späten siebziger Jahren gehört hatte, wonach eine Frau, als sie von anderen erfuhr, die wieder Heteras geworden seien, von „Ratten" sprach, „die das sinkende Schiff verlassen".

Eine andere Frau hatte einmal eine *Yahrzeit*-Kerze entzündet – ein jüdisches Gedenkritual –, um einer ehemaligen Lesbe zu gedenken, der sie sehr nahe gewesen war. So gesehen war das Verlassen der lesbischen *community* eine Art symbolischer Tod, ähnlich wie orthodoxe Juden und Jüdinnen um diejenigen trauern, die aus der jüdischen *community* „herausheiraten" (Freeman 1994). Diese Art der Erklärung war bei Frauen, die ihr eigenes *Coming-out* dem Feminismus zuschrieben, sehr beliebt. Da sie den Prozeß des *Coming-out* als eine „Geschichte des Fortschritts" und als Infragestellung patriarchaler Normen faßten, sahen sie jene, die die lesbische *community* verließen, als Abtrünnige oder, wie eine feministische Zeitschrift schrieb, als „hasbians"* (Schwartz 1989, 11). Nur die stärksten und poli-

---

* Wortverschmelzung von *has been* („ausrangiert", „überholt") und *lesbian*

tisch überzeugtesten Frauen waren fähig, so glaubten sie, der Anziehung zu widerstehen, die von der Akzeptanz in der Familie, materiellen Vergünstigungen und anderen Vorteilen ausgehe, die für Heterosexuelle zusammenkommen.

Diese zwei Erklärungen des Phänomens der Ex-Lesbe – sie seien „Betrügerinnen" oder „Abtrünnige" – geben sehr verschiedene Antworten auf die Frage, warum Frauen sich von der Homosexualität zur Heterosexualität bewegen. Doch mit dem Glauben, Menschen seien entweder homosexuell oder heterosexuell (und niemals werden diese zwei sich vereinbaren lassen), setzen beide eine zweiteilige Konzeption sexueller Identität voraus. Zudem teilen sie die Ansicht, lesbische Identität sei nicht auf die leichte Schulter zu nehmen, sondern beinhalte wichtige Verpflichtungen persönlicher oder politischer Art oder gar beides. Die erste Erklärungsweise betont die persönliche Verpflichtung und die Wichtigkeit, authentisch, „aufrichtig zu sich selbst" zu sein. Die zweite legt den Schwerpunkt auf die kollektive politische Verpflichtung sowie die Überzeugung, daß Lesben als unterdrückte Gruppe „zusammenhalten" und die gemeinsame Sache gegen die herrschende heterosexuelle Gesellschaft verteidigen sollten.

Anders eine dritte Gruppe der Interviewten, die ehemalige Lesben als sexuell Suchende sah und dabei die Möglichkeit sexueller Unbeständigkeit und Wandelbarkeit sowie die Begrenztheit des Modells der sexuellen Zweiteilung anerkannte. Sie gingen davon aus, daß es Brüche zwischen sexuellen Wünschen, sexueller Identität und sexuellen Praxen geben kann und daß die Identität einer Person – wie sie sich anderen präsentiert – nicht immer genau ihre sexuellen Wünsche widerspiegeln muß. Robyn Ochs, bisexuell und politisch aktiv, schrieb: „Tatsache ist, daß viele Frauen, die sich als Lesben bezeichnen, mit Männern schlafen. Manche von uns identifizieren sich als bisexuell, andere als lesbisch. Wir sind keineswegs eine homogene *community"* (Ochs 1990, 78). Diejenigen, die diesen Standpunkt einnahmen, akzeptierten die Begrenztheit sexueller Kategorien und die Komplexität individuellen Lebens. Einige legten nahe, das Begehren könnte sich im Laufe der Zeit ändern, in jüngerem Alter könnte Sexualität im wesentlichen als festgelegt und ausschließlich auf Frauen gerichtet empfunden werden, aber in der weiteren Entwicklung als wandelbarer erlebt werden. Manchmal seien es die Umstände und Ereignisse der Zeit, die dazwischenkämen und sexuelle Offenheit zu einer lebbaren Alternative werden ließen, meinte Joan Salton:

> *Ich denke, was da passierte, war, daß sich eine Menge Frauen für die Möglichkeit sexueller Beziehungen mit anderen Frauen öffneten. Einige fanden heraus, daß sie damit wirklich glücklich wurden. Andere haben gemerkt, daß es für sie einfach nicht stimmte, weil sie sich sexuell eher zu Männern hingezogen fühlten. Wie bei so vielen Dingen sind einige Leute damit glücklich, andere haben sich daran die Finger verbrannt und Verletzungen davongetragen.*

Die Bewegung aus dem Lesbisch-Sein heraus entspricht aus dieser Sicht dem Prozeß des *Coming-out* als Lesbe, insoweit auch hier die individuelle Wahl von zentraler Bedeutung ist.

Nachdem ich gesehen hatte, wie derzeit lesbisch identifizierte Frauen über Ex-Lesben sprachen, begann ich mich dafür zu intersieren, wie Ex-Lesben sich selbst sehen. Es schien wahrscheinlich, daß sie ihre Situation und ihre Entscheidungen anders, freundlicher darstellen würden. Ich fragte mich, was ihre Erfahrungen uns über lesbische Identitäten und über die Bildung sexueller Identität im allgemeinen mitteilen können. Ich entschied mich, Frauen zu interviewen, die in den siebziger Jahren ihr *Coming-out* hatten, aber inzwischen festgestellt hatten, daß das Etikett „lesbisch" ihr Selbstbild nicht vollständig beschreibt.

Eine Ex werden

> Should I stay or should I go? If I stay, there will be trouble. If I go, there will be double.　　　(The Clash)

Ich interviewte zehn Frauen im Alter von 34 bis 46, die in den siebziger Jahren ihr *Coming-out* hatten, sich aber aus einer Vielzahl von Gründen nicht mehr als Lesben verstehen. Sie alle hatten sich stark mit den Ideen des lesbischen Feminismus identifiziert. Diese Frauen waren eher geneigt, sich als ursprünglich bisexuell oder heterosexuell zu bezeichnen als die Lesben in der größeren von mir befragten Stichprobe. Aber sie waren nicht nur „politische Lesben", falls dieser Begriff Frauen bezeichnen soll, die sich lesbisch nannten, ohne lesbisch zu leben oder eine umfassende lesbische Identität zu beanspruchen. Die meisten von ihnen *glaubten*, daß sie Lesben waren, und lebten als solche für eine Zeitspanne zwischen acht und fünfzehn Jahren.

Die Hälfte der Frauen gab an, sie hätten ihr Lesbisch-Sein als authentisch empfunden, die andere Hälfte sagte, sie hätten sich immer heimlich gefragt, ob sie „wirklich" Lesben seien. In bezug auf die größere von mir befragte Gruppe ließ sich aus diesem Gefühl von Rollendistanz jedoch nicht eindeutig auf spätere Heterosexualität schließen. Viele Frauen, die angaben, daß sie manchmal in Frage stellten, ob sie „echte" Lesben seien, lebten mit diesem Gefühl der Ambivalenz, bei anderen ließ es mit der Zeit nach.

Die einundvierzigjährige Laura Stone scheint ein typisches Beispiel für diese Gruppe zu sein. Laura kommt ursprünglich aus der Mittelschicht und arbeitet als Lehrerin; in den frühen siebziger Jahren hatte sie ihr *Coming-out* als Lesbe. Lesbisch zu werden war für Laura kein Erlebnis des „Ankommens". Vor der Frauenbewegung hatte sie sich „durch und durch hetero" gefühlt. Als sie jedoch immer mehr Zeit mit Frauen verbrachte, wurde ihr sexuelles Interesse an Frauen stärker. Nach einiger Zeit glaubte Laura, sie habe eine authentische lesbische Identität aufgebaut. Sie zog in ihrer lesbischen Beziehung ein Kind groß und war fünfzehn Jahre lang in der kalifornischen Lesbenszene zu Hause. Doch in den frühen achtziger Jahren wurde sie, wie sie sagte, Hetera. Sie ließ sich mit einem Mann nieder, heiratete und bekam ein Kind – ihr erstes biologisches Kind. Heute ist ihr Lesbisch-Sein für sie ein Teil der Vergangenheit, aber sie bestreitet dessen Authentizität nicht. Sie war einmal Lesbe, sagt sie, und jetzt ist sie heterosexuell.

Laura wachte nicht einfach eines Tages auf und entdeckte, daß sie heterosexuell war. Vielmehr gingen sie und die anderen Frauen, die von lesbischen zu heterosexuellen Identitäten gelangten, durch einen Prozeß, den ich als die „Ex-Lesbe-Laufbahn" bezeichne. Dieser Prozeß hat große Ähnlichkeit mit einem lesbischen *Coming-out*, ja ist vielleicht genau dessen Umkehrung.

Laura begrüßte mich in ihrem Zuhause und freute sich darauf, mit mir über ihr Leben zu sprechen, vor allem über ihre „Entwicklung aus dem Lesbisch-Sein heraus", wie sie es nannte. Tatsächlich waren die meisten ehemaligen Lesben, mit denen ich Kontakt aufnahm, begierig darauf, mir ihre Geschichten mitzuteilen. Viele waren sich des Prozesses, in dem sie sich von ihrer lesbischen Identität lösten und eine heterosexuelle aufbauten, sehr bewußt. Wie ihr *Coming-out* in den siebziger Jahren, verlief auch der Prozeß, eine „Ex zu werden" für viele Frauen höchst reflektiert. Laura und andere Frauen, die den Übergang zur Homosexualität auf äußerst reflektierte Weise und sich ihrer selbst sehr bewußt erlebten, neigten auch dazu, die Abkehr von der Homosexualität bewußt und reflektiert zu erfahren. Laura drückte das so aus:

> *Ich war eine Lesbe, die viel über das Lesbisch-Sein nachdachte. Jetzt bin ich eine Hetera, die viel über Heterosexualität nachdenkt. Ich habe mich mit allem auseinandergesetzt, und das tue ich immer noch. Aber ich muß dir sagen, das Ende der Geschichte ist, daß ich überhaupt nicht mehr weiß, was ich von all dem denken soll.*

Im allgemeinen haben heterosexuelle Frauen eher wenig Bewußtsein von dem „konstruierten" Charakter ihrer eigenen sexuellen Identität. In der herrschenden Kultur funktioniert Heterosexualität als soziale Norm, ist die nicht markierte Kategorie im Verhältnis zur pathologisierten Homosexualität. Auch wenn sie sich der Schwierigkeiten, heterosexuell zu sein und Beziehungen mit Männern zu leben, überaus bewußt sind, tendieren heterosexuelle Frauen dazu, sich der „Konstruiertheit" sexueller Kategorien – einschließlich ihrer eigenen Heterosexualität – weniger bewußt zu sein als Lesben. Ehemalige Lesben, auch die, die sich mittlerweile als heterosexuell bezeichnen, bilden eine Ausnahme: Sie waren höchst reflektiert, was den konstruierten und begrenzten Charakter sexueller Kategorisierungen angeht.

Laura sagte, sie begann in den frühen achtziger Jahren „erste Zweifel" an ihrem Lesbisch-Sein zu haben. Sie und ihre Partnerin hatten Schwierigkeiten miteinander, und sie kam mit ihrem gemeinsamen Kind, das der biologische Nachwuchs ihrer Partnerin war, nicht aus. Sie beschrieb, daß sie sich selbst in dieser Beziehung als „irgendwie tot" empfand. Für viele Frauen hätten solche Zweifel einfach zu einer neuen lesbischen Beziehung geführt, nicht gleich zu einem kompletten Wechsel der sexuellen Objektwahl und Identität. Aber in dem Maße, wie Laura sich über ihr Leben desillusioniert fühlte, war sie auch von ihrem lesbischen Leben enttäuscht. Das hängt zumindest zum Teil damit zusammen, daß lesbisch zu sein eine zentrale Rolle in ihrem Leben spielte. Die meisten ihrer Freundinnen waren Lesben, ihre politischen Aktivitäten waren feministisch und zumeist auch lesbisch, und sie arbeitete mit Feministinnen und Lesben.

Ich erinnere mich daran, wie ich zu anderen Leuten sagte, daß ich nicht wüßte, ob ich mit einer Frau zusammenleben würde, wenn ich nicht mit Vicki zusammen wäre. Also wußte ich, daß die Frage sich stellte. Aber ich wußte auch, ich würde die Antwort auf diese Frage nicht finden, weil sich mein ganzes Leben nur mit Frauen abspielte. Ich arbeitete mit Frauen, verbrachte meine Freizeit mit Frauen. Ich war völlig in die Frauenszene eingetaucht. Ein paar Bezüge hatte ich noch zur Linken, zur heterosexuellen Linken, aber das war minimal.

Mit der Zeit empfand Laura die Lesbenszene als „sehr einengend". Der lesbische Feminismus hätte Frauenbeziehungen idealisiert und sie als gleichberechtigt dargestellt. Es träfe zwar in vieler Hinsicht zu, räumte Laura ein, daß lesbische Beziehungen häufig gleichberechtigter gelebt wurden als heterosexuelle, „aber sie waren sicherlich nicht so gleichberechtigt, wie die feministische Vision versprochen hatte."

Es gab Momente, da haßte ich die Lesbenszene und haßte lesbische Beziehungen. Ich legte diese „Wir sind den Hetero-Paaren und Heteros alle überlegen"-Einstellung ab und begann wahrzunehmen, daß es Vorteile und Nachteile an heterosexuellen Beziehungen gab. Ich fing an, mich zu fragen, ob ich die heterosexuelle Art vielleicht mehr brauchte als die homosexuelle. Ich fühlte mich völlig durcheinander. Ich hatte ein Kind, arbeitete mich halb tot, sie war depressiv, fand keinen Job. Ich dachte, ich käme niemals aus dieser Beziehung raus. Scheidung gehörte nicht zu meinem Repertoire.

Die ehemaligen Lesben beschrieben ihre sich entwickelnde Heterosexualität häufig in der Sprache des Begehrens, der Sehnsucht und des „inneren" Selbst und stellten dieses neuere Selbstverständnis jenem gegenüber, das sie von ihrem früheren lesbischen Selbst gehabt hatten und das im Kontext der lesbischen Subkultur entstanden war. Einige schilderten, wie Heterosexualität einen Ausweg aus den Ansprüchen an Intimität darstellte, die sie in Frauenbeziehungen erlebten. Toby Miller erzählte, daß sie eine Reihe kurzer Affären mit Männern hatte, um „das Terrain zu erkunden".

*Ich war gerade dabei, mich von meiner Ex zu trennen, wir
hatten eine langjährige Beziehung. Es war ein kleiner Aus-
flug in die Welt sexueller Zwielichtigkeit. Emotional war
nichts dabei. Es lenkte mich von einer Beziehung ab, in der
emotional sehr viel passierte. Es war wie eine verrückte Art
der Flucht.*

Der libertäre „*pro-Sex*"-Diskurs, der in einigen feministischen
Kreisen in den achtziger Jahren entstand, hieß es öffentlich gut,
der Lust zu folgen. Obwohl sie von diesen „Sex-Debatten", wie
sie später genannt wurden, nichts mitbekam, erinnert sich Laura,
zu der Zeit gemerkt zu haben, „daß Penisse vielleicht doch nicht
so schlimm sind". Die Tatsache, daß heterosexuelle Liebe in
ihrem Freundinnenkreis so sehr tabuisiert war, machte es noch
interessanter. Als sie schließlich ein Verhältnis mit einem Mann
anfing, hatte es eine ähnliche „Würze" wie ihre erste Beziehung
zu einer Frau – genau aus dem Grund, daß „es nicht erlaubt
war".

*Es hatte diese Energie, die, wie ich merkte, die Energie ist,
die Lesben bei ihrem Coming-out haben. Ich denke, das ist
es, was mich so erschreckte. Ich war mit dem Gedanken in
die Situation gegangen: Ich will dies ausprobieren und
dann schauen. Ich erwartete dasselbe wie damals, als ich es
mit Frauen probierte. Aber statt dessen hatte ich dieses un-
glaublich starke Erlebnis des Verliebens, das ich mir nicht
erklären konnte.*

Die tabuisierten Aspekte dieser Sehnsucht machten sie noch at-
traktiver und weckten eine Leidenschaft, die ihrer lesbischen
Beziehung nach den ersten Jahren gefehlt hatte. „Ich wußte, das
könnte bedeuten, ich bin Hetera", sagte sie lachend, „und ich
glaube nicht, daß ich diese Erfahrung erwartet habe."
    Doch letztlich ging es immer um viel mehr als bloß erotisches
Vergnügen. Wenn sie über ihre Beziehungen mit Frauen sprachen, erwähnten viele ehemalige Lesben, daß die Unterschiede,
die einmal das Begehren geweckt hatten, sich langfristig als problematisch herausstellten. Einige beschrieben, daß sie sich von
Geliebten angezogen gefühlt hatten, die in bezug auf die soziale
Schicht, die „Rasse", die Geschlechtsrolle und ähnliche Merk-
male ganz anders als sie selbst waren. Sally Kirk meinte, bevor
sie sich von Frauen angezogen fühlte, „mußten diese wirklich

ganz anders sein". Aber nach einer Weile „wurde es schwierig, eine Beziehung mit einer Frau zu führen, die so anders" war als sie selbst. In einer auffälligen Umkehrung feministischer Ideologie, die behauptet, lesbische Beziehungen böten Intimität, die sich auf das Miteinander von Gleichen gründete, gelangte Sally zu dem Glauben, ein männlicher Geliebter verkörpere eine „bessere Mischung" der Qualitäten als eine Geliebte. So beschrieb sie ihren derzeitigen Partner:

> *Mit ihm zusammenzusein ist einfach gut, und das hängt damit zusammen, daß er ein Mann ist, er ist mir so ähnlich. Was ich an ihm so toll finde, ist, daß er die gleichen Interessen hat wie ich. Ganz viel davon ist wirklich bestätigend, und doch fühlt es sich nicht an, als wäre ich auf mich selbst bezogen, denn er hat diesen Penis. Das reicht aus, ihn anders zu machen, so daß eine gewisse Dynamik da ist. Daß er ein Mann ist, ermöglicht mir, sehr lange mit ihm zusammenzusein, da sich unsere Werte und unsere Weltsicht so sehr ähneln.*

Im Verhältnis mit einem Mann, meint Sally, war es ihr möglich, eine gute Mischung von „Gleichheit und Differenz" in einem Partner zu finden.

Toby Miller erzählte eine ähnliche Geschichte: Sie hat einen Mann kennengelernt, der wie sie selbst lesbisch „sehr schwul identifiziert ist":

> *Er identifiziert sich als bisexuell, aber er ist wirklich eher schwul als hetero. Er hat in erster Linie Beziehungen mit Männern gehabt und war richtig in der Schwulenszene drin. Er steht auf Fummel und so was. Als er mir erzählte, daß er auf mich steht, war er völlig aufgetakelt. Hier ist ein Foto von ihm im Fummel, siehst du ... das schräge Paar. Er sagte mir, daß ich ihm gefiel. Na ja, ist ja schön, habe ich gesagt, aber ich bin Lesbe. Und schließlich haben wir uns doch ineinander verliebt.*

Während ihre Beziehung von außen betrachtet eine heterosexuelle ist, beschreibt Toby sie als außergewöhnlichen Rollentausch:

> *Wir sind nicht das durchschnittliche Heteropaar. [...] Mit Sandy bin ich der Mann. Er ist viel näher dran an seinen Gefühlen, in jeder Minute, jeder Sekunde. Er ist ein unge-*

wöhnlicher Mann. Mit meinen Gefühlen kann er auch sehr gut umgehen. Es ist viel ausgeglichener als in meinen anderen Beziehungen. [Meine Geliebte] war für mich nur nach großen, dramatischen, riesigen Auseinandersetzungen offen. Sandy und ich lassen es nie so weit kommen.

Viele Frauen erwähnten, daß mit einem neuen Lebensabschnitt auch die Frage der Kinder aufkam. Während einige Lesben der Baby-Boom-Generation* Kinder in ihren lesbischen Beziehungen hatten, waren andere skeptisch, ob lesbische Beziehungen die Sicherheit und Stabilität bieten könnten, von der sie glaubten, sie sei notwendig, um für ein Kind zu sorgen. Lesbischen Beziehungen fehlt die normative und institutionelle Unterstützung, und sie sind möglicherweise mehr als heterosexuelle Beziehungen einer permanenten Veränderung unterworfen, obwohl auch letztere nicht sonderlich stabil sind. Von größerer Bedeutung war vielleicht, daß die fortwährende Verlockung des Ansehens und der sozialen Akzeptanz – des „heterosexuellen Privilegs" – vermittelte, ein Kind mit einem Partner des anderen Geschlechts zu haben, würde eine zur heterosexuellen Gesellschaft gehören lassen und romantische Träume von Fortpflanzung mit einem geliebten Partner erfüllen.

Noch ein Coming-out

Hatten die ehemaligen Lesben ihre heterosexuellen Bedürfnisse erst einmal zugelassen und waren gewillt, ihnen nachzugehen, deuteten sie ihrem Umfeld zunächst die möglichen Veränderungen an und testeten die Reaktionen. Denn um heterosexuell zu werden, genügte nicht allein die individuelle Handlung, es bedurfte darüber hinaus eines Publikums.

Unter anderem setzten sie Zeichen der Veränderung, indem sie ihre Selbstdarstellung neu gestalteten. Bereits als sie lesbisch geworden waren, hatten viele Frauen sich durch „Identitätsarbeit" bewußt verändert. Damals wurden sie maskuliner, „*butchier*", und glichen sich dem Bild an, von dem sie glaubten, es entspräche der „typischen" Lesbe. Als sie zur Heterosexualität zurückkehrten, gelangten viele in Umkehrung dieses Prozesses zu einer feminineren Selbstdarstellung. Während der letzten Jahre ihrer lesbischen Beziehung begann Laura ihren Kleidungsstil zu ändern:

Ich hatte schon ewig kein Kleid mehr getragen. Ich fing an,
mich mit meiner Identität als „femme" wohler zu fühlen
und dadurch auch besseren Zugang zum Begehren im allge-
meinen zu finden. Ich begann wieder, Phantasien von
Männern zu haben.

Die erneute Veränderung ihrer Selbstpräsentation nahm den
Wiedereinstieg in die heterosexuelle Welt vorweg. Sie begann
sich mit Männern zu verabreden, und nach einigen „Fehlstarts" –
sie verliebte sich in Männer, die ihre Gefühle nicht erwiderten –
fand sie schließlich einen Mann, der sich auch in sie verliebte.

Es war jedoch nicht immer einfach, sich anderen zu offenbaren. Laura erzählte mir, ihre engeren Freundinnen seien „er-
leichtert" gewesen, daß sie glücklich war und „eine gute Beziehung" hatte. Diese Freundinnen verstanden ihre Entscheidung,
heterosexuell zu werden, weil Laura ihnen „als ganze Person",
auch jenseits ihrer sozialen Identität als Lesbe, wichtig war. Die
ersten Begegnungen mit Bekannten und Familienangehörigen
gestalteten sich schwieriger. Carrie Brown berichtete davon, wie
sie zu einer Ärztin ging, als sie Verhütungsmittel brauchte. Die
Ärztin war Lesbe, und in ihren Augen fühlte Carrie sich wie eine
Betrügerin, wie eine „gefälschte" Hetera, die „in Wirklichkeit
Lesbe" war. Doch der schwierigste Schritt ihres *„Coming-out"*
als Hetera war, ihren Eltern davon zu erzählen: „Sie waren über-
glücklich."

Mehrere Frauen schilderten, daß es für sie Anlaß zur Selbst-
überprüfung war, ihrem Freund in der Öffentlichkeit Zuneigung
zu zeigen oder ihn zu berühren. Laura „fürchtete" sich, allein
oder mit ihrem Freund Leuten zu begegnen, mit denen sie weniger gut befreundet war:

> *Meine beste Freundin, Marian, sie verstand mich und wuß-*
> *te, was mir guttat. Aber viele FreundInnen und Bekannte*
> *sahen in mir eine Verräterin. Zumindest kam ich mir häu-*
> *fig so vor. Vielleicht war das teilweise mein eigenes Ding,*
> *aber jedenfalls fürchtete ich mich davor, ihnen über den*
> *Weg zu laufen.*

Die ehemaligen Lesben fühlten sich häufig zwischen ihrer Loya-
lität gegenüber anderen Lesben und ihren eigenen Sehnsüchten
hin- und hergerissen. Sie waren sich zumeist eines „heterosexuellen Privilegs" bewußt und gingen zudem davon aus, alle Les-

ben könnten machtvoller und weniger stigmatisiert sein, wenn mehr Frauen ihr *Coming-out* als Lesben hätten. Dieses Bewußtsein quälte sie, was sich wiederum bei Begegnungen in der Öffentlichkeit zeigte. „Tief innendrin", so Laura, „verstand ich, warum manche Frauen wütend auf mich waren. Ich wußte, wie schwer es war, Lesbe zu sein."

Die Entscheidung zu heiraten war besonders schwierig. Eine öffentliche Hochzeit empfanden viele so, als würden sie ihr neuerworbenes heterosexuelles Privileg zur Schau stellen und ihre homosexuelle Vergangenheit leugnen. Toby hatte ein Jahr vor meinem Interview einen Mann geheiratet. Die Hochzeit fand in der Kirche statt und wurde als großes Familienfest gefeiert. Geheiratet hatten sie, weil „wir es beide wollten".

> *Da unsere Eltern beide Krebs hatten und sterben würden, wollten wir eher früher als später heiraten und auch am liebsten in traditioneller Weise. Warum auch nicht, wenn sie das glücklich macht? [...] es fiel uns nicht schwer, das für unsere Eltern zu tun.*

Trotz ihres neuen Status' bemühte sie sich zu verstehen, ebenso wie andere Ex-Lesben auch, in welcher Weise ihre lesbische Vergangenheit fortbestand und mitbestimmte, wie sie sich selbst in ihrer gegenwärtigen Identität sah und präsentierte. Zugleich tendierten die meisten eindeutig dazu, von binären Identitätskategorien auszugehen: Sie glaubten, daß die Welt in zwei Gruppen geteilt war, in die homosexuelle und die heterosexuelle.

Einige der ehemaligen Lesben gelangten zu einer Interpretation ihrer lesbischen Identität als nebensächlich, als einer „Phase". Sharon Lieberman sagte, sie habe immer eine gewisse Distanz zu ihrer Identität gespürt. Nie habe sie das Gefühl gehabt, daß ihre „Darbietungen" des Lesbisch-Seins erfolgreich waren. Sharon meinte über sich selbst, daß sie zunächst eine heterosexuelle Identität gefestigt hatte und erst danach lesbisch wurde. Sie hatte einige Mühe in Identitätsarbeit verschiedenster Art gesteckt, um dieses Selbstverständnis zu festigen, während sie in der „Lesben-Laufbahn" eine lesbische Identität ansteuerte. Sie sieht sich als „von Natur aus" heterosexuell, ihre lesbische Identität als geschichtlichen Zufall und beschrieb ihre Unfähigkeit, „erfolgreich" lesbisch zu werden. Gefragt, ob sie jemals „wirklich" eine Lesbe war, gab sie zurück:

Ich weiß es nicht. Ich glaube, was lesbisch ist, muß jede für sich definieren. Ich war nie auf dieselbe Art eine Lesbe wie [meine Geliebte]. Aber ich liebte die Frau, ich identifizierte mich mit der Politik der Lesbenbewegung, meine Freundinnen waren alle Lesben, ich hatte ein Kind in einer lesbischen Beziehung und war in einer lesbischen Müttergruppe. Ich habe wie eine Lesbe gelebt. Aber ich war nicht wirklich eine.

Sharon warf die Frage auf, ob sie sich überhaupt entschieden hätte, lesbisch zu leben, wäre da nicht die Lesbenbewegung gewesen, die die Wahl erleichterte und für manche erst wünschenswert werden ließ. Für sie war Lesbisch-Sein ein Resultat davon, daß sie jung und offen für neue Erfahrungen war. Ihre lesbische Vergangenheit schrieb sie dem Zusammentreffen von lesbisch-feministischer Politik mit einem neuen Lebensabschnitt zu.

Wäre ich zehn Jahre älter gewesen, dann wäre ich verheiratet gewesen und hätte ein Kind gehabt und vielleicht hätte ich nichts mit der Frauenszene zu tun gehabt, die zum Coming-out ermutigte [...] Ich glaube, es hat viel mit dem Lebensabschnitt zu tun. Wir waren dabei, unsere Identität als Erwachsene zu entwickeln, und so traten wir in eine andere Übergangswelt ein, um das dort zu tun. Wäre ich älter gewesen und meine erwachsene Identität gefestigter, dann wäre ich niemals so offen für all das gewesen, was passiert ist.

Sicherlich stimmt es, daß das Selbstgefühl einer jungen Frau formbarer und offener für Reinterpretationen und Veränderungen ist. Doch hat die Sichtweise, lesbisch zu sein wäre gewissermaßen „unreif", einen eher konservativen Anklang. Sie legt nahe, daß Lesbisch-Sein ein „Stadium" ist, das mit dem „Erwachsenwerden" überwunden wird. Die Formbarkeit in den früheren Entwicklungsphasen wird damit akzeptiert, während die Zweiteilung von Heterosexualität und Homosexualität im Erwachsenenalter naturalisiert wird.

Während einige Ex-Lesben, mit denen ich sprach, ihr Lesbisch-Sein als gefälscht oder unreif ansahen, zögerten die Frauen der Baby-Boom-Generation in der Regel, die Authentizität ihrer Vergangenheit abzustreiten und damit die Zweiteilung in heterosexuell und homosexuell zu reproduzieren. Anfänglich meinte Laura Stone, daß sie „qua Natur bisexuell und durch Sozialisation heterosexuell" ist. Aber durch die Frauenbewegung „resozialisierte ich mein Wesen als zutiefst lesbisches". Sie erlebte ihre Sexualität als formbar: „Ich habe nie von mir gedacht, ich wäre die ganze Zeit über am selben Platz", sagt sie. Nach ihrem anfänglichen Gefühl der Entfremdung und dem Eindruck, sie sei eine „Hetera, die sich als Lesbe verkleidet", begann sie eine ernsthafte Beziehung mit einer Frau und lebte in erster Linie innerhalb der Lesbenszene.

Als sie über die Vergangeneit nachdachte, wurde Laura sich bewußt, daß sie ihre Vergangenheit während des *Coming-out* reinterpretiert und ihre lesbische Identität zu ihrem Wesen erklärt hatte. Sie erinnerte sich, daß sie „verglichen mit anderen Lesben eigentlich gute Erfahrungen mit Männern gemacht" hatte, dieses Wissen aber nicht schätzte, sondern es als Beweis für die Rudimente ihrer eigenen internalisierten Homophobie ansah.

Laura erzählte:

> *Als ich meine Vergangenheit neu interpretierte, waren es solche Dinge, die ich für mich rekonstruierte. [...] Ich hatte damals eine beste Freundin, in die ich richtig verliebt war. Als ich meine Vergangenheit rekonstruierte, dachte ich: wie interessant – man hat uns in der Schule getrennt. Mir wurde gesagt, sie sei zu abhängig von mir. Aber in meiner Phase der Reinterpretation dachte ich: O Gott, sie müssen gedacht haben, daß das ein lesbisches Verhältnis war, und haben uns deshalb getrennt. Das war das einzige Trauma meiner frühen Kindheit. All das waren Beweise dafür, daß ich vielleicht tatsächlich lesbischer war, als ich dachte. Ich war nicht diese Hetera.*

In der letzten Passage zeigt sich Lauras therapeutisches Wissen um ihr Selbst an Begriffen wie „Reinterpretation der Vergangenheit", die in den achtziger Jahren Eingang ins therapeutische Wörterbuch gefunden hatten. Im nachhinein begann sie diese Darstellung der Identität als narrative Konstruktion zu sehen, die in ihrem sozialen Umfeld normativ geworden war:

> *Zwei Zeitpunkte gab es, zu denen ich mir darüber klar wurde, welche sexuelle Identität ich hatte. Jetzt weiß ich nicht, was zum Teufel sexuelle Identität wirklich ist. Ich habe hier und da Meinungen dazu, aber oft widersprechen sie einander.*

Anders als Sharon widerstand Laura der Tendenz, ihre Vergangenheit abzutun und die Authentizität ihres Lesbisch-Seins zu leugnen. Als sie „zu Männern zurückging", sagt sie, „meinten alle um mich herum, vor allem meine lesbischen Freundinnen und meine Mutter: aha, sie war immer Hetera und hatte ihr *Coming-out* nur als eine dieser politischen Lesben." Aber diese Einschätzung, so Laura, treffe auf ihr Leben nicht ganz zu:

> *Ich lebte fünfzehn Jahre lang als Lesbe, länger als ein Drittel meines Lebens, habe in einer lesbischen Beziehung ein Kind großgezogen und prägende Jahre in der Lesbenszene zugebracht. Der Begriff „heterosexuell" beschreibt mein Leben nicht treffend.*

Laura widerstand der Versuchung, ihre Vergangenheit ein zweites Mal zu „reinterpretieren", wodurch sie eine kontinuierliche „wahre Heterosexualität" und eine „falsche Homosexualität" enthüllt hätte. Wie viele der vormaligen Lesben, die ich befragte, bemühte auch sie sich zu verstehen, in welcher Weise ihre lesbische Vergangenheit fortbestand und mitbestimmte, wie sie sich selbst in ihrer gegenwärtigen Identität sah und präsentierte.

Laura beschrieb, daß sie mit der „Erfahrung des Vakuums", in zwei Welten zu leben, und mit Gefühlen der „Identitätslosigkeit" konfrontiert war, als sie sich von der Lesbenszene weg in eine heterosexuelle Welt bewegte – ausgeschlossen von der alten, doch noch keiner neuen zugehörig. Diese Phase erlebte sie als äußerst isolierend. Bei ihrem *Coming-out* als Lesbe im Kontext der Frauenbewegung gab es sehr viel soziale Unterstützung für die Inanspruchnahme der lesbischen Identität. Aber als sie „hetero wurde", gab es, zumindest anfänglich, keine ähnliche *community*, von der sie Unterstützung hätte bekommen können. Sie wurde von ihrer Familie und von der Kultur allgemein unterstützt, es widerstrebte ihr jedoch, „heterosexuelle Privilegien" in Anspruch zu nehmen.

Sie meinte, falls ihre Ehe zu Ende ginge, wäre es unwahrscheinlich, daß sie sich wieder auf einen Mann einlassen würde. Je nachdem, wie alt sie dann wäre, sei es „wahrscheinlicher, daß ich etwas mit einer Frau haben würde". Carrie Brown, die jetzt verheiratet ist und zwei Kinder hat, erzählte mir kurz nach dem Interview mit mir, daß sie einen sexuellen Traum von einer Frau hatte und räumte ein: „Falls meinem Mann etwas zustoßen sollte, wäre ich mit einer Frau zusammen." Viele Ex-Lesben, die ich sprach, machten ähnliche Bemerkungen.

Sarah Hart begann tatsächlich etwa ein Jahr, nachdem ich sie interviewt hatte, ein Verhältnis mit einer Frau. Im Interview hatte sie noch geschildert, daß sie eher daran interessiert sei, einen Mann kennenzulernen. Ich habe nie direkt mit ihr darüber gesprochen, aber eine Bekannte von ihr erzählte mir, daß Sarah, nachdem sie mehrere Monate lang mit Männern ausgegangen war und erfolglos Beziehungen angefangen hatte, von einer älteren Frau umworben wurde, in die sie sich verliebte. Ihr Beispiel weist darauf hin, daß die sexuelle Identität häufig ebensosehr von den gegebenen Umständen wie von den sexuellen Wünschen mitbestimmt wird.

Bei dem Versuch, Spuren und Überbleibsel ihrer lesbischen Identität in ein rekonstituiertes Konzept ihres Selbst zu integrieren, kämpfen Ex-Lesben damit, daß Homosexualität und Heterosexualität in der dominanten Kultur allgemein als einander unvereinbar gegenüberstehende und sich wechselseitig ausschließende Kategorien gesehen werden. Sie beschrieben unterschiedliche Grade der Entfremdung von sowohl der heterosexuellen als auch der homosexuellen Welt. Carrie Brown schilderte das folgendermaßen:

> Ich war fast eine Separatistin, und jetzt habe ich zwei Söhne und einen Ehemann! Wenn ich mich damals so hätte sehen können, hätte ich es nie geglaubt. Ich will diesen Anteil meines Selbst nicht verlieren. Ich wehre mich weiterhin dagegen, daß ich mich als das eine oder das andere bezeichnen soll. Nie wieder werde ich mich lesbisch oder heterosexuell nennen.

Sie beschrieb ihren Eindruck, Ex-Lesben spielten sowohl in der heterosexuellen als auch in der homosexuellen Welt eine Rolle. Und doch hielten sich die meisten selbst an binäre Identitätskategorien. Auch wenn das Etikett „bisexuell" vielen Ex-Lesben als adäquate Beschreibung sexueller Orientierung erscheint, lehnen es zugleich viele ab, es als sexuelle Identität anzunehmen.

Laura räumte ein, daß sie sich zunächst als bisexuell beschrieb, doch „ziemlich genau von dem Moment an, als ich mit einem Mann zusammen war, bezeichnete ich mich als Hetera. Ich habe mich nie als bisexuell bezeichnet". Heute jedoch gibt sie zu: „Dann und wann habe ich den Eindruck, daß ich wahrscheinlich bisexuell bin". Viele Frauen, die „durch den Feminismus" ihr *Coming-out* hatten, glaubten, daß jede und jeder von Natur aus bisexuell im Sinne des potentiellen sexuellen Interesses an Frauen und Männern sei, daß aber die politische Verantwortung von Frauen verlangte, ihr Begehren auf andere Frauen zu richten. Laura sagte:

> *Bisexualität hatte für mich als Lesbe einen derart negativen Beigeschmack. [...] Wenn Leute ihr Coming-out hatten, dann bezeichneten sie sich als bisexuell – es war etwas Unreifes. Oder aber die Bisexuellenbewegung in der Stadt, das war für mich eine nicht monogame Szene, in der es um sexuelle Befreiung ging und mit der ich mich nicht verbunden fühlte. Nicht, daß ich nicht erkannte, daß sie die Diskussion um interessante Einsichten bereicherten, aber ich hatte nie ein sehr gutes Gefühl zu Leuten, die sich bisexuell nannten. Und ich dachte, die wesentlichen Kategorien seien die von der Gesellschaft gesetzten.*

Sie beschreibt ihr Lesbisch-Sein als einen zumindest teilweise „äußerlichen" Prozeß, der durch politische Loyalitäten und den historischen Kontext der Frauenbewegung motiviert war. Für manche Frauen war es eine Erfahrung des „Ankommens", Lesbe zu werden; es ermöglichte ihnen, sehr tief empfundene Gefühle auszudrücken. Anderen Frauen, die wie Laura eher bisexuell oder heterosexuell orientiert waren, forderte es Identitätsarbeit und sehr viel mehr bewußte Anstrengung ab, lesbisch zu werden.

Doch in den späten achtziger Jahren konnten sexuelle Unterschiede zwischen Frauen nicht länger durch die Rede von lesbischer Gemeinsamkeit und Solidarität verwischt werden, und es wurde vielen bewußt, daß einige Frauen in der Lesbenszene eher bisexuell waren, andere weniger. Doch das Tabu der Bisexualität bestand fort. Laura meinte, in einer idealen Gesellschaft müßte Bisexualität die Norm sein, doch in der bestehenden Gesellschaft, in der die „heterosexuelle Annahme", eine Person sei hetero, bis sie sich als homosexuell erweist, weiterhin funktioniert, sei Bisexualität politisch ineffektiv. Mehrere der von mir interviewten Frauen erzählten im privaten Rahmen, daß sie sich in bezug auf ihr Begehren für bisexuell halten, würden diese Bezeichnung jedoch niemals öffentlich als Identität anderen gegenüber verwenden. Einige hatten den Eindruck, das Etikett

„bisexuell" impliziere gleiches Interesse an und Affären mit Männern und Frauen zum gegenwärtigen Zeitpunkt, was ihrer Lebensrealität nicht entsprach. Obwohl sie sich ungern als Heterosexuelle bezeichneten, übernahm keine der von mir interviewten Frauen den Begriff „bisexuell" im Sinne einer Identität, trotz der Bestrebungen von seiten einer wachsenden Bisexuellenbewegung, dieser Bezeichnung zu mehr Beliebtheit zu verhelfen.

Einige Frauen versuchten, den Konflikt für sich zu lösen, indem sie sich weiterhin als Lesben identifizierten, obwohl sie in erster Linie Beziehungen mit Männern lebten. Toby Miller, die mittlerweile verheiratet ist, erzählte mir, daß sie sich selbst noch immer als Lesbe sieht, sie ihr Lesbisch-Sein allerdings eher als „kulturelle" denn als sexuelle Identität definiert. Lesbisch und zugleich mit einem Mann verheiratet zu sein erscheint ihr „sehr ähnlich wie als nicht-praktizierende Katholikin" zu leben. Auf die Frage, warum sie sich nicht als bisexuell bezeichne, meinte sie, Bisexualität habe „mehr von einer sexuellen als von einer kulturellen Identität", zudem sei sie über 18 Jahre lang Lesbe gewesen und fühle sich „der schwul-lesbischen *community* kulturell näher".

> *Wenn du sagst, daß du Lesbe bist, gibt es immer einen halben Aufstand. Die Leute wollen dann wissen, was du im Bett machst. Ich habe immer geantwortet: Darum geht es nicht, das ist nur die eine Hälfte. Und jetzt sieht es so aus, als sei das alles, worum es geht. Eine Lesbe zu sein bedeutete mal viel mehr als nur Sex. Und jetzt geht es nur um Sex. Jetzt, da ich mit einem Mann zusammen bin, sehen alle nur, daß ich Sex mit einem Mann habe. […] Aber ich finde Frauen immer noch sehr anziehend, ich träume davon, ich denke daran. Nach wie vor habe ich solche Gefühle. Ich habe ambivalente Gefühle bei der Vorstellung, für den Rest meines Lebens in monogamer Beziehung mit einem Mann zu leben. Aber ich habe mich darauf eingelassen und habe Entscheidungen darüber getroffen, was ich in meinem Leben will. Und ich habe keine Lust auf endlose Dramen. Das habe ich schon hinter mir, das tue ich mir nicht mehr an.*

Wie Toby meint, bedeutete, eine Lesbe zu sein, nach feministischer Ideologie „viel mehr als bloß Sex". Der lesbische Feminismus hatte Sexualität und somit auch Lesbisch-Sein rekonzeptualisiert. Die Definition von Sexualität war jenseits der enggefaßten genitalen Bedeutungen, die sich auf die sexuelle Objektwahl konzentrierten, erweitert worden. Lesbisch zu leben wurde zu einer Weltsicht und einer gemeinsamen Gegenkultur.

In den achtziger Jahren wurde der normative Blick, der dieser Konzeption zugrundelag, durch die aufkommenden feministischen Debatten um Sex und durch die Sexualisierung des Lesbischen in Frage gestellt. Aber nicht von allen wurde das Entstehen sexueller Vielfalt in der Lesbenszene begrüßt. Paradoxerweise bedeutete die Sexualisierung lesbischen Lebens für Toby, daß die lesbische *community* in Begriff war, enger definiert zu werden. In den siebziger Jahren führte das praktisch völlige Fehlen einer Diskussion über lesbische Sexpraktiken dazu, daß Identifikationen Vorrang vor sexuellem Begehren hatten. Als Begehren in den achtziger Jahren wieder einmal zum Merkmal lesbischer Identifikation geworden war, fanden sich Frauen wie Toby, für die lesbisch zu sein mehr eine Frage der Identifikation als der Praxen war, an den Rand gedrängt.

Viele der früheren Lesben sprachen jedoch darüber, daß binäre Konzeptionen von Sexualität dazu führen, daß Lesben und heterosexuelle Frauen in zwei getrennten Welten leben. Zumindest anfänglich schafften viele „Ex-Lesben" sich ihre eigene Identität, da sie weder in die eine noch in die andere Kategorie sexueller Identität paßten. Sarah Hart meinte: „Wenn ich mit heterosexuellen FreundInnen zusammen bin, dann fühlt sich ein Teil von mir wie eine Abweichung von der Norm, und auch mit meinen lesbischen Freundinnen geht es mir so, daß ich mich teilweise fehl am Platz und pervers fühle. Mit anderen ehemaligen Lesben kann ich all das sein, was ich bin."

Erklärungen für das Phänomen der Ex-Lesbe

> Nichts beunruhigt uns, Männer, Frauen und Kinder, ich meine uns alle, so sehr wie unsere eigene unsichere sexuelle Identität. Und da kommst du daher und setzt dem Faß die Krone auf, indem du das alles in Frage stellst.
>
> (Kate Millett, *Fliegen*)

Sind Ex-Lesben der Beweis dafür, daß die Behauptungen des sozialen Konstruktivismus falsch sind? Sind sie Frauen, die sich von den Argumenten des sozialen Konstruktivismus hatten überzeugen lassen, nur um dann festzustellen, daß sie Identitäten angenommen hatten, die „unecht" waren?

Sehen wir uns die vorherrschende Erklärung an, Laura und andere Ex-Lesben seien nie wirklich Lesben gewesen. Es trifft zu, daß Ex-Lesben sich vor ihrem *Coming-out* häufiger als die meisten anderen als bisexuell oder heterosexuell erlebten. Es ist auch wahrscheinlicher, daß eine Ex-Lesbe eine Menge mehr Identitätsarbeit geleistet hat, um ihr Gefühl einer lesbischen Identität zu etablieren als die übrigen interviewten Frauen. Einige berichteten von einem Gefühl der „Identitäts-Dissonanz"; sie erlebten nie, daß sie sich in erster Linie zu Frauen hingezogen fühlten, obwohl sie sich als Lesben bezeichneten. Wie weiter oben deutlich wurde, gingen einige so weit, ihr Lesbisch-Sein zu widerrufen. Zu sagen, daß Ex-Lesben nie „authentische" Lesben waren, setzt jedoch eine enge Definition des Lesbisch-Seins voraus, eine Definition, die die Übereinstimmung von Begehren, Identität und Praxen erforderlich macht – und die für manche Frauen nicht existieren mag. Diese Definition mißachtet zudem die Erfahrungen von Frauen wie Laura, die sagt, daß ihr Lesbisch-Sein sich authentisch *anfühlte*.

Die zweite Position („Abtrünnige"), die besagt, Ex-Lesben seien „eigentlich" Lesben, die sich aber für Heterosexualität und damit ein leichteres Leben entschieden hätten, vermeidet zwar die Annahme, Ex-Lesben seien „in Wirklichkeit" heterosexuell, ist aber auch problematisch. Sicherlich gibt es viele Vorteile für die, die der herrschenden Kultur – auch der herrschenden sexuellen Kultur – angehören. Die Ex-Lesben, mit denen ich sprach, waren sich dieser Vorteile durchaus bewußt. Einige litten an ihren Gefühlen der Ausgrenzung als Lesben, als der Druck größer wurde und die Vorteile zu gering waren. Und doch scheint mir, daß die Entscheidung von Frauen gegen eine lesbische Existenz nicht ausschließlich mit der Suche nach „heterosexuellen Privilegien" erklärt werden kann. Die Ablehnung, die vielen Ex-Lesben von seiten ihrer Freundinnen entgegenschlug, dazu ihr Gefühl des Verlustes der Zugehörigkeit zur *community* durch den Übergang von Homo- zu Heterosexualität und nicht zuletzt ihr Unbehagen im Hinblick auf die damit verbundenen Privilegien lassen diese Erklärung nicht als ausreichend erscheinen.

Letztlich wird keine der beiden Erklärungen, weder die der Ex-Lesben als Betrügerinnen noch die von den Abtrünnigen der zutage getretenen Komplexität gerecht. Die erste geht von einem eng gefaßten Essentialismus aus, dem es nicht darzustellen gelingt, wie der soziale und historische Kontext die sexuellen Möglichkeiten von Frauen formen kann. Der zweiten Erklärung liegt ein radikaler Konstruktivismus zugrunde, der individuelle Unterschiede ebensowenig erläutern kann wie die Gründe, warum das Begehren nicht immer formbar sein mag. Beide Positionen halten eine Konzeption von Sexualität aufrecht, die die Binarität von heterosexuell und homosexuell fördert und zugleich verdeckt, was die Psychologin Carla Golden (1987) als „Vielfalt und Veränderlichkeit weiblicher Sexualität" bezeichnet hat.

Wie steht es mit der dritten, eher libertinen Erklärung, daß ehemalige Lesben sexuell Suchende seien, die einfach ihrem Verlangen folgten, welches sich geändert habe? Laura und andere Ex-Lesben tendierten dazu, diese Position zu favorisieren. Sie scheint ihrer Situation gegenüber noch am ehesten wohlwollend eingestellt, da sie die Authentizität sowohl ihrer lesbischen Existenz als auch ihrer Heterosexualität anerkennt. Aber ich halte auch diese Position nicht für ausreichend. Sicherlich stimmt es, daß manche Frauen ihr sexuelles Verlangen als fließend und wechselnd erleben. Es ist vorstellbar, daß sie sich als authentisch heterosexuell, dann authentisch homosexuell und wieder heterosexuell empfanden. Aber diese Erklärung allein scheint mir eine sozial unterbestimmte Konzeption des Individuums vorauszusetzen, die nicht berücksichtigt, daß sexuelles Begehren zumindest zum Teil gesellschaftlich konstituiert ist.

So kann zum Beispiel nicht als Zufall angesehen werden, daß die Bewegung vieler Frauen aus einem lesbischen Leben heraus in einem bestimmten historischen Moment auftrat. In den frühen achtziger Jahren, als die meisten aus der von mir befragten Gruppe von Ex-Lesben anfingen, an ihrer lesbischen Identität zu zweifeln, wurden die feministischen *communities*, die den Kontext für die lesbische Identitätsbildung geboten hatten, zunehmend fragmentiert und dezentriert. Der lesbische Feminismus verlor seine Kraft als einigende und zentrierende Ideologie. Diese Veränderungen lockerten die Verpflichtung gegenüber dem Lesbisch-Sein, wie sie einige Frauen vorher gefühlt hatten. Der Übergang von lesbischer Existenz in heterosexuelle Lebensweisen hat zwar damit zu tun, daß zugelassen wird, Männer zu begehren, aber es scheint mir nicht richtig, ihn diesem Begehren allein zuzuschreiben.

Wie Nancy Chodorow (1994) meint, „brauchen wir eine Geschichte der kulturellen und individuellen Entwicklung, um der [individuellen sexuellen] Wahl Rechnung zu tragen". Zu diesem Zweck schlage ich eine alternative Geschichte vor, die versucht, etwas von der Komplexität einzufangen.

Lesbische Feministinnen hatten eine Kultur geschaffen, die half, das Begehren neu zu gestalten, sich damit einer normativen Heterosexualität, die die heterosexuelle romantische Liebe idealisierte, entgegenstellte und eine Subkultur schuf, die Frauen idealisierte und die Liebe zwischen Frauen bestärkte. In diesem Kontext gelang es einigen, sich als Lesben erfolgreich „neu zu erfinden", und viele der ehemaligen Lesben entwickelten ihre ersten Interessen an Frauen.

Eine Beziehung mit einer Frau anzufangen half vielen Frauen dabei, eine lesbische Identität zu etablieren, besonders jenen, deren lesbisches Begehren weniger ausgeprägt war. Aber individuelle Unterschiede bestanden fort. Jene, die schon früh ein homosexuelles Verlangen oder homosexuelle Erfahrungen hatten, schienen ein als tiefer empfundenes Selbstgefühl des Andersseins zu haben als Individuen, die solche Erfahrungen nicht hatten. Die Konstruktion einer kollektiven Identität unter der Rubrik „lesbisch" war häufig nicht ausreichend, um das Begehren dauerhaft daran zu binden.

Als die Frauen, die das Rückgrat des lesbischen Feminismus ausmachten, älter wurden und durch die verschiedensten lebensgeschichtlichen Veränderungen gegangen waren, gerieten die *communities*, die Unterstützung boten, aus den Angeln. Eine generelle politische Verschiebung nach rechts führte dazu, daß viele Einrichtungen der *women's community* nicht mehr finanziert wurden. Zur gleichen Zeit kam es im Inneren zur Revolte, als *women of color*, Frauen der Arbeiterschicht und die verschiedensten sexuellen Minderheiten innerhalb lesbischer *communities* die Grenzen, die der lesbische Feminismus konstruiert hatte, in Frage stellten, was zur „Dezentrierung" des Feminismus führte.

Da Ex-Lesben Frauen sind, deren sexuelles Verlangen dazu tendiert, wandelbarer als das vieler anderer Frauen zu sein, sind sie für „äußere" soziale Kräfte empfänglicher als Frauen, die ihre lesbische Identität als gegeben erleben. In den achtziger Jahren, als die Kultur und die *community*, die ihr Begehren unterstützten, disparater wurden, und als Sexualität und Begehren für die lesbische Identität zentraler wurden, begannen viele lesbische Frauen ihre Identität in Frage zu stellen. Jene, die ambivalente Gefühle dazu gehabt hatten, merkten, daß ihr Interesse an Frauen dann nachließ, als Beziehungen nur schwer weiterzuführen waren und das Leben im Schatten der Heterosexualität weniger anziehend wurde. Genau dieselben Anstöße, die viele Frauen dazu bewegten, lesbisch zu leben – der Wunsch nach Authentizität und Selbstverwirklichung –, wurden zur Herausforderung für die Stabilität des Lesbischen als kollektive Identität.

Die Geschichte der „Ex-Lesbe" enthüllt, auf welch widersprüchliche Weisen Feministinnen das Lesbisch-Sein in den siebziger Jahren rekonzeptualisiert hatten. Im Interesse politischer Identität gingen sie über das Begehren hinweg, machten aber sexuelle Konsequenz und Verpflichtung zugleich zum Prüfstein der Mitgliedschaft. Sie konzeptualisierten Lesbisch-Sein als Identität, die über Sexualität hinausging, definierten Frauen aber anhand ihrer sexuellen Beziehungen. Sie griffen die Zwangsheterosexualität an, blieben aber fest bei binären Identitätskategorien und der Konstruktion von Gruppenzugehörigkeiten. Doch die Geschichte der Ex-Lesbe bringt nicht nur ans Licht, wie widersprüchlich die feministischen Konzeptionen des Lesbischen aus den siebziger Jahren sind; deutlich wird auch die problematische Art und Weise, in der sexuelle Identitäten im allgemeinen wahrgenommen werden, nämlich in binären Begriffen, als entweder heterosexuell oder homosexuell. Dieses Schema vernachlässigt die Vielfalt, die innerhalb beider Kategorien existiert, sowie die häufig verschwimmenden Grenzen zwischen ihnen.

Für manche Frauen ist das lesbische Leben eine Phase, allerdings eine, die weit entfernt ist von Widersprüchlichkeit. Wie ihre zukünftigen Identitäten auch immer aussehen mögen, zumindest für eine Weile empfinden einige es als lebbare Alternative, lesbisch zu sein. Aber solange wir in einer Gesellschaft leben, in der Homosexualität weiterhin stigmatisiert ist, wird es gegen die Bewegung in die Kategorie „lesbisch" und wieder heraus Verbote geben – Verbote, die von Lesben und Heterosexuellen gleichermaßen erlassen werden.

(Deutsch von Carola Schirmer)

Glossar

Baby-Boom-Generation
Die *Baby-Boom-Generation* ist die erste Nachkriegsgeneration in den USA, die zwischen 1946 und 1956 geboren wurde. Ihr lesbisches *Coming-out* hatten Frauen dieser Generation in der Regel zwischen Mitte der sechziger und den späten siebziger Jahren.

butch
Bezeichnet die „männlicher" orientierte Form lesbischer Selbststilisierung. Mit dem Wort *butch* sind stärker als im deutschen Begriff „Kesser Vater" (KV) „mackerhafte" Bedeutungen verbunden. *Butch* und *femme* bezeichnet jedoch nicht geschlechtsspezifisch fixierte Rollen, auch wenn mit den Klischees von Weiblichkeit und Männlichkeit gespielt wird, sondern erotische Differenzen zwischen Frauen.

Coming-out
Bezeichnet in lesbisch-schwulen Kontexten den Prozeß der öffentlichen Selbstbenennung als lesbisch oder schwul.

Community
Community kann räumlich definierte Gemeinschaften bezeichnen, ebenso wie kulturell, sozial oder politische definierte. Da das deutsche Wort „Gemeinschaft" bzw. „Gemeinde" generell wenig und im Zusammenhang mit lesbischen Kulturen nicht gebräuchlich ist und darüber hinaus durch andere Gebrauchsweisen überdeterminiert ist, wurde in den Übersetzungen der Begriff *community* beibehalten.

Closet
Closet umfaßt Bedeutungen des Versteckens, Geheimhaltens, im Dunkeln sein, unsichtbar sein. Im engeren Sinne bezeichnet *closet* einen Wandschrank, in dem man sich verstecken, bzw. eine kleine Kammer, in die man sich zurückziehen kann. Es kann dort aber auch etwas aufbewahrt oder jemand versteckt gehalten werden. Aus dem *closet* kommen (*to come out of the closet*) bedeutet also, sich öffentlich zu erkennen zu geben, ein Geheimnis preiszugeben, die Grenze zwischen Sichtbarem und Unsichtbarem zu verschieben.

femme
Bezeichnet eine lesbische Selbststilisierung, die an Bildern von Weiblichkeit orientiert ist. Ebenso wie für *butch* gilt auch hier, daß es nicht um eine fixierte Rolle geht, sondern um die Inszenierung einer erotischen Differenz gegenüber einer anderen Frau. Das erotische *butch/femme*-System folgt also der dominanten Geschlechterordnung nicht konsistent.

National Endowment for the Arts (NEA)
Nationale Stiftung zur Förderung von Kunst und Kultur, finanziert aus dem Bundeshaushalt der USA.

Queer/Queer Theory/Queer Politics/Queerness
Queer bedeutet im amerikanischen Englisch soviel wie seltsam, sonderbar, leicht verrückt, aber auch gefälscht, fragwürdig; als Verb wird es gebraucht für jemanden irreführen, etwas verderben oder verpfuschen. Substantivisch steht es z.B. für Falschgeld. Umgangssprachlich ist *queer* ein Schimpfwort für Homosexuelle, spielt also mit der Assoziation, daß Lesben und Schwule so etwas wie Falschgeld sind, mit dem *straights*, die „richtigen" Frauen und Männer, arglistig getäuscht werden sollen. Die politisch und theoretische Verwendung des Begriffs spielt auf all diese Bedeutungen an und kehrt sie gegen die „natürliche" Ordnung der Dinge. Die Positionierung als sonderbar und seltsam, als das Falschgeld der dominanten Geschlechter- und Sexualitätswährung wird affirmiert und als Ausgangspunkt genommen, um diese zu verpfuschen und den Effekt des „Natürlichen" zu zerstören.

Stone butch
Bezeichnend butches, die sich sexuell unbeührbar geben und sexuelle Befriedigung in der Befriedigung ihrer Partnerinnen finden.

Women (people) of color
Als *women (people) of color* bezeichnen sich in den USA Frauen (Menschen) nicht-weißer, nicht-anglophoner und nicht-europäischer Herkunft. Ähnlich dem politischen Begriff „Schwarz" ist es ein sogenannter Schirmbegriff (*umbrella term*), unter dem sich Angehörige hegemonialisierter und zur Assimilation gezwungener Kulturen zusammenfinden.

Bibliographie

Anders, Ann 1988: *Autonome Frauen. Schlüsseltexte der Neuen Frauen-bewegung seit 1968.* Frankfurt/M.

Arbeitskollektiv der sozialistischen Frauen Ffm (Hg.) 1972: *Frauen gemeinsam sind stark. Texte und Materialien der Women's Liberation Movement in den USA.* Frankfurt/M.

Arendt, Hannah 1989: *Menschen in finsteren Zeiten.* München

Atkinson, Ti-Grace 1978: *Amazonen Odyssee.* München

Beck, Ulrich 1986: *Risikogesellschaft. Auf dem Weg in eine andere Moderne.* Frankfurt/M.

Beck, Ulrich/Beck-Gernsheim, Elisabeth 1990: *Das ganz normale Chaos der Liebe.* Frankfurt/M.

Beck, Ulrich/Beck-Gernsheim, Elisabeth (Hrsg.) 1994: *Riskante Freiheiten.* Frankfurt/M.

Bilden, Helga 1989: Geschlechterverhältnis und Individualität im gesellschaftlichen Umbruch. In: *Verunsicherungen – Das Subjekt im gesellschaftlichen Wandel,* Hg. Heiner Keupp/Helga Bilden, Göttingen

Borch-Jacobsen, Michel 1988: *The Freudian Subject.* Stanford: Stanford University Press

Bright, Susie 1993: Susie Sexperts Sexwelt für Lesben. Berlin

Bright, Susie 1995: Susie Sexperts liederliche Lesbenwelt. Berlin.

Butler, Judith 1991: *Das Unbehagen der Geschlechter.* Frankfurt/M.

Butler, Judith 1993: Kontingente Grundlagen. Der Feminismus und die Frage der „Postmoderne". In: Seyla Benhabib u.a.: *Der Streit um Differenz. Feminismus und Postmoderne in der Gegenwart.* Frankfurt/M., 31-58

Butler, Judith 1995a: *Körper von Gewicht. Die diskursiven Grenzen des Geschlechts.* Berlin

Butler Judith 1995b: Subjection, Resistance, Resignification: Between Freud and Foucault. In: *The Identity in Question,* Hg. John Rajchman, New York/London

Butler, Judith 1996: Imitation und die Aufsässigkeit des Geschlechtsidentiät. In diesem Band

Chodorow, Nancy 1994: *Femininities, Masculinities, Sexualities: Freud and Beyond.* Lexington: University of Kentucky Press

Clausen, Jan 1990: My Interesting Condition. In: *Out/Look,* 10-21

Crimp, Douglas/Rolston, Adam 1990: *AidsDemoGraphics.* Seattle: Bay Press

Christina, Greta 1990: Drawing the Line. In: *On Our Backs* 6, 14-15, 35

Deleuze, Gilles 1968: *Différence et répétition.* Paris: PUF (Nach Butlers Übersetzung ins Deutsche übertragen.)

Duc, Aimée 1976: *Sind es Frauen? Roman über das dritte Geschlecht.* Berlin: Amazonen Frauenverlag

Foucault, Michel 1977: *Sexualität und Wahrheit.* Bd. 1: Der Wille zum Wissen. Frankfurt/M.

189

Frauenbeziehung – Frauenliebe 1978: eine informationsveranstaltung des frauenzentrums München, 15. 4. 78. Hg. Frauenzentrum München

Frauenjahrbuch 1 1975. Frankfurt/M.

Frauenzeitung Nr. 3, 1974

Freeman, Hillary 1990: Tears at the Wedding. In: *The Guardian*, 26. Juli 1994

Freud, Sigmund 1982: Drei Abhandlungen zur Sexualtheorie (1905). In: *Studienausgabe Bd.V*: Sexualleben, Frankfurt/M.

Freud, Sigmund 1982: Über die Psychogenese eines Falles von weiblicher Homosexualität (1920). In: *Studienausgabe Bd.VII*: Zwang, Paranoia und Perversion, Frankfurt/M.

Geiger, Brigitte/Hacker, Hanna 1989: *Donauwalzer – Damenwahl. Frauenbewegte Zusammenhänge in Österreich*. Wien

Geissler, Birgit/Oechsle, Mechthild 1994: Lebensplanung als Konstruktion: Biographische Dilemmata und Lebenslauf-Entwürfe junger Frauen. In: Beck/Beck-Gernsheim 1994

Golden, Clara 1987: Diversity and Variability in Women's Sexual Identities. In: *Lesbian Psychologies: Explorations and Challenges*. Boston Lesbian Psychologies Collective (Hg.). Urban: University of Illinois

Goldsby, Jackie 1990: What it means to be Colored Me. In: *Outlook* 9, 8-17

Hall, Stuart 1989: Cultural Identity and Cinematic Representation. In: *Framework* 36, 68-81

Hark, Sabine 1993: Einsätze im Feld der Macht. Lesbische Identitäten in der Matrix der Heterosexualität. In: *L'homme* 1/93, 9-17

Hitzler, Ronald/Honer, Anne 1994: Bastelexistenz. Über subjektive Konsequenzen der Individualisierung. In: Beck/Beck-Gernsheim a.a.O.

Hollibaugh, Amber/Moraga, Cherrie 1983: What We're Rollin Around in Bed With: Sexual Silences in Feminism. In: *Powers of Desire: The Politics of Sexuality*. Hg. Ann Snitow, Christine Stansell und Sharon Thompson. New York: Monthly Review Press

Holmlund, Christine 1991: The Lesbian, The Mother, The Heterosexual Lover: Irigaray's Recodings of Difference. In: *Feminist Studies* 17(2), 283-308

Honegger, Claudia/Heintz, Bettina 1984: *Listen der Ohnmacht. Zur Sozialgeschichte weiblicher Widerstandsformen*. Frankfurt/M.

Irigaray, Luce 1989: Die Farben des Fleisches. In: dies.: *Die Genealogie der Geschlechter*. Freiburg, 241-260

Janz, Ulrike/Steffens, Marion/Kosche, Andrea 1994: Macht und Gewalt in lesbischen Beziehungen/Bezügen. In: *beiträge zur feministischen theorie und praxis* 37, 77-92

Johnston, Jill 1976: *Lesben Nation. Die feministische Lösung*. Berlin

Kast, Verena 1982: *Trauern. Phasen des psychischen Prozesses*. Stuttgart

Kast, Verena 1987: *Der schöpferische Sprung. Vom therapeutischen Umgang mit Krisen*. Olten

Kennedy Lapovsky, Elizabeth/Davis, Madeline D. 1993: *Boots of Leather, Slippers of Gold. The History of a Lesbian Community*. New York: Routledge

King, Katie 1986: The Situation of Lesbianism as Feminism's Magical Sign: Contests for Meaning and the U.S. Women's Movement, 1968-1972. In: *Communication* 9, 65-91

King, Katie 1988: Audre Lorde's Lacquered Layerings: The Lesbian Bar as a Site of Literary Production. In: *Cultural Studies* 2, 321-342

Koedt, Anne o.J.: Der Mythos vom vaginalen Orgasmus. hektographierte Fassung o.O., o.J.; Reprint In: Anders 1988, 76-88

Koedt, Anne 1971: *Notes from the Third Year*. New York

Koedt, Anne 1972: Lesbische Bewegung und Feminismus. In: Arbeitskollektiv der sozialistischen Frauen 1972, 13-126

Kokula, Ilse 1983: *Formen lesbischer Subkultur. Vergesellschaftung und soziale Bewegung*. Berlin

Konejung, Silke 1996: *Differenz verstehen. Ästhetische Erfahrung und Alltagspraxis zwischen Frauen*. Dissertation Wuppertal

Kramer, Helgard 1994: Zum Stand der Frauenbewegung: Mythenbildung trübt den Blick. Einige Anmerkungen zu Ute Gerhard: Westdeutsche Frauenbewegung. In: *Konkurrenz & Kooperation. Frauen im Zwiespalt?* Hg. Ilse Modelmog/Ulrike Gräßel, 51-70

Lauretis, Teresa de 1996: *Die andere Szene. Psychoanalyse und lesbische Sexualität*. Berlin; i.O.: *The Practice of Love. Lesbian Sexuality and Perverse Desire*. Bloomington u. Indianapolis 1994

Lesben in/und Bewegung 1989. Materialien zur Lesbenbewegung, *Dokumentation zur Neuen Frauengeschichte Nr. 1* (Hg.) FFBIZ Berlin, Bearbeiterin: Rena Schnettler

Lorde, Audre 1986: *Zami. Eine Mythobiografie*. Berlin

Mies, Maria 1982: Weibliche Lebensgeschichte und Zeitgeschichte. In: *beiträge zur feministischen theorie und praxis* 7

Mies, Maria 1984: Methodische Postulate zur Frauenforschung. In: *beiträge zur feministischen theorie und praxis* 11

Millett, Kate 1974: *Sexus und Herrschaft. Die Tyrannei des Mannes in unserer Gesellschaft*. München

Nestle, Joan 1987: *A Restricted Country*. Ithaca, N.Y.: Firebrand Press

Newton, Esther 1972: *Mother Camp: Female Impersonators in America*. Chicago: University of Chicago Press

Ochs, Robyn 1990: Leserinnenbrief. In: *Out/Look* 9, 78

Pagenstecher, Lising 1994: Hesben und Leteras – Die neue Unübersichtlichkeit der Beziehungsverhältnisse. In: *Querfeldein. Beiträge zur Lesbenforschung*, Hg. Madeleine Marti u.a.. Bern Zürich, Dortmund

Patton, Cindy 1990: *Inventing Aids*. New York: Routledge

Perlman, Tish 1990: Leserinnenbrief. In: *Out/Look* 9, 78

Positionspapier zur Gründung eines lesbisch-schwulen Kulturhauses Frankfurt. Zitiert nach Gutheil, Monika 1994: „daß es die eine Wahrheit nicht gibt." Zur Kategorie „Lesbe" im feministischen Diskurs. In: *Zur Krise der Kategorien. Frau – Lesbe – Geschlecht. Materialienband Nr. 14*, Frankfurter Frauenschule, 71-88

Probyn, Elspeth 1995: Queer Belongings. Eine Politik des Aufbruchs. In: *The Body of Gender. Körper, Geschlechter. Identitäten*, Hg. Marie-Luise Angerer, Wien, 53-68

Radicalesbians 1974: Frauen, die sich mit Frauen identifizieren. In: FrauenOffensive Journal Nr. 1. Zitiert nach: Frauenliebe. Texte aus der amerikanischen Lesbierinnenbewegung. 1975, 13-18

Raymond, Janice 1989: Zurück zur Politisierung des Lesbianismus. In: *beiträge zur feministischen theorie und praxis* 25/26, 75-85

Rich, Adrienne 1983: Zwangsheterosexualität und lesbische Existenz. In: *Macht und Sinnlichkeit*. Hg. Dagmar Schultz, Berlin, 138-169

Rogers, Carl R. 1983: *Therapeut und Klient. Grundlagen der Gesprächstherapie*. Frankfurt/M.

Schäfer, Sigrid 1971: sappho 70. Zur Situation der lesbischen Frauen heute. Henstedt-Ulzburg

Schäfer, Sigrid 1979: Lesbierinnen– Was sind das für Frauen? Antworten von S. S. In: *Konkret Sonderheft „Sexualität"*, 71ff.

Schulman, Sarah 1992: *Leben am Rand*. Hamburg

Schwartz, P. 1989: „On the Hasbian Phenomenon". In: *off our backs*, 6/19, 11

Sedgwick, Eve Kosofsky 1990: *The Epistemology of the Closet*. Berkeley: University of California Press

Spiegel-Artikel vom 2.9.1974: „Lustbetonte, liebe Stimmung"

Spivak, Gayatri Chakravorty 1983: Displacement and the Discourse of Woman. In: *Displacement: Derrida and After*, Hg. Mark Krupnick, Bloomington: Indiana University Press

Volosinov, Valentin 1975: *Marxismus und Sprachphilosophie*. Frankfurt/M. [Leningrad 1930]

Wittig, Monique 1985: The Mark of Gender. In: *Feminist Issues* 5/2

Zylan, Yvonne. Leserinnenbrief. In: *Out/Look* 8, 4

Biographien

Judith Butler
Professorin für Rhetorik in Berkeley an der *University of California*, USA. Zahlreiche Veröffentlichungen zu feministischer Theorie und Philosophie. Auf deutsch erschienen u.a.: *Das Unbehagen der Geschlechter*. Frankfurt 1991; *Körper von Gewicht*. Berlin 1995

Antke Engel
Liebt und lebt bewegt zwischen Hamburg und Wien. Lust und Frust feministischer Projektarbeit wie auch ihre journalistischen Ambitionen befriedigt sie seit Jahren als Mitarbeiterin der *Hamburger Frauenzeitung*. Ähnlich ausdauernd sucht sie als feministische Philosophin nach Möglichkeiten, normative, hierarchische und binäre Geschlechterkonzeptionen zu unterlaufen. Augenblicklich verfolgt sie eben diese Perspektive mit ihrem Promotionsprojekt „Körper und Sexualität als Modi einer Rekonzeptualisierung von Geschlecht".

Ulrike Hänsch
geb. 1962; Dipl.Soz.Wiss.; Mitarbeiterin bei „Frauen lernen und forschen e.V.", Wuppertal; Kollegiatin im Graduiertenkolleg „Geschlechterverhältnis und sozialer Wandel", Universität Dortmund; Veröffentlichungen im Bereich Frauenbewegung, -projekte und Lesbenforschung.

Sabine Hark
Dr. phil., Diplomsoziologin, von 1990–1995 wissenschaftliche Mitarbeiterin am Institut für Soziologie der FU Berlin, Bereich Frauen- und Geschlechterforschung. Lehrbeauftragte an den Universitäten Bremen, Innsbruck und Tübingen; Organisation (zusammen mit Hanna Hacker) des ersten Symposiums „Facetten deutschsprachiger Lesbenforschung" in Berlin 1991. Weitere Veröffentlichung: *deviante Subjekte. Die paradoxe Politik der Identität*. Opladen: Leske+Budrich 1996.

Biddy Martin
Professorin für *German Studies* und *Women Studies* an der *Cornell University*, USA. Zahlreiche Veröffentlichungen in den Bereichen feministische Theorie und Kulturwissenschaft sowie zu lesbischer Identität und Sexualität. Derzeit in Vorbereitung ein Band mit Essays zu Fragen lesbischer Identität.

Arlene Stein
Assistant Professor in Eugene am *Department of Sociology* an der *University of Oregon*, USA. Weitere Lehrtätigkeit in Berkeley und an der *University of Essex* (Großbritannien). Zahlreiche Veröffentlichungen in den Bereichen Sexualität, lesbische Identität und Kultursoziologie, demnächst: *Sex and Sensibility – Stories of a Lebian Generation* (University of California Press, Berkeley, 1997).

Träume in den erwachenden Morgen

Leslie Feinberg
**Träume in den
erwachenden Morgen**
Aus dem amerik. Englisch
von Claudia Brusdeylins

480 Seiten, gebunden
mit Schutzumschlag
ISBN 3 - 930041 - 09 - X

Buffalo, N.Y., in den frühen sechziger Jahren. Hier verbringt Jess Goldberg ihre Jugend. Mit fünfzehn hält sie es daheim nicht mehr aus. Sie haut ab. Sie sucht sich einen Job. Die Bar Abba's bietet Jess eine Heimat – eine bunte Gemeinschaft von Butches und Femmes, von Huren und Drag Queens, von Schwarzen und Weißen. Eine Gemeinschaft, die nicht ungefährlich lebt – in den brutalen Razzien der Polizei erreicht der gesellschaftliche Haß auf alle, die anders sind, seinen Höhepunkt …

Verlag
Krug & Schadenberg
Heimstraße 19
10965 Berlin

Neuerscheinung

Sabine Hark

deviante Subjekte

Die paradoxe Politik der
Identität

Leske +
Budrich

192 Seiten • Kart. 44,– DM/41,80 SFr/326 ÖS • ISBN 3-8100-1698-5

In diesem Buch geht es darum, die Prozesse der Herstellung von
Identität sichtbar zu machen und nach den politischen Implikationen ihres Einsatzes zu fragen. Das Material ist der Diskurs des
lesbischen Feminismus.

Aus dem Inhalt

Exposition: Identität(s)Brocken • Der Identität(s)Politik auf den
Leib gerückt – Theoretische und methodologische Annäherungen
• Genealogien, Sexualität – Geschlecht – Identität. Zur histori-
schen Genese „lesbischer Subjekte" • Einsätze im Feld der Macht –
Zur Kritik lesbischer Identitätspolitik • Politik ohne Geländer –
Identitäitspolitik neu denken • deviante Subjekte. Disloyal und
deplaziert • Epilog: Frei flottierende Signifikanten